I0052411

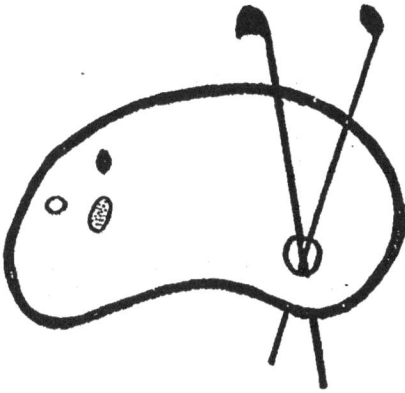

DEBUT D'UNE SERIE DE DOCUMENTS
EN COULEUR

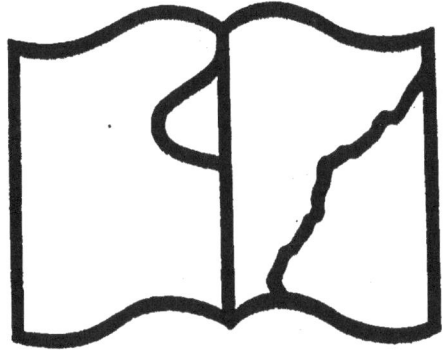

Texte détérioré — reliure défectueuse
NF Z 43-120-11

VALABLE POUR TOUT OU PARTIE DU
DOCUMENT REPRODUIT

# ÉRTOIRE DES MODÈLES

## DE L'ADMINISTRATION

### DES

# CONTRIBUTIONS INDIRECTES

## Avec l'analyse des instructions qui s'y rapportent

PAR

## A. BEAUNIS

SOUS-DIRECTEUR DES CONTRIBUTIONS INDIRECTES EN RETRAITE

---

## POITIERS

LIBRAIRIE ADMINISTRATIVE DE P. OUDIN

4, RUE DE L'ÉPERON, 4

—

1895

# LIBRAIRIE ADMINISTRATIVE P. OUDIN

## RUE DE L'ÉPERON, 4, A POITIERS

## BIBLIOTHÈQUE DES EMPLOYÉS DES CONTRIBUTIONS INDIRECTES

ANNUAIRE DE L'ADMIN. DES CONTRIBU-
TIONS INDIRECTES. 1 vol. gr. in-8°.

JOURNAL DES CONTRIB. IND. hebdomadaire.

RECUEIL CHRON. DES LOIS ET INSTRUCT.
DES CONTRIB. IND., DES TABACS ET DES
OCTROIS. 9 vol.

TABLE ANALYTIQUE DE JUGEMENTS ET
ARRÊTS rendus en matière de Contributions
indirectes. 1 vol. grand in-8°.

DICTIONNAIRE GÉNÉRAL ou Manuel alpha-
bétique des Contrib. indir., des Octrois et
des Manufact. de l'État. Un vol. in-4° avec
suppléments.

LIVRE DE POCHE des verbalisants et des
employés en tournée. 1 vol. in-16.

COLLECTION DE COMPTABILITÉ. 2 vol. in-8°.

COURS DE COMPTABILITÉ. 1 vol. gr. in-8°.

COURS DU CONTENTIEUX. 2 vol. in-8°.

TRAITÉ DU CONTENTIEUX ADMINISTRATIF.
2 vol. in-32, avec supplément.

GUIDE PRATIQUE POUR LA RÉDACTION DES
PROCÈS-VERBAUX ET LA TENUE DU CONTEN-
TIEUX. 1 vol. gr. in-8°.

CODE DU MARCHAND EN GROS, au point de
vue de l'impôt. 2 vol. in-32 avec suppl.

MANUEL DU RECEV. BURAL. 1 vol. in-8°.

TRAITÉ DES ACQ.-A-CAUTION. 1 vol. gr. in-8°.

MANUEL DU SERVICE DES SUCRES. 1 vol.
gr. in-8°.

INSTRUCTIONS SUR LE SERVICE DES SUCRES.
1 vol. in-32, avec suppléments.

SUCRAGE DES VINS ET DES CIDRES AVANT
FERMENTATION, 1 br. gr. in-8°

MANUEL DES DISTILLERIES, 1 vol in-8°.

INSTRUCTIONS SUR LE SERVICE DES DISTIL-
LERIES. Un vol. in-32.

DISTILLERIES, Règlement B du 15 avril
1884. Broch. in-32.

GUIDE PRATIQUE DU COMMIS DE DIRECTION
chargé du service des acq.-à-caut. 1 br. in-32.

ALMANACH DES CONTRIB. INDIR. 1 br. in-8°.

LES CONTRIB. DIVERSES ET LES CONTRIB.
DIR. EN ALGÉRIE. Broch. gr. in-8°.

TARIFS DES DROITS DE CIRCULATION, DE
CONSOMMAT. ET DE DÉTAIL. Broch. in-8°.

BARÈME SIMPLIFIÉ DU DROIT DE CONSOM-
MATION, sur une seule feuille.

DÉCOMPTE DES REMISES AUX BURALISTES.
1 br. in-8°.

DICTIONNAIRE DES TARIFS en vigueur dans
l'Admi. des Contrib. ind. 1 vol. in-32.

LES VOITURES PUBLIQUES (règlements et
tarifs). 1 vol. gr. in-8°.

CATALOGUE MÉTHOD. DES CIRCUL. ET IN-
STRUCT. DE L'ADMINIST. Br. gr. in-8° avec sup.

RÉPERTOIRE DES MODÈLE DE L'ADMINI-
STRATION. Broch. gr. in-8.

MANUEL DE CHIMIE PRATIQUE (Vins et spiritueux). 1 br. in-12.

BARÈME DE LA RÉGIE ET DES NÉGOCIANTS
EN GROS. 1 forte broch. gr. in-8°.

MULTIPLICATEUR RAPIDE, suivi de la Dé-
duction à 6, 7 et 8 0/0. Broch. gr. in-8°.

CARNET DE RECENSEMENTS. 1 vol. in-12.

NOUVEAU LIVRET DE RECENSEMENTS, ou
vade-mecum du jaugeur. 1 vol. in-16.

TRAITÉ MÉTHODIQUE ET PRATIQUE DU
JAUGEAGE. Broch. in-12.

CARNET DES DÉDUCTIONS allouées aux
march. en gros, bouilleurs, etc. 1 vol. in-16.

CARNET VÉRIFICATEUR de l'état 55 et du
50 D. 1 piqûre in-12.

## ON TROUVE A LA MÊME LIBRAIRIE :

MANUEL DES OCTROIS. 1 vol. gr. in-8°.

RECUEIL DES INSTRUCTIONS, CIRCULAIRES
ET LETTRES SUR LES OCTROIS. 1 vol. in-8°.

LA COMMISSION DÉPARTEMENTALE. Son
origine ; son organisation ; ses attributions,
etc. 1 vol. grand in-8°.

ÉTUDES DE DROIT PUBLIC, par M. Th.
DUCROCQ. 1 fort vol. in-8°.

ÉTUDES D'HISTOIRE FINANCIÈRE ET MONÉ-
TAIRE, par M. Th. DUCROCQ. 1 fort vol. in-8°.

LIVRE-BARÈME, contenant : 1° Barème
de multiplications ; 2° Caisses d'épargne ;
3° Réseau pour cent des rentes sur États
français et étrangers. 1 vol. in-8°.

CLEF DE L'ORTHOGRAPHE selon l'Académie.
1 vol. in-18.

LES INDIRECTS. TYPES ADMINISTRATIFS.
1 vol. in-18.

LES SOUS-INSPECTEURS. TYPES ANTI-ADMI-
NISTRATIFS. 1 vol. in-18.

La librairie P. Oudin se charge spécialement de l'édition des ouvrages relatifs
à toutes les administrations, soit en les *publiant à son compte*, soit en les *vendant
au compte des auteurs*, soit simplement en les *imprimant à leur compte*. Publicité
spéciale permettant de procurer aux ouvrages leur maximum de diffusion.

### IMPRESSIONS DE TOUTE NATURE
### TOUTES RELIURES, DU SIMPLE CARTONNAGE A LA RELIURE MOSAÏQUE
### FABRIQUE DE REGISTRES

Le Catalogue est expédié franco sur demande affranchie.

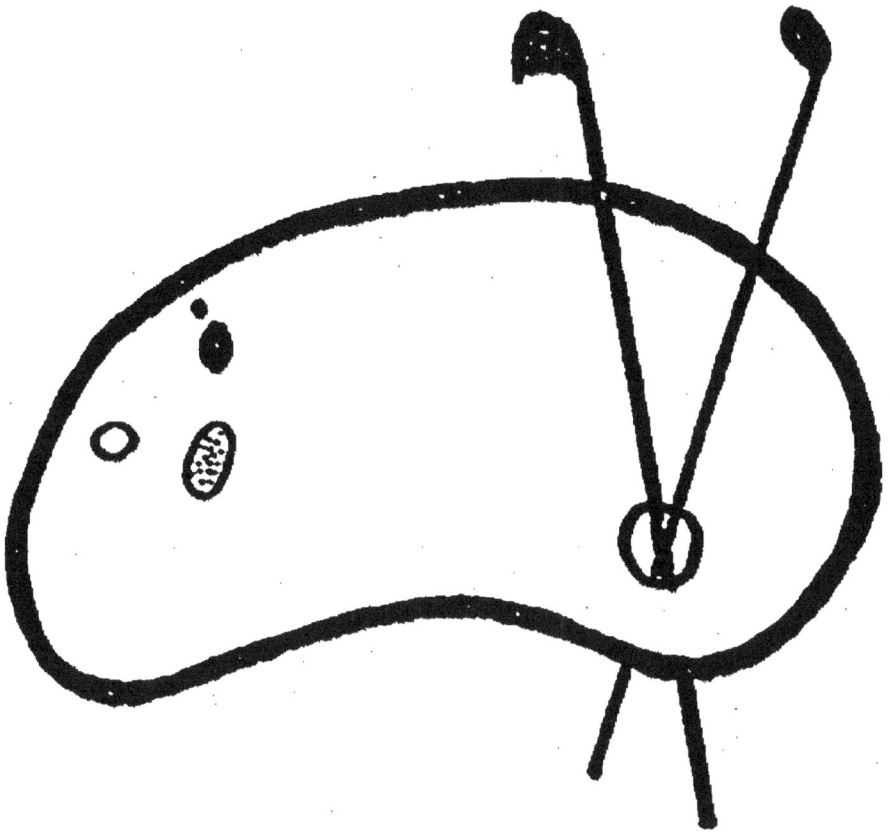

FIN D'UNE SERIE DE DOCUMENTS
EN COULEUR

# RÉPERTOIRE DES MODÈLES

## DE L'ADMINISTRATION

### DES

# CONTRIBUTIONS INDIRECTES

8°F
8631

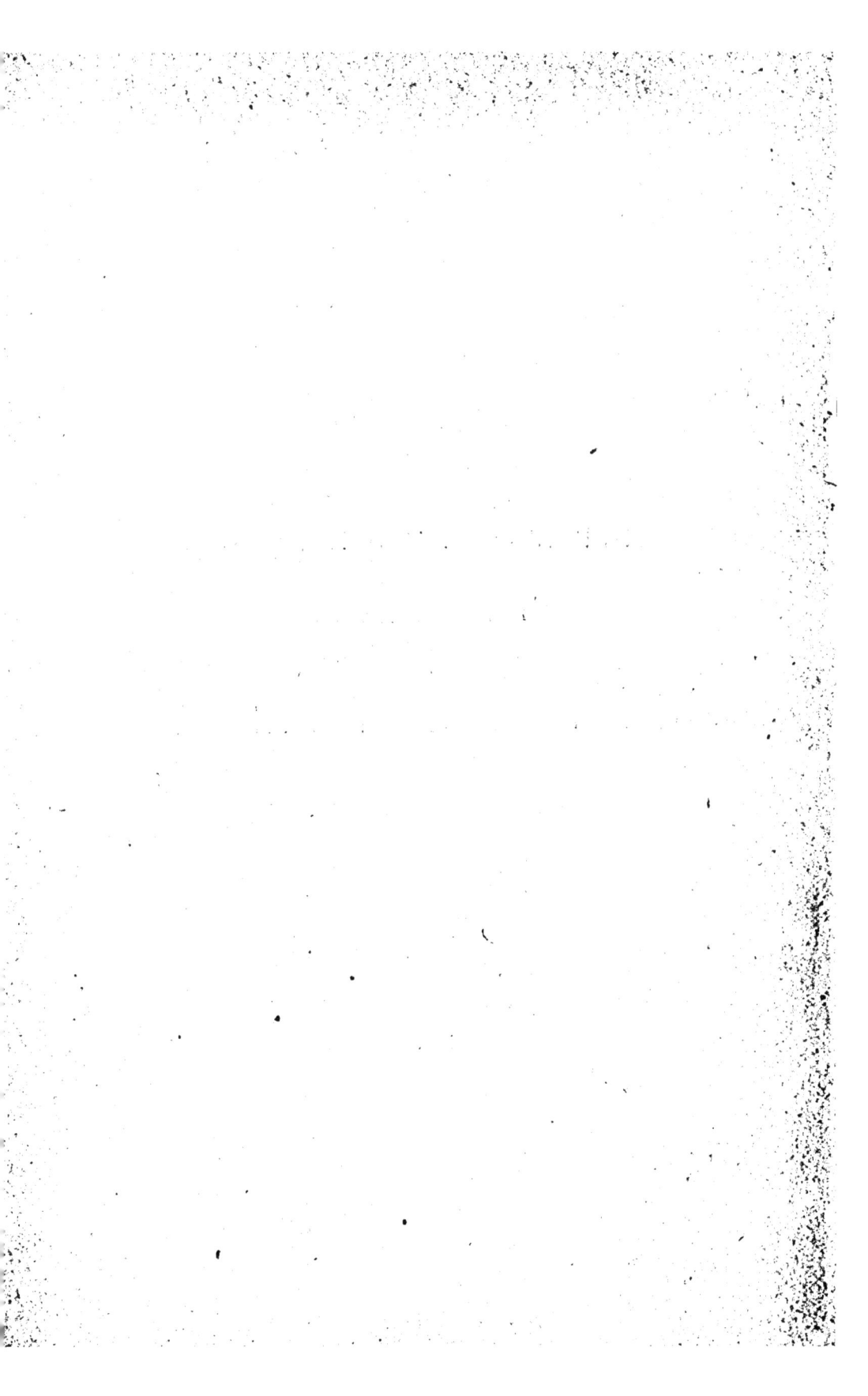

# RÉPERTOIRE DES MODÈLES

## DE L'ADMINISTRATION

DES

# CONTRIBUTIONS INDIRECTES

## Avec l'analyse des instructions qui s'y rapportent

PAR

## A. BEAUNIS

SOUS-DIRECTEUR DES CONTRIBUTIONS INDIRECTES EN RETRAITE

———————

POITIERS

LIBRAIRIE ADMINISTRATIVE DE P. OUDIN

4, RUE DE L'ÉPERON, 4

—

1895

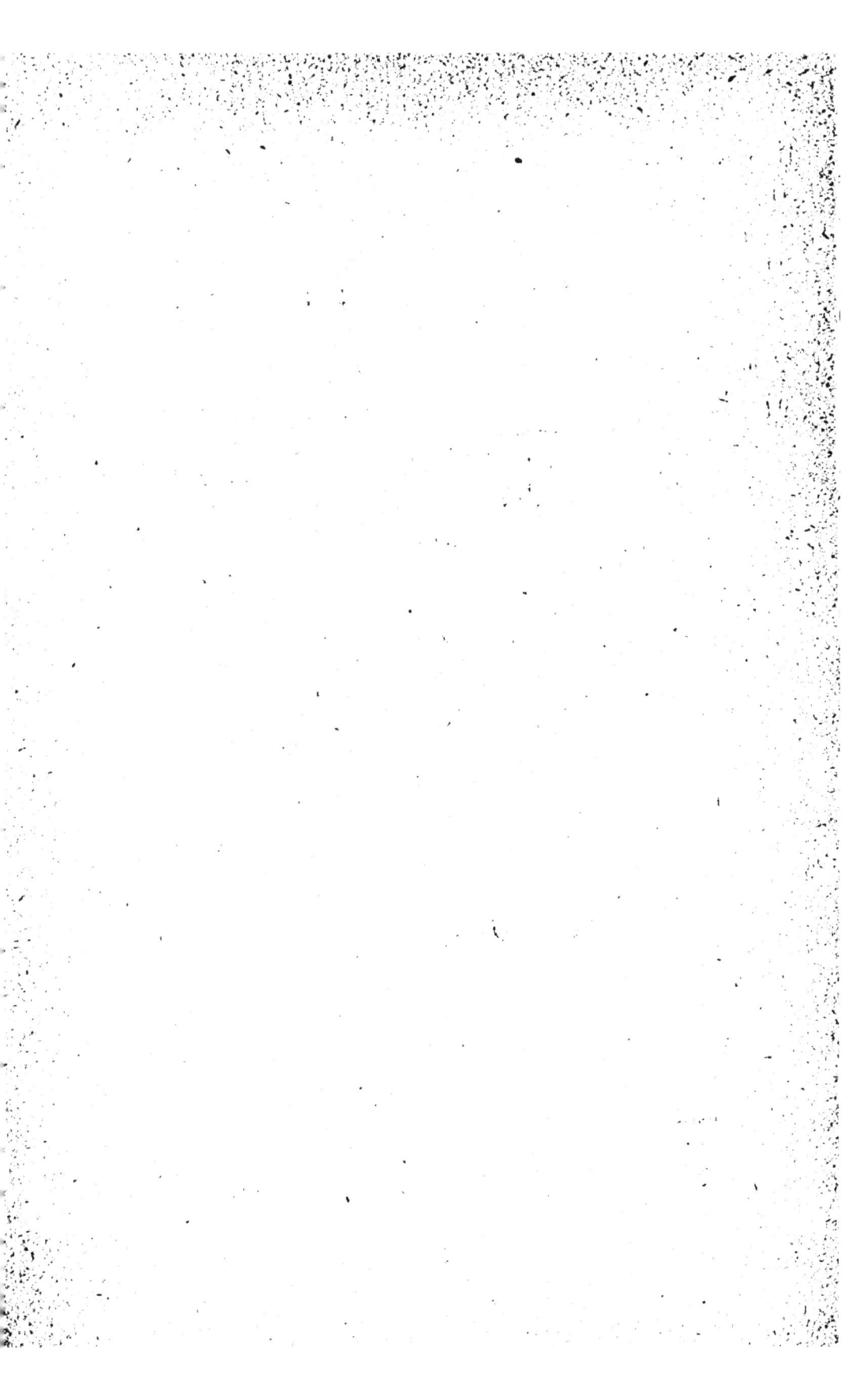

Le *Répertoire* énumère les modèles, états, registres et cahiers (au nombre de 900 environ) qui sont en usage dans l'Administration des contributions indirectes. Pour ces modèles il reproduit les renseignements consignés à l'état n° 151 B, à la circulaire n° 26 du 4 mars 1892, et, c'est là le point important de l'ouvrage, présente succinctement l'analyse des instructions qui les concernent. Ces dernières indications sont développées suivant les nécessités du point de service à traiter : ainsi pour certains modèles il y a l'analyse de 20, 30 et 40 instructions.

A la suite des principaux chapitres sont indiquées les instructions générales qui s'y rapportent, ce qui a permis d'éviter beaucoup de répétitions.

Il eût été utile de ménager des blancs entre chaque modèle ; mais le nombre de feuilles et, par conséquent, le prix eussent été augmentés ; j'ai préféré abandonner ce mode d'opérer : les matières étant disposées en chapitres, il sera facile, comme dans le *Catalogue méthodique* (dont la 2e édition a été publiée en 1892), de faire ajouter par le relieur, après les différents chapitres et après les tables, des feuillets en blanc qui serviront non seulement à l'inscription des nouveaux modèles ou de ceux spéciaux à certains départements ; mais encore, à l'aide de renvois numérotés, à mentionner les nouvelles instructions applicables aux modèles énoncés dans l'ouvrage et les modifications résultant de réformes financières.

Après les chapitres, une table, copie de l'état n° 151 B, et indiquant la périodicité et les dates d'envoi, est suivie de celle des modèles manuscrits.

Les citations comprennent les instructions jusqu'à la fin de 1894.

D'après la *Notice du Catalogue méthodique*, le système des renvois d'une circulaire à la suivante est employé quand il s'agit du même point de service : cette disposition a permis de ne citer quelquefois dans le *Répertoire* que la plus ancienne circulaire et de renvoyer pour les suivantes au susdit ouvrage.

Le travail que je présente à mes anciens camarades n'a pas eu jusqu'ici de similaire parmi les publications intéressant l'Administration. Grâce à lui, l'employé qui prend un nouveau service ou le vérificateur sait rapidement quelles sont, dans tous les cas, les instructions qu'il doit consulter.

A en juger par les services que le manuscrit du *Répertoire* m'a rendus aussi bien dans les bureaux que dans la partie active, j'ai lieu de croire que cet ouvrage sera accueilli avec la même faveur que le *Catalogue méthodique* et que la peine que j'ai prise ne sera pas perdue.

A. BEAUNIS.

Paris, rue de la Chaussée-d'Antin, 19.

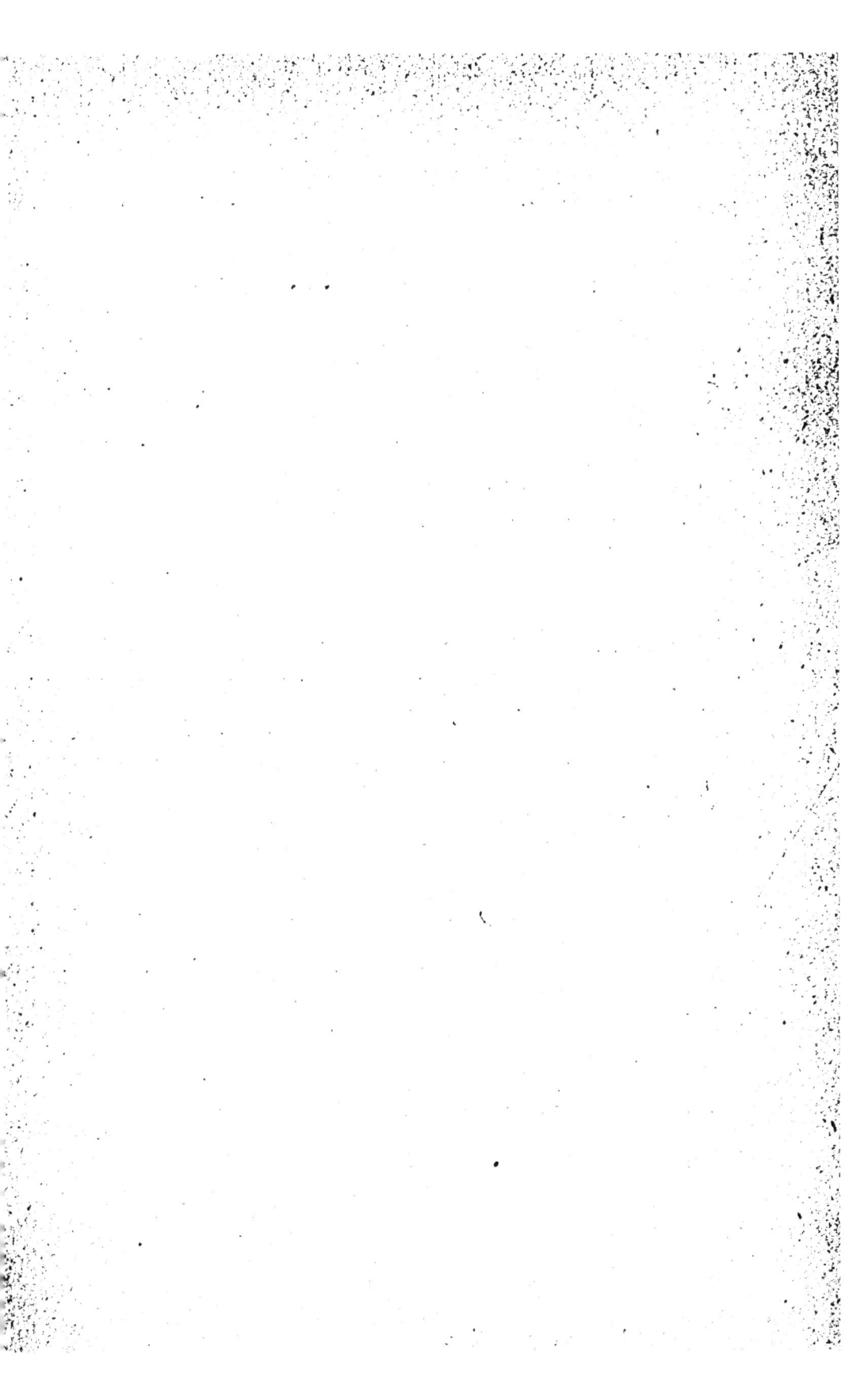

# TABLE GÉNÉRALE

# ABRÉVIATIONS

---

Adm., *administration*; art., *article*; bur., *bureau*; chap., *chapitre*; cir., *circulaire*; cir. c<sup>e</sup> ou cir. comp. pub., *circulaire de la comptabilité publique*; comp., *complémentaire*; déc., *décision*; dir., *direction ou directeur*; div., *division*; ex., *exemplaire*; int., *intercalaire*; let. autog., *lettre autographe*; let. com., *lettre commune*; let. lithog., *lettre lithographiée*; let. min., *lettre ministérielle*; min., *ministère ou ministériel*; min. de l'agri., *ministère de l'agriculture*; min. int., *ministère de l'intérieur*; ord., *ordonnance*; recette part., *recette particulière*; recette prino., *recette principale*; règlem., *règlement*; reg., *registre*; serv. gén., *service général*; s.-dir., *sous-directeur*; T., *timbre*; tit., *titres*; trim., *trimestriel.*

---

## NOTE

Les circulaires de la comptabilité publique, depuis celle n° 35-19 du 31 mai 1833, ont deux numéros de série ; il doit être entendu que quand dans le *Répertoire* une circulaire citée a deux numéros, elle provient de la Comptabilité publique ; quant à celles de 1824 à 1832 qui n'ont qu'un numéro, elles sont désignées ainsi : cir. c<sup>e</sup> .

---

# RÉPERTOIRE DES MODÈLES

## DE L'ADMINISTRATION

### DES

# CONTRIBUTIONS INDIRECTES

---

## Chapitre I. — Alcools dénaturés.

| | | | |
|---|---|---|---|
| 2 B blanc | Reg. spécial d'acquits-à-caution. 5, 10, 25, 50 feuilles. 8 T. | Tenu par les buralistes. Règles générales : voir chap. IV. | Adm. militaire : Let. Min. int. du 1er septembre 1863. Formalités à la circulation : cir. 43 du 3 mars 1872. Essonciations pour les vernis : let. com. 23 septembre 1874. Médicaments : let. com., du 12 janvier 1881. Règlement : cir. 314 du 30 avril 1881. Saindoux : cir. 31 du 5 mai 1892 et cir. 58 du 3 juin 1893. Nouvelles règles pour les alcools dénaturés : cir. 61 du 25 juin 1893. |
| 3 B | Reg. spécial de passavants : produits libérés envoyés à des non-exercés. 5, 10, 25, 50 feuilles. 6 T. | Tenu par les buralistes. | Emploi : cir. 67 du 19 septembre 1872. Règlement : cir. 314 du 30 avril 1881. Nouvelles règles : cir. 61 du 23 juin 1893. Voir chap. IV. |
| 4 B | Reg. spécial de congés : droit au départ. 5, 10, 25, 50 feuilles. 12 T. | Tenu par les buralistes. | Tarif, 37 fr. 50 : cir. 67 du 19 septembre 1872 et 103 du 2 janvier 1874. Règlement : cir. 314 du 30 avril 1881. Importations : cir. 370 du 26 mai 1893 et les renvois chap. II du *Catalogue méthodique*. Nouvelles règles : cir. 61 du 23 juin 1893. Voir chap. IV. |
| 6 D rouge | Avis de saisie ou de transit. Ex. | Formés dans les postes et envoyés au s.-dir. ou dir. qui les transmet au point de départ. | Voir chap. IV. |
| 7 B | Relevé des acquits. Titres et int. Mensuel. | Formé par les buralistes ; remis au versement. | Règlement : cir. 314 du 30 avril 1881. Voir chap. IV. |
| 9 | Reg. droit à l'arrivée. 5, 10, 25, 50 feuilles. 10 T. | Tenu dans les bureaux des lieux non sujets. | Règlement : cir. 314 du 30 avril 1881. Tarif : 314 voir au 4 B. Voir chap. IV. |
| 10 | Reg. droit de dénaturation et d'octroi. Perception à l'arrivée dans les villes sujettes. 5, 10, 25, 50 feuilles. 10 T. | Tenu dans les bureaux d'entrée. | Droit d'octroi : cir. 67 du 19 septembre 1872. Tarif : voir au 4 B. Règlement : cir. 314 du 30 avril 1881. Voir chap. XI. |

| | | | |
|---|---|---|---|
| 12 | Reg. Déclaration de transit. 5, 10, 25, 50 feuilles. 8 T. | Tenu par les buralistes ou dans les gares. | Voir chap. IV. |
| 20 C | Déclaration de fabrication. Tit et int. 4 T. | Tenu par les buralistes. | Règlement et modèle : cir. 314 du 30 avril 1881. Dénaturation : cir. 337 du 23 juin 1882, 369 du 23 mai et 381 du 20 novembre 1883 ; 424 du 28 février 1885 ; 461 du 13 décembre 1886 ; 538 du 10 juillet 1889 et 61 du 23 juin 1893. |
| 20 D | Etat des alcools dénaturés. Trim. Ex. | Chefs locaux au s.-dir. ou dir. Au dir. avant le 10, 2e div. 2e bur., le 15 en double. | Création : let. com. 23 du 27 septembre 1878. Règlement : cir. 314 du 30 avril 1881. Double expédition : cir. 331 du 23 juin 1882. Décisions du comité : cir. 370 du 26 mai 1883 ; éthers : cir. 369 du 23 mai et 381 du 20 novembre 1883 ; 538 du 10 juillet 1889 et 49 du 1er février 1893. Voir le 4 B. Chloral : cir. 424 du 28 février 1885. Collodion et chloroforme : cir. 461 du 13 décembre 1886. Voir les instructions citées à la cir. 26 du 4 mars 1892. |
| 20 E | Avis d'envoi d'échantillons. Ex. | Apposé par les commis sur les bouteilles. | Règlement et modèle : cir. 314 du 30 avril 1881. Nécessaires d'emballage : let. com. 50 du 31 octobre 1892. Echantillons de benzine : let. com. 86 du 2 juillet 1891, Touries de méthylène : cir. 496 du 19 novembre 1887. Nouvelles règles : cir. 61 du 23 juin et 76 du 7 déc. 1893. |
| 20 F | Registre de fabrication. 8, 12, 24, 40 feuillets. Annuel. | Tenu par l'assujéti. | Tenue et modèle : cir. 314 du 30 avril 1881. Echantillons : cir. 331 du 23 juin 1882. |
| 20 G | Registre de préparation et de vente. 8, 12, 24, 40 feuillets. Annuel. | Tenu par l'assujéti. | Tenue et modèle : cir. 314 du 30 avril 1881. Echantillons : cir. 337 du 23 juin 1882. Nouvelles méthodes de dénaturation pour les alcools d'éclaircissage et les vernis : cir. 103 du 30 octobre 1894. |
| 50 A | Portatif spécial. Annuel. 12, 25, 50, 100, 150 et 200 feuillets. | Tenu dans les postes. | Tenue : cir. 314 du 30 avril 1881. Saindoux : cir. 70 du 5 août 1893. Voir chap. IV. |
| 50 D | Règlement des comptes de gros. Tit. int. Annuel. | Tenu dans les postes. | Tenue : cir. 314 du 30 avril 1881. Voir ch. IV. |
| 51 D | Etat de produit. Trim. Ex. | Formé dans les postes. | Alcool pour le traitement des mélasses : cir. 400 du 12 juillet 1884. Voir le 4 B. |
| 52 C | Spécial. Déclaration d'entrepôt et de cautionnement. Tit. et int. 8 T. | Tenu par les receveurs. | Règlement : cir. 314 du 30 avril 1881. Voir chap. IV. |
| 52 D | Déclaration de cautionnement pour les acquits. Tit. int. 8 T. | Tenu par les receveurs. | Règlement : cir. 314 du 30 avril 1881. Voir chap. IV. |
| 64 B bleu. | Reg. de laissez-passer pour les alcools dénaturés. 5, 10, 25 feuilles. 6 T. | Tenu par les entrepositaires. Sert jusqu'à 12 litres | Voir l'instruction du registre. Voir chap. IV. |
| | Carnet des saindoux dénaturés. | Tenu dans les postes. | Tenue : cir. 31 du 5 mai 1892. Dénaturation : cir. 58 du 3 juin 1893. |
| | Etat de produit de la redevance sur les saindoux dénaturés. Trim. | Formé par les chefs locaux ; remis au versement. | Création et modèle : cir. 70 du 5 octobre 1893. |
| | Proposition d'indemnité aux employés chargés de la surveillance des dénaturations de saindoux. Annuel. | Formé par les s.-dir. et dir. A la 1re div. avant le 15 janvier. | Créé : cir. 70 du 5 octobre 1893. |

*(Voir à la suite du chap. IV les instructions générales applicables au présent chapitre.)*

# Chapitre II. — Bacs, passages d'eau, etc.

| | | | |
|---|---|---|---|
| 27 A | Reg. de laissez-passer et de perception des droits de touage sur les canaux. 25, 50 feuilles. 4 T. | Tenu par les buralistes. | Touage à vapeur souterrain de Pouilly (Côte-d'Or) : décret du 28 avril 1866. Partie du canal de Saint-Quentin : décret du 13 avril 1870. Bief de Mauvages (Meuse) : décret du 21 juin 1866. Souterrain de Ham (Meuse) : décret du 15 mars 1880. |
| 27 B | Etat de produit des pêches, francs-bords, etc. Trim. Ex. | Formé dans les postes et remis au versement. | Attribution à la Régie : loi du 23 septembre 1810 et décret du 25 mars 1863. Francs-bords : cir. 11 du 21 mai 1830. Recouvrements : cir. 264 du 23 janvier 1833. Constatations, création des états 27 B et 182 : cir. 430 du 28 novembre 1856. Ilots non submergés : cir. 586 du 3 mai 1890. Constatations des prises d'eau : let. com. 23 du 19 novembre 1890. |
| 27 E | Etat de produit des bacs, passages d'eau, etc. Trim. Ex. | Formé dans les postes et remis au versement. | Etablissement : lois du 6 frimaire an VII et du 14 floréal an X. Ponts : let. com. 7 du 8 frimaire an XIII. Recouvrements : cir. 264 du 25 janvier 1833. Constatations, création des états 27 E et 183 : cir. 430 du 28 novembre 1856. Moins-values : cir. 628-64 du 10 décembre 1857. Produits accessoires : cir. 903 du 26 mai 1863. |
| 182 | Etat de développement des produits de la pêche, etc. Annuel. 2 par dir. Ex. | Envoyé par les dir. à la 2e div., 2e b., le 15 janvier, en simple. | Création : cir. 430 du 28 novembre 1856. Pêche fluviale : cir. 903 du 26 mai 1863. |
| 183 | Etat de développement du produit des bacs. Annuel. 2 par dir. Ex. | Envoyé par les dir. à la 2e d., 2e b., le 15 janvier, en simple. | Création : cir. 430 du 28 novembre 1856. |
| | Procès-verbal d'adjudication des bacs, pêches, etc. | Une ampliation est remise par les Préfets ; elle reste à la direction. | Bacs abandonnés aux communes : cir. 44 du 5 février 1820. Cautionnement : cir. 221 du 22 janvier 1810 et 430 du 2 novembre 1819. Adjudications collectives : cir. 251 du 28 mai 1811. Copies des actes : cir. 282 du 20 avril 1835. Rappel : cir. 430 du 28 novembre 1856. Frais d'adjudication : let. com. 32 du 30 octobre ; 1350-105 du 30 décembre 1880 et 1439-114 du 24 décembre 1884. |
| | Cahier des charges des bacs. | Un exemplaire est joint par le Préfet au procès-verbal d'adjudication. | Inscription maritime : cir. 572 du 4 février 1855. Modèle : cir. 1110 du 12 janvier 1869. Modifications : let. com. 13 du 29 juillet 1880 et 21 du 17 juillet 1882. Bacs dont le matériel appartient à l'Etat : cir. 6 du 1er mai 1891. |
| | Cahier des charges pour la pêche, francs-bords, etc. | Un exemplaire est joint par le Préfet au procès-verbal d'adjudication. | Communication du projet par le Préfet au dir. : cir. 35 du 13 février 1832. Modèle : cir. du Min. de l'agric. du 21 octobre et cir. 1105 du 23 novembre 1868. |
| | Carnet des concessions. | Tenu à la direction. | Créé : cir. 247 du 7 septembre 1878. |
| | Etat des sommes réclamées pour la contribution foncière : francs-bords, etc. Annuel. | Dressé par le dir. pour le département et produit comme pièce de dépense. | Assujétissement : let. Min. 16 juin 1807. Maisons éclusières : cir. 203 du 3 mai 1839. Vérification des rôles et modèle d'état : cir. 443 du 24 janvier 1857. Paiement : cir. 3 du 16 avril 1891. |

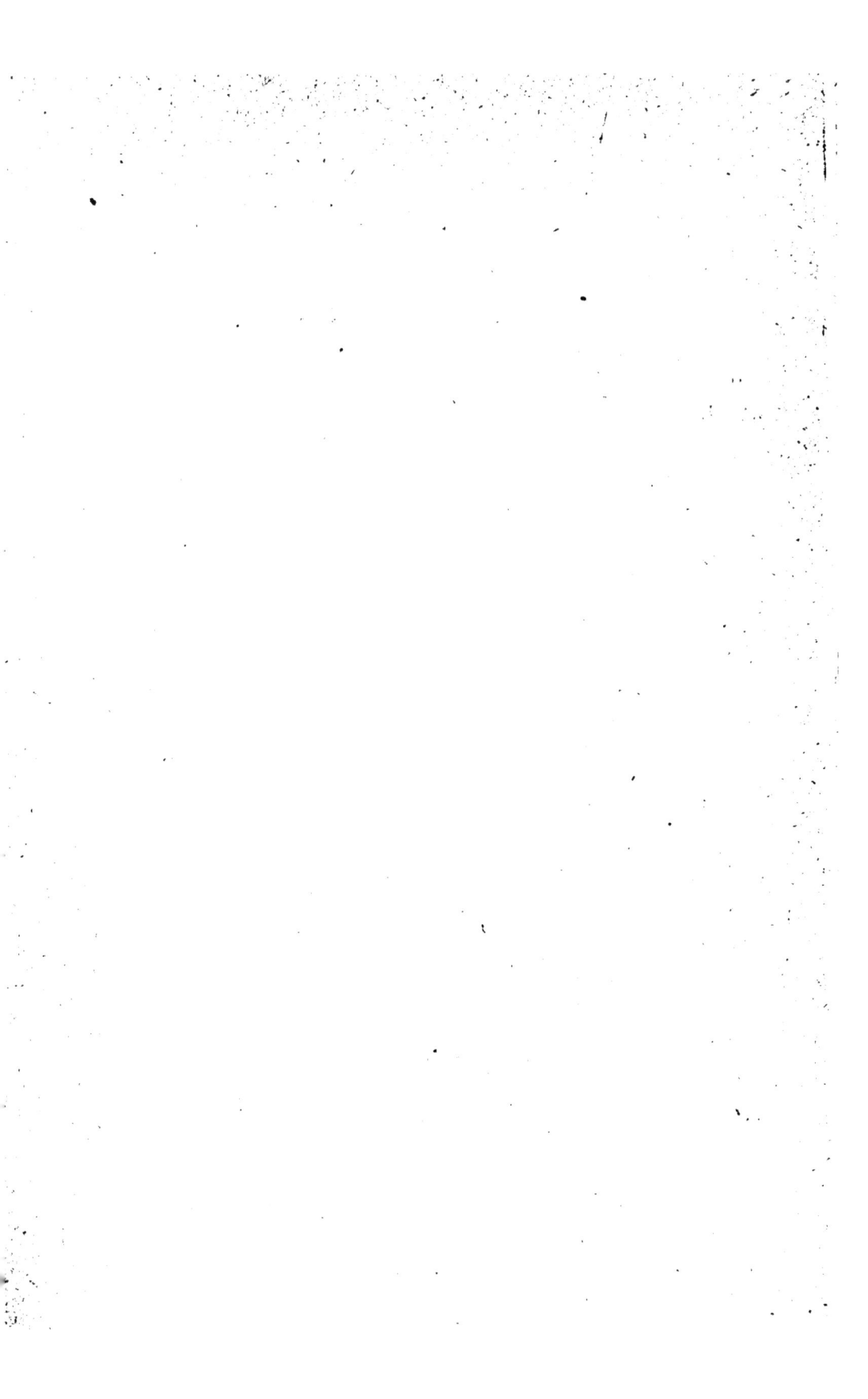

# Chapitre III. — Bières.

| | | | |
|---|---|---|---|
| 2 A | Reg. spécial d'acquits-à-caution. 5, 10, 25, 50 feuilles. 8 T. | Tenu par les buralistes. | Bières exportées : art. 4 loi du 23 juillet 1820. Bières pour les vinaigriers : cir. 161 du 1er juillet 1875 et 403 du 16 août 1881. Voir chap. iv. |
| 18 | Reg. spécial de déclaration de vaisseaux. Tit. int. 4 T. | Tenu par les buralistes. | Déclaration : art. 117 et 118 loi du 28 avril 1816. Voir chap. x. |
| 19 | Reg. de déclarations de mises de feu. 10, 25, 50 feuilles. 2 T. | Tenu par les buralistes. | Déclaration : art. 120 loi du 28 avril 1816. Bières pour les vinaigres : cir. 161 du 1er juillet 1875 et 403 du 16 août 1881. |
| 19 A | Etat de contrôle de la constatation des droits sur les bières. Mensuel et trim. Ex. | Formé par les buralistes et annoté par les chefs locaux. Remis au s.-dir. ou dir. en fin de trim. | Création et modèle : cir. 92 du 9 juin 1891. |
| 57 | Procès-verbaux d'épalement. Tit. int. 2 T. | Tenu par les chefs locaux; timbre versé au receveur. | Epalement : cir. 14 du 17 décembre 1807 et les renvois chap. iv du *Catalogue méthodique*. Excédent de 20 p. 0/0 : cir. 23 du 3 avril 1852 et let. com. du 1er août 1853. Modifications : let. com. 6 du 9 mars 1855. |
| 58 | Portatif. Trim. 8, 12, 24, 40, 80, 120 feuillets. | Tenu dans les postes. | Ecritures : cir. 23 du 19 décembre 1812. Déclarations remplaçant les actes de prise en charge : cir. 21 du 31 décembre 1818. Décomptes : cir. 377 du 19 mars 1848. Bières pour les vinaigres : cir. 161 du 1er juillet 1875 et 403 du 16 août 1881. Glucoses : cir. 310 du 20 février et 318 du 27 mai 1881. Portatif auxiliaire pour les excédents tenu par les employés détachés des sucres et distilleries ; relevé envoyé au directeur : cir. 92 du 9 juin 1891. |
| 59 | Etat de produit. Trim. Ex. | Formé dans les postes. | Tarif 3 fr. 75 et 1 fr. 25 : cir. 23 du 4 septembre 1871 et 103 du 2 janvier 1874. |
| | Renseignements statistiques annuels. | Chefs locaux au s.-dir. ou dir. Avant le 1er mars à la 2e div., 2e bur. | Note autog. n° 10585 du 9 juin 1891. |
| | Carnet d'exercice des brasseries. | Tenu dans les postes. | Création et modèle : cir. 92 du 9 juin 1891. |

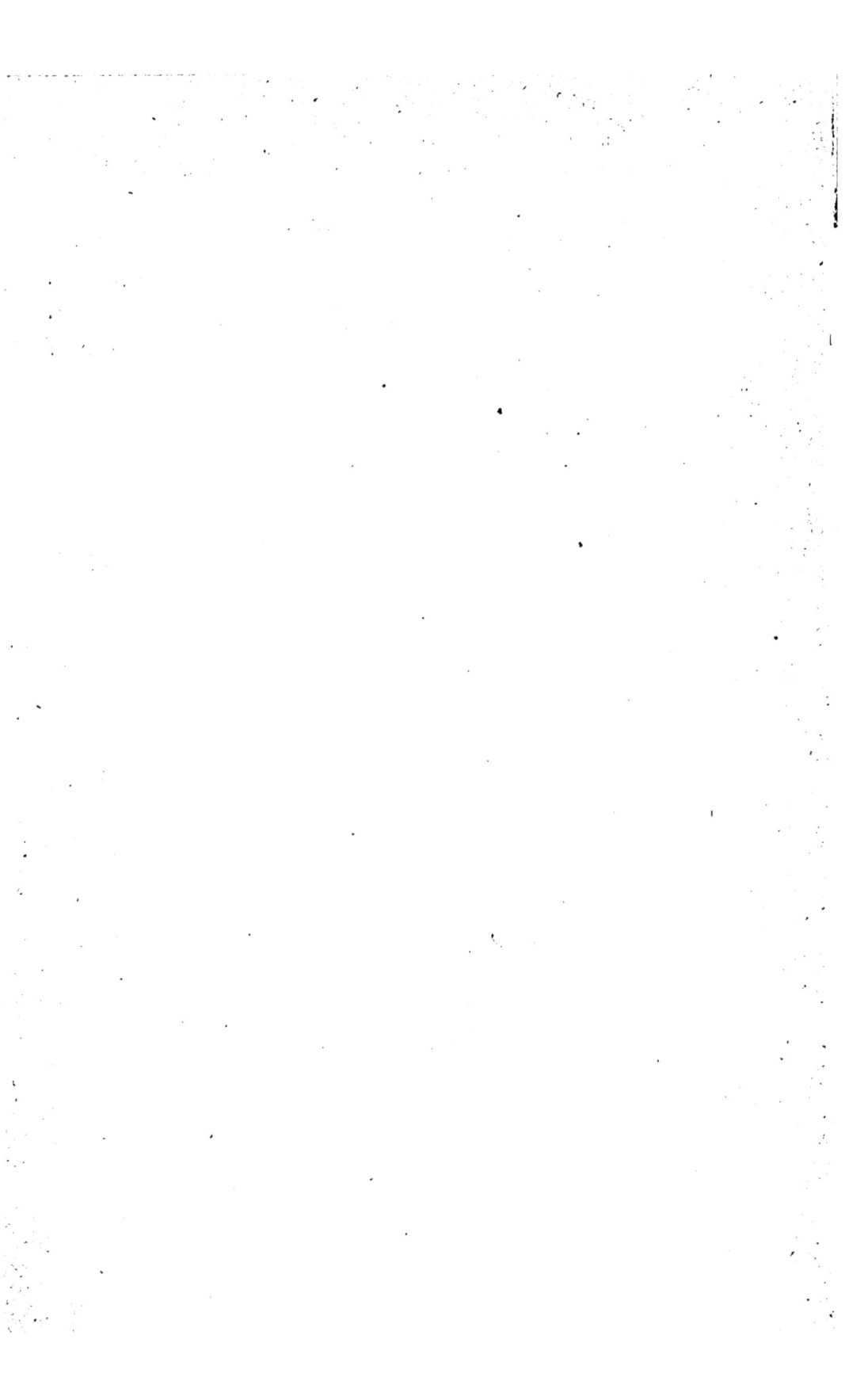

# Chapitre IV. — Boissons.

| | | | |
|---|---|---|---|
| 1er blanc. | Reg. de congés : droit de circulation, droit sur vins alcoolisés, droits locaux. 5, 10, 25, 50 feuilles. 8 T. | Tenu par les buralistes. | *Règles communes aux congés n° 1er et série bis.* Principe du droit de circulation et changement de congé pour une classe supérieure : cir. 17 du 17 mars 1817. Consommation dans les ports militaires : let. com. n° 54 du 16 janvier 1867. Vins pour la troupe : let. com. 29 du 23 juin |

1851, et 237 du 23 avril 1878. Limite de 25 litres : cir. 25 du 3 avril 1852. Classes, tarif ; vins. 1 fr., 1 fr. 30 et 2 fr. ; cidre, 80 cent. : cir. 301 du 9 décembre 1880. Vins en bouteilles : cir. 165 du 16 août 1875. Vins alcoolisés : cir. 25 du 3 avril 1852. — *Règles spéciales.* Vins importés : cir. 9 du 14 juin 1869. Vins naturels au-dessus de 15 degrés : cir. 67 du 19 septembre 1872. *Création* du nouveau modèle : cir. 24 du 26 décembre 1818. — Concours des douanes : let. com. 11 du 17 mai 1886.

| | | | |
|---|---|---|---|
| 1er orange. | Reg. de congés : droit de circulation, droits sur vins alcoolisés et droits locaux ; vins de sucre. 5, 10, 25, 50 feuilles. 12 T. | Tenu par les buralistes. | Créé : cir. 572 du 18 novembre 1889. Voir au n° 1er blanc. |
| 1er vert. | Mêmes indications : vins de raisins secs. 12 T. | Tenu par les buralistes. | Créé : cir. 572 du 18 novembre 1889. Voir au n° 1er blanc. |
| 1er bis blanc. | Mêmes indications : vins de raisins frais. 4 T. | Tenu par les négociants. 10, 25, 50 feuilles. | Créé : cir. 616 du 21 janvier 1891. Modifications : cir. 15 du 19 décembre 1891. Voir au n° 1er blanc. |
| 1er bis orange. | Mêmes indications : vins de sucre. 4 T. | Tenu par les négociants. 10 feuilles. | Créé : cir. 616 du 21 janvier 1891. Modifications : cir. 15 du 19 décembre 1891. Voir au n° 1er blanc. |
| 1er bis vert. | Mêmes indications : vins de raisins secs. 4 T. | Tenu par les négociants. 10 feuilles. | Créé : cir. 616 du 21 janvier 1891. Modifications : cir. 15 du 19 décembre 1891. Voir au n° 1er blanc. |
| 1er ter. | Reg. récapitulatif des 1er bis. 10 feuilles. 16 T. | Tenu par les buralistes. | Créé : cir. 616 du 21 janvier 1891. Rappel : cir. 15 du 19 décembre 1891. |
| 1-10 A blanc. | Reg. de congés-quittances à l'entrée des villes à taxe unique. 25, 50 feuilles. 8 T. | Vins de raisins frais. Tous les droits. Tenu dans les bureaux d'entrée. | Création et emploi : cir. 157 du 21 juin et 172 du 3 septembre 1875. Vins alcoolisés : cir. 462 du 18 décembre 1886. |
| 1-10 A orange. | Mêmes indications. 5, 10, 25, 50 feuilles. 8 T. | Vins de sucre. Tous les droits. Tenu dans les bureaux d'entrée. | Création : cir. 572 du 18 novembre 1889. Explications : cir. 616 du 21 janvier 1891. Voir au 1-10 A blanc. |
| 1-10 A vert. | Mêmes indications. | Vins de raisins secs. Tous les droits. Tenu dans les bureaux d'entrée. | Création : cir. 572 du 18 novembre 1889. Explications : cir. 616 du 21 janvier 1891. Voir au 1-10 A blanc. |
| 1-10 B blanc. | Reg. de congés-quittances à l'intérieur des villes à taxe unique. 25, 50 feuilles. 8 T. | Vins de raisins frais. Tous les droits. Tenu par les buralistes. | Vins en bouteilles : cir. 165 du 16 août 1875. Nouveau modèle : cir. 172 du 3 septembre 1875. Surforce : cir. 462 du 18 décembre 1886. |
| 1-10 B orange. | Mêmes indications. 5, 10, 25, 50 feuilles. 12 T. | Vins de sucre. Tous les droits. Tenu par les buralistes. | Créé : cir. 616 du 21 janvier 1891. Voir au 1-10 B blanc. |
| 1-10 B vert. | Mêmes indications. 12 T. | Vins de raisins secs. Tous les droits. Tenu par les buralistes. | Créé : cir. 616 du 21 janvier 1891. Voir au 1-10 B blanc. |

| | | | |
|---|---|---|---|
| 1-10 B bis. blanc | Mêmes indications. 10, 25, 50 feuilles. 4 T. | Vins de raisins frais. Tous les droits. Tenu par les négociants. | Créé : cir. 616 du 21 janvier 1891. Modification : cir. 15 du 19 décembre 1891. Voir au 1-10 B blanc. |
| 1-10 B bis. | Orange. Mêmes indications. | Vins de sucre. Tous les droits. Tenu par les négociants. | Créé : cir. 616 du 21 janvier 1891. Modification : cir. 15 du 19 décembre 1891. Voir au 1-10 B blanc. |
| 1-10 B bis. | Vert. Mêmes indications. | Vins de raisins secs. Tous les droits. Tenu par les négociants. | Créé : cir. 616 du 21 janvier 1891. Modification : cir. 15 du 19 décembre 1891. Voir au 1-10 B blanc. |
| 1-10 B ter. | Reg. récapitulatif des 1-10 B bis. 10 et 25 feuilles. 16 T. | Tenu par les buralistes. | Créé : cir. 616 du 21 janvier 1891. Rappel : cir. 15 du 19 décembre 1891. |
| 2 A blanc | Reg. d'acquits-à-caution et droits locaux : vins, cidres, etc. 5, 10, 25, 50 feuilles. 8 T. | Tenu par les buralistes. | *Règles communes à tous les acquits.* Créés : cir. 7 du 15 décembre 1824. Législation : cir. 13 du 6 août 1816, art. 84 de la loi du 15 mai 1818, cir. 9 du 5 mars 1825 et instruction du 15 février 1827. Soumissions : cir. 352 du 20 octobre 1882. Déclaration incomplète du parcours : cir. |

43 du 3 mars 1872. Réserve du nom du destinataire : cir. 44 du 22 mai 1832 et 172 du 3 septembre 1875. Boissons pour les bâtiments de l'Etat : let. com. 54 du 16 janvier 1867. Acquits pour l'armée : cir. 33 du 13 août 1818. Consommation de bord : cir. 40 du 4 mai 1830. Caboteurs étrangers : cir. 31 du 12 novembre 1829. Circulation dans le rayon frontière : cir. 234 du 19 juillet 1813. Exportation : cir. 27 du 19 août 1829. Points de sortie par terre : voir l'instruction. Haute-Savoie et pays de Gex : cir. 145 du 2 avril 1875 et les renvois au chap. IV du Catalogue méthodique. Expositions : let. com. 1700 du 7 juillet 1860 et cir. 535 du 28 décembre 1888. Mutations d'entrepôt : cir. 94 du 5 juillet 1873. Echange d'acquits : cir. 123 du 27 juin 1876 et 526 du 8 septembre 1888. Acquits fictifs : cir. 83 du 20 février 1894. Tarif à 0,40 c. : cir. 103 du 2 janvier 1874. Timbre-nom du bureau : cir. 590 du 21 juin 1890. Pour les cautions, voir le 52 D. Pour la décharge et l'apurement, voir ; les lois le n° 49 et au chap. VII le 166. — *Règles spéciales au 2 A.* Contenance des bouteilles : cir. 163 du 16 août 1875. Plombage des caisses de champagne : let. com. 21 du 27 juillet 1876 et 2 du 14 janvier 1888. Vinage pour l'exportation : cir. 756 du 17 mai 1861 et la suite des renvois chap. V du Catalogue méthodique. Vins mutés importés : cir. 538 du 3 janvier 1889. Vins naturels dépassant 15 degrés : cir. 67 du 19 septembre 1872. Changement de domicile : cir. 30 du 20 mai 1818. Echange d'acquits du vins alcoolisés pour l'exportation : let. com. 15 du 14 juin 1877. Importations : cir. 9 du 14 juin 1869 et 17 d.: 27 janvier 1892. Récoltants : cir. 506 du 30 octobre 1857. Fraudes commerciales : cir. 83 du 20 février 1894. Provenances d'Algérie : cir. 102 du 11 octobre 1894.

| | | | |
|---|---|---|---|
| 2 A orange. | Reg. d'acquits-à-caution et droits locaux. 5, 10, 25, 50 feuilles. 8 T. | Vins de sucre. Tenu par les buralistes. | Création : cir. 572 du 18 novembre 1889. Voir au 2 A blanc. |
| 2 A vert. | Mêmes indications. 8 T. | Vins de raisins secs. Tenu par les buralistes. | Création : cire. 572 du 18 novembre 1889. Raisins secs : cire. 597 du 31 juillet 1890. Voir au 2 A blanc. |
| 2 A bis rouge | Reg. d'acquits-à-caution et droits locaux. 5, 10, 25 feuilles. 4 T. | Vins vinés. Tenu par les buralistes. | Création : cire. 502 du 31 janvier 1889. Justifications à l'arrivée : cire. 532 du 28 novembre 1888 et 570 du 8 octobre 1889. Voir au 2 A blanc. |
| 2 A ter. | Reg. récapitulatif des 2 AA. 10, 25 feuilles. 16 T. | Tenu par les buralistes. | Création : cire. 616 du 21 janvier 1891. |
| 2 AA blanc. | Reg. d'acquits et droits locaux : vins, cidres, etc. 25, 50 feuilles. 4 T. | Tenu par les négociants. | Création : cire. 539 du 3 janvier 1889. Explications : cire. 616 du 21 janvier 1891. Modifications : cire. 15 du 19 décembre 1891. Voir au 2 A blanc. |
| 2 AA orange. | Mêmes indications. 10 feuilles. | Vins de sucre. Tenu par les négociants. | Création : cire. 616 du 21 janvier 1891. Modifications : cire. 15 du 19 décembre 1891. Voir au 2 A blanc. |
| 2 AA vert. | Mêmes indications. 10 feuilles. | Vins de raisins secs. Tenu par les négociants. | Création : cire. 616 du 21 janvier 1891. Modifications : cire. 15 du 19 décembre 1891. Voir au 2 A blanc. |
| 2 B blanc | Reg. d'acquits et droits locaux. 5, 10, 25, 50 feuilles. 8 T. | Alcool de vin et similaires. Tenu par les buralistes. | Nouveau modèle : cir. 7 du 15 décembre 1824. Bouilleurs de cru : cir. 506 du 30 octobre 1857. Boissons pour la marine : let. com. 54 du 16 janvier 1867. Le 2 B est réservé |

aux alcools de vin, de marcs et de lies : cir. 67 du 19 septembre 1872. Déclaration de la nature des spiritueux : let. com. du 19 février 1872. Dépôt de registres dans les distilleries : cir. 275 du 22 septembre 1819, § 112. Vins articles imposables comme alcools : cir. 373 du 6 juillet 1883 ; 569 du 23 septembre 1889 et 597 du 31 juillet 1890. Enlèvements des distilleries : voir les règlements A, A bis et B. Timbre rouge : cir. 590 du 21 juin 1890. Provenances d'Algérie : cire. 102 du 11 octobre 1891. Huiles essentielles let. com. 84 du 6 juin 1891.

| | | | |
|---|---|---|---|
| 2 BB blanc. | Reg. d'acquits et droits locaux. 10 et 25 feuilles. 4 T. | Alcools de vin et similaires. Tenu par les négociants. | Création : cir. 539 du 5 janvier 1889. Explications : cir. 616 du 21 janvier 1891. Modifications : cir. 15 du 19 décembre 1891. Voir aux 2 A et 2 B blancs. |
| 2 B ter. | Reg. récapitulatif de la série bis des 2 B. 16 T. | Tenu par les buralistes. | Création : cir. 616 du 21 janvier 1891. |
| 2 C rouge. | Reg. d'acquits et droits locaux. 5, 10, 25, 50 feuilles. 8 T. | Alcools d'industrie. Tenu par les buralistes. | Créé : cir. 67 du 19 septembre 1872. Alcool provenant de maïs d'admission temporaire : cir. 25 du 3 mars 1892. Voir aux 2 A et 2 B blancs. |
| 2 CO rouge. | Reg. d'acquits et droits locaux. 10 et 25 feuilles. 4 T. | Alcools d'industrie. Tenu par les négociants. | Créé : cir. 539 du 5 janvier 1889. Explications : cir. 616 du 21 janvier 1891. Modifications : cir. 15 du 19 décembre 1891. |
| 2 D bleu. | Mêmes indications. 5, 10, 25 et 50 feuilles. 8 T. | Alcools de mélanges. Tenu par les buralistes. | Créé : cir. 67 du 19 septembre 1872. |
| 2 DD bleu. | Mêmes indications. 10 et 25 feuilles. 4 T. | Alcools de mélanges. Tenu par les négociants. | Créé : cir. 539 du 5 janvier 1889. Explications : cir. 616 du 21 janvier 1891. Modifications : cir. 15 du 19 décembre 1891. |
| 3 A | Reg. de passavants; propriétaires récoltants. 5, 10, 25, 50 feuilles. 6 T. | Tenu par les buralistes. | Créé : cir. 7 du 13 décembre 1821. Explications : cir. 319 du 27 février 1815. Limites de franchise ; tableau des communes limitrophes : cir. 23 du 3 avril 1832. Instruction générale : cir. 506 du 30 octobre 1857. Tarif des passavants 40 c. : cir. 103 du 2 janvier 1874. |
| 3 B | Reg. de passavants, assujétis et consommateurs. 5, 10, 25 et 50 feuilles. 6 T. | Vins, cidres et alcools. Tenu par les buralistes. | Créé : cir. 7 du 15 décembre 1824. Différences en moins en cours de route : cir. 430 du 8 juin 1850. Boissons partagées : cir. 361 du 22 mars 1856. Vins ou cidres enlevés de chez un débitant exercé ou abonné sans décharge : voir les tableaux nos 159 et 160. |
| 3 C | Reg. de déclaration pour être exempté du droit de circulation. 5, 10, 25 feuilles. 4 T. | Vins, cidres, etc. Tenu par les buralistes. | Créé : cir. 306 du 13 août 1811. Déclarations : cir. 319 du 27 février 1815. Instruction : cir. 506 du 30 octobre 1857. |
| 4 A | Reg. de congés : droit de détail à l'enlèvement et droits locaux. 5, 10, 25 feuilles. 12 T. | Vins, cidres, etc. Tenu par les buralistes. | Nouveau modèle : cir. 7 du 15 décembre 1824. Sommes provenant du n° 5 : cir. 51 du 12 décembre 1826. Limite de 25 litres : cir. 23 du 3 avril et let. com. du 16 juillet 1832. Tarif : cir. 304 du 9 décembre 1880. Concours des Douanes : let. com. 11 du 17 mai 1856. Voir au 149 B. |
| 4 A bis | Mêmes indications. 10, 25 feuilles. 4 T. | Vins, cidres, etc. Tenu par les négociants. | Créé : cir. 616 du 21 janvier 1891. Modifications : cir. 15 du 19 décembre 1891. |
| 4 A ter | Reg. récapitulatif du 4 A bis. 10, 25 feuilles. 16 T. | Tenu par les buralistes. | Créé : cir. 616 du 21 janvier 1891. |
| 4 B | Reg. de congés ; droit de consommation au départ et droits locaux. 5, 10, 25, 50 feuilles. 12 T. | Alcool. Tenu par les buralistes. | Créé : cir. 7 du 15 décembre 1824. Emploi : cir. 459 du 2 avril 1857 et 172 du 3 septembre 1875. Boissons pour la marine : let. com. 54 du 16 janvier 1867. Spiritueux imposés d'après l'alcool par en centilitres : cir. 47 du 3 avril 1872. Vins factices dits de Madère : let. com. 17 du |

29 mai 1876. Tarif, 156 fr. 25 : cir. 304 du 9 décembre 1880. Concours des Douanes : let. com. 11 du 17 mai 1856. Vins tarifés comme alcool : cir. 569 du 25 septembre 1889. Provenances d'Algérie : cir. 102 du 11 octobre 1891.

| | | | |
|---|---|---|---|
| 4 B bis | Mêmes indications. 10 et 25 feuilles. 4 T. | Alcool. Tenu par les négociants. | Créé : cir. 616 du 21 janvier 1891. Modifications : cir. 15 du 19 décembre 1891. Voir au 4 B. |
| 4 B ter | Reg. récapitulatif du 4 B bis. 10 et 25 feuilles. 16 T. | Alcool. Tenu par les buralistes. | Créé : cir. 616 du 21 janvier 1891. |
| 4 B 10 | Reg. congés-quittances. Droits de consommation et locaux à l'entrée des villes rédimées. 5, 10, 25, 50 feuilles. 8 T. | Alcool. Tenu dans les bureaux d'entrée. | Créé : cir. 151 121 juin 1875. Emploi : cir. 172 du 3 septembre 1875. |
| 5 | Reg. congés de colportage. 10 et 25 feuilles. 4 T. | Vins, cidres. Tenu par les buralistes. | Créé : cir. 77 du 8 septembre 1813. Caution : cir. 22 du 10 mai 1817. Emploi : cir. 7 du 15 décembre 1824 et 31 du 12 décembre 1826. Bulletin 6 A : cir. 46 du 18 août 1833. Annotation de la licence : cir. 75 du 30 janvier 1831. |
| 5 bis ex. 69 | Reg. Laissez-passer, vins, cidres. 10, 25 feuilles. 6 T. | Tenu par les propriétaires récoltants. Expédition pour aller jusqu'au premier bureau. | Création du reg. 69 : cir. 41 du 22 mai 1833. Récoltants bouilleurs de cru : cir. 506 du 30 octobre 1857. |
| 5 ter | Reg. Bulletins de subdivision. 10 feuilles. 10 T. | Boissons et raisins secs. Tenu par les buralistes. | Remplace les nºs 20 et 60. Créé : cir. 263 du 24 février 1879. |
| 5 D | Reg. Laissez-passer pour les envois des débitants. 5, 10, 25 feuilles. 6 T | Tenu par les débitants. | Créé : cir. 525 du 11 août 1888. Modifications : let. autog. du 30 septembre 1889. Cantiniers militaires : cir. 585 du 4 avril 1890. Raisins secs : let. autog. du 7 mars 1891. |
| 6 | Carnet répertoire, compte des bulletins de circulation. Cahier. | Tenu dans les postes. | Créé : cir. 17 du 16 mars 1876. Bulletin 6 E : cir. 331 du 7 janvier et 353 du 22 octobre 1882. |
| 6 A | Bulletins de circulation. Ex. | Dressés dans les postes et envoyés au s.-dir. ou dir. qui transmet au point d'arrivée. | Créé : cir. 24 du 26 décembre 1818. Instruction : cir. 32 du 29 mai 1806. Congés nº 5 : cir. 46 du 18 août 1833. Rappel des règles : cir. 410 du 21 décembre 1843. Bulletins pour les récoltants : cir. 506 du 30 octobre 1857. Bulletins 6 A prescrits par la let. com. du 19 février 1872, remplacés dans certains cas par des 6 E : cir. 353 du 22 octobre 1882. |
| 6 B | Carnet d'inscription des visas à la circulation. Cahier. | Tenu dans les postes. | Créé : cir. 24 du 26 décembre 1818. Concours des Douanes : let. com. 40 du 4 septembre 1875. |
| 6 C jaune. | Bulletins de boissons en cours de transport. Ex. | Dressés dans les postes et envoyés au s.-dir. ou dir. qui transmet au point de départ. | Créé : cir. 24 du 31 décembre 1818. Concours des Douanes : let. com. 40 du 4 septembre 1875. |
| 6 D rouge | Avis de saisie et de transit. Ex. | Dressés dans les postes et envoyés au s.-dir. ou dir. qui transmet au point de départ. | Créé : cir. 7 du 4 avril 1831. Avis pour les congés nº 5 : cir. 46 du 18 août 1833. Suite du service : cir. 252 du 8 juin 1841 et 480 du 29 janvier 1851. Instruction générale : cir. 285 du 30 avril 1855. |
| 6 E bleu. | Avis d'envoi de vin ou d'alcool par acquit-à-caution. Ex. | Dressés par les buralistes et envoyés par les s.-dir. ou dir. au lieu d'arrivée. | Créé : cir. 331 du 7 janvier 1882. Modifications : cir. 353 du 22 octobre 1882. Télégrammes : cir. 475 du 28 avril 1887. Sucrage : cir. 565 du 6 août 1889 et 12 du 18 juillet 1891. Emploi : cir. 53 du 11 mai 1893. |

| | | | |
|---|---|---|---|
| 7 A | Relevé des acquits-à-caution, vins, cidres, etc. Mensuel. Tit. et interc. | Dressé dans les bureaux et remis au s.-dir. ou dir. au versement. | Emploi : cir. 7 du 15 décembre 1821 et instruction du 15 février 1827. Rapprochements : cir. 680 du 29 janvier 1831. Rappel des règles : cir. 316 du 1er août 1835. Modifications au modèle : cir. 357 du 21 décembre 1882. |
| 7 B | Mêmes indications. Alcools. | Mêmes indications. | Mêmes indications. |
| 8 | Reg. déclaration d'arrivée par acquit hors d'un lieu sujet. 10 feuilles. | Tenu par les buralistes. | Créé : cir. 21 du 31 décembre 1818. Emploi : instruction du 15 février 1827, § 17 et 31. Déclarations complémentaires : cir. 44 du 22 mai 1832. Réceptions des abonnés : cir. 124 du 1er mars 1836. Rédimés : cir. 170 du 5 avril 1838. Récoltants marchands en gros : cir. 306 du 30 octobre 1837. Marchands en gros : cir. 43 du 3 mars 1872. Distilleries : cir. 325 du 30 juillet 1881. |
| 9 | Reg. Droit de consommation à l'arrivée. 5, 10, 25, 50 feuilles. 10 T. | Tenu par les buralistes. | Cantiniers militaires : cir. 90 du 21 mai 1813. Nouveau modèle : cir. 7 du 15 décembre 1821. Régime : cir. 170 du 5 avril 1833. Paiement dans les trois jours : cir. 79 du 23 décembre 1832. Contrôle des perceptions : cir. 410 du 23 septembre 1836. Concours des Douanes : let. com. 11 du 17 mai 1836. Reg. spécial aux vins alcoolisés : cir. 162 du 18 décembre 1886. Visas sur les acquits et les quittances : cir. 29 du 28 avril 1892. |
| 12 | Reg. Transits. 5, 10, 25, 50 feuilles. 8 T. | Tenu dans les bureaux et dans les gares. | Nouveau modèle : cir. 7 du 15 décembre 1821. Instruction générale : cir. 285 du 30 avril 1833. Gares : let. com. 11 du 5 mars 1866. |
| 14 | Reg. Déclaration de fabrication de vin, cidre, liqueur. 5, 10, 25 feuilles. 6 T. | Tenu par les buralistes. | Fabrication de vin de vendanges, de raisins secs, cidres et similaires par un assujéti dans les villes non sujettes : voir l'instruction de ce reg., celle de l'instruction du 53 A et la cir. 124 du 1er mars 1836. Création et emploi : cir. 259 du 5 novembre 1841. Voir chap. xi. Vinages : cir. 520 du 20 juin 1888. |
| 18 | Déclaration des vaisseaux. Tit. int. 4 T. | Tenu par les buralistes. | Vaisseaux de plus de 10 hect. : cir. 304 du 9 décembre 1830 et let. com. 29 du 15 novembre 1882. Voir chap. x. |
| 20 | Relevé des vinages faits à l'enlèvement des vins. Annuel. Tit. int. | Formé par les chefs locaux ; envoyé au s.-dir. ou dir. avant le 20 janvier ; le 30 à la 3e div. 1er bur. | Création et modèle : cir. 407 du 28 octobre 1884. |
| 20 A | Relevé des comptes ouverts pour les vinages effectués. Annuel. Tit. int. | Mêmes indications. | Création et modèle : cir. 407 du 28 octobre 1884. |
| 20 H | Avis d'envoi d'un échantillon autre que l'alcool dénaturé. Ex. | Apposé dans les postes sur les bouteilles. | Echantillons : cir. 124 du 20 mai 1876 ; 227 du 3 janvier 1876 ; let. man. du 25 août 1882 ; cir. 599 du 8 août 1890 ; 21 du 2 mars et let. com. 46 du 3 août 1892. Création : cir. 453 du 16 juin 1888. Formalités au départ : cir. 76 du 7 décembre 1893. |
| 49 | Reg. de décharge des acquits. Changement de domicile, échanges, exportations, simples consommateurs hors des villes rédimées. 25, 50 feuilles. 8 T. | Tenu dans les postes. | Nouveau modèle et emploi : cir. 7 du 15 décembre 1824 et 328 du 5 octobre 1881. Boissons arrivées depuis peu chez les débitants : cir. 190 du 20 mai 1876. Débitants rédimés : cir. 170 du 5 avril 1838. Décharges tardives, abonnés : cir. 124 du 1er mars 1836. Mouvements des alcools entre la France et la Belgique : cir. 536 du 31 décembre 1888. Traité avec l'Italie : cir. 437 du 5 octobre 1883. Franchise |

pour la consommation de bord ou l'étranger : cir. 27 du 19 août 1829 et 40 du 4 mai 1830. Cabotage : cir. 31 du 12 novembre 1839. Tolérance de 1 p. 96 : cir. 94 du 5 juillet 1873. Différences : cir. 190 du 20 mai 1876 et 345 du 11 août 1882. Justifications d'exportation : cir. 503 du 31 janvier, 532 de 28 novembre 1838 et 570 du 8 octobre 1839. Pièces à produire pour la décharge : cir. 43 du 3 mars 1872. Visa de la Douane : cir. 50 du 27 mai 1872. Décharge, prescription, responsabilité des employés : cir. 533 du 5 décembre 1888. Délais de rentrée des acquits : cir. 75 du 30 janvier 1831 et 94 du 5 juillet 1873. Acquits à apurer à Paris : let. com. 29 juillet 1872. Timbre humide : cir. 5 du 28 avril 1891. Rappel des règles : let. com. 78 du 19 février 1891.

| | | | |
|---|---|---|---|
| 49 A | Reg. de décharge des acquits. Marchands en gros entrepositaires et débitants exercés abonnés et rédimés. 25 et 50 feuilles. | Tenu dans les postes. | Créé : cir. 395 du 6 mai 1884. Voir au reg. 49. |
| 49 C | Reg. de décharge des acquits. Droits payés à l'entrée des villes à taxe unique. 25 et 50 feuillets. | Tenu dans les postes. | Usage : cir. 157 du 21 juin 1875 ; 328 du 5 octobre 1831 et 395 du 6 mai 1884. Voir au reg. 49. |
| 50 A | Portatif-sucrages. 12, 25, 50, 100, 150, 200 feuillets. | Tenu dans les postes. | Ancien régime : cir. 338 du 4 juillet 1832. Envoi de 25 sacs au minimum : cir. 379 du 17 octobre 1883. Loi primitive : cir. 492 du 30 juillet 1881. Règlement : cir. 433 du 30 juillet 1885. Dépôts supplé- |

mentaires : let. com. 18 du 10 septembre et 27 du 30 novembre 1886. Modifications : cir. 528 du 24 septembre 1888. Redevance de 1 fr. par 96 kilos : cir. 516 du 9 février 1889. Demandes ; comptes : cir. 565 du 6 août 1889. Détournements : cir. 27 du 21 octobre 1889. Dénaturation, raisins secs : cir. 596 du 25 juillet 1890. Malaxage : cir. 9 du 17 juin 1891. Cidres ; taux pour cent de sucre : cir. 57 du 23 mai 1893.

| | | | |
|---|---|---|---|
| 50 A | Portatif-boissons. Trim. | Tenu dans les postes. | Création : cir. 27 du 25 juillet 1866. Révision : cir. 328 du 5 octobre 1831. Trois comptes pour les vins : cir. 12 du 18 |

juillet 1891. Un compte pour les alcools : cir. 374 du 7 juillet 1883. Un compte d'ordre pour les esprits : cir. 545 du 5 février 1889 et let. com. 31 du 27 mai 1892. Annotation des restes : cir. 301 du 9 décembre 1880 . Tenue des comptes : cir. 51 du 29 décembre 1821, 31 du 21 novembre 1823, 218 du 20 décembre 1839, 229 du 23 mars 1840 et 328 du 5 octobre 1831. Foudres de plus de 10 hect. : cir. 301 du 9 décembre 1880 et let. com. 29 du 15 novembre 1882. Tenue des magasins, essence d'absinthe : cir. 41 du 8 avril 1872. Calcul de l'alcool au centil. : cir. 47 du 8 avril 1872 et 433 du 1er septembre 1885. Fractions de degré : cir. 295 du 11 août 1880 et 561 du 23 juillet 1889. Capacité des bouteilles : cir. 201 du 21 février 1889 et let. com. 22 du 21 décembre 1810. Calcul des degrés : cir. 6 du 31 janvier 1825 et 295 du 11 août 1830. Nombre de magasins : cir. 44 du 22 mai 1832. Autorisations d'entrepôt : cir. 17 du 16 mars 1870. Contrôle par les feuilles 50 E : cir. 499 du 23 décembre 1887. Vérification du 50 A : cir. 282 du 12 décembre 1879. Ventes en toutes quantités ; excédents, tolérance de 1 p. 96 aux recensements : cir. 301 du 9 décembre 1880. Déductions extraordinaires supprimées ; nombre de recensements : cir. 392 du 26 mars 1881. Fruits et jus de fruits : cir. 900 du 19 mai 1863. Mutations d'entrepôt : cir. 94 du 5 juillet 1881. Acquits de trois couleurs ; cautionnement des marchands en gros : cir. 67 du 19 septembre 1872. Bulletins 5 ter : cir. 263 du 24 février 1879 . Actes signés par un seul agent : loi du 16 septembre 1871. Sorties non justifiées à décharger : cir. 3 du 29 décembre 1825. Apurement des sorties : cir. 504 du 29 décembre 1831. Boals de jauge : let. com. 606 du 31 janvier 1873. Tolérance de 1 p. 96 lors des envois : cir. 94 du 5 juillet 1873 et 190 du 20 mai 1876. Vins mutés ; vins survinés ; visage : cir. 756 du 11 mai et let. com. 31 décembre 1861 ; let. com. du 4 juin 1862 ; cir. 980 du 22 décembre 1864 ; 520 du 20 juin 1888 ; 539 du 5 janvier 1889 et let. com. 46 du 3 août 1892. Vins alcoolisés : cir. 25 du 3 avril 1852 et let. com. 964 du 28 février 1872. Boissons gâtées : cir 24 du 2 mars 1892. Vins fuscinés et mélanges illicites : cir. 151 du 8 octobre 1853 et 341 du 1er août 1882. Vins artificiels : cir. 45 du 1er août 1826 ; let. man. du 23 août 1833 ; cir. 373 du 6 juillet 1883 ; 569 du 25 septembre 1849 et 12 juillet 1891. Pertes : cir. 504 du 29 décembre 1831 ; 392 du 26 mars 1881 et 480 du 17 juin 1887. Produits médicinaux : let. com. 17 du 7 janvier 1864 et 1er du 12 janvier 1881. Vins de raisins secs : cir. 272 du 4 septembre 1879 ; 293 du 26 août 1880 ; 530 du 10 novembre 1888 ; 560 du 19 juillet 1889 ; 597 du 31 juillet ; 606 du 13 octobre 1890 et 19 du 28 janvier 1892. Transits : cir. 285 du 30 avril 1855. Propriétaires récoltants : cir. 259 du 5 novembre 1841 et 506 du 30 octobre 1857. Liquoristes : cir. 8 du 16 décembre 1821 ; 47 du 8 avril 1872 et 301 du 9 décembre 1880. Magasins généraux : cir. 581 du 31 mars 1859. Échantillons de commerce : cir. 256 du 16 janvier 1879 et 340 du 31 juillet 1882. Prélèvement d'échantillons : cir. 237 du 3 janvier 1878 et 599 du 8 août 1890. Magasins de la guerre et de la marine : cir. 99 du 7 décembre 1813 ; 60 du 28 mars 1833 et let. com. 54 du 16 janvier 1867. Entrepôts publics : cir. 71 du 11 décembre 1833. Entrepôts de Paris : cir. 158 du 23 juin 1875 et décret du 17 décembre 1885. Entrepôts de douane : cir. 101 du 28 août 1848 et let. com. du 6 janvier 1865.

| | | | |
|---|---|---|---|
| 50 A bis | Portatif de gros. Villes sujettes. | Tenu dans les postes. | Création et modèle : cir. 583 du 18 mars 1890. |
| 50 D | Règlement des comptes de gros. Tit. int. Annuel. | Tenu dans les postes. | Création : cir. 218 du 20 décembre 1839. Révision et modèle : cir. 328 du 5 octobre 1831. Règles pour les calculs : cir. 51 du 29 septembre 1821 ; 31 du 21 no- |

vembre 1825; 153 du 9 août 1837; 229 du 23 mars 1840 et 328 du 5 octobre 1851. Déductions : vins ; 6, 7 ou 8 p. %; cidres 7 p. %; cir. 196 du 31 décembre 1833; alcool, 7 p. %; cir. 73 du 29 décembre 1872. Décharges : cir. 504 du 29 décembre 1851. Extrait à joindre au 86 A : cir. 283 du 12 décembre 1879. Manquants dans les magasins de la Guerre et de la Marine : cir. 60 du 28 mars 1833.

| | | | |
|---|---|---|---|
| 50 B | Contrôle des comptes de gros et des recettes buralistes. Trim. Ex. | Tenu et conservé dans les postes où il y a droit d'entrée. | Créé : cir. 499 du 23 décembre 1887. Révision et modèle : cir. 583 du 18 mars 1890. |
| 51 B | Etat de produit. Circulation. Trim. Ex. | Dressé dans les postes ; remis au versement. | Nouveau modèle : cir. 7 du 15 décembre 1824. Droit de circulation constaté : cir. 51 du 28 janvier 1822 et 73 du 30 janvier 1834. Récoltants, marchands en gros : cir. 506 du 30 octobre 1857. Etablissement de la taxe unique : cir. 44 du 22 mai 1832; 239 du 5 novembre 1841 et 157 du 21 juin 1875. Tarif des manquants : cir. 301 du 9 décembre 1830. 3 états spéciaux : cir. 12 du 18 juillet 1891. |
| 51 C | Etat de produit des manquants (détail et consommation). Trim. Ex. | Dressé dans les postes ; remis au versement. | Ancien modèle : cir. 7 du 15 décembre 1824. Débitants qui cessent : cir 15 du 30 janvier 1834. Débitants qui se réduisent : cir. 170 du 5 avril 1838. Emploi : cir. 229 du 23 mars 1840 et 239 du 5 novembre 1841. Bouilleurs de cru : cir. 506 du 30 octobre 1857. Tarif des manquants : cir. 301 du 9 décembre 1830. |
| 51 F | Etat de produit: droit de fabrication de vins de raisins secs. Trim. Ex. | Dressé dans les postes ; remis au versement. | Loi : cir. 597 du 31 juillet 1890. Décret : cir. 606 du 13 octobre 1890. Droit de fabrication de 1 fr. par hect.; création du 51 F : cir. 19 du 25 janvier 1892. |
| 52 AA | Etat de produit : droit de taxe unique sur les manquants. Trim. Tit. interc. | Dressé dans les postes ; remis au versement. | Révision de la taxe unique : let. com. 19 du 27 août 1890 et cir. 23 du 1er mars 1892. Trois états : cir. 12 du 18 juillet 1891. |
| 52 O | Déclaration d'entrepôt et de cautionnement. Tit. interc. 8 T. | Tenu par les receveurs. | Règles générales : cir. 44 du 22 mai 1832. Guerre et Marine : cir. 56 du 12 janvier 1833. Cas particuliers : cir. 229 du 23 mars 1840. Récoltants marchands en gros : cir. 506 du 30 octobre 1857. Res- |

ponsabilité des comptables : cir. 864-78 du 15 juin 1867. Généralisation des cautionnements pour les marchands en gros : débitants ayant plus de 10 hect. d'alcool : cir. 67 du 19 septembre 1872. Sucrage : cir. 333 du 4 juillet 1882. Rappel des instructions : cir. 352 du 20 octobre 1882. Succursales non acceptables : let. com. 7 du 22 juin 1833. Engagement pour les droits des reg. 64 A et B et modification du modèle : cir. 540 du 5 janvier 1889. Recommandations : cir. 557 du 19 avril 1889. Raisins secs : cir. 99 du 30 août 1891.

| | | | |
|---|---|---|---|
| 52 D | Déclaration de cautionnement pour les acquits. Tit. et int. 8 T. | Tenu par les receveurs. | Créé : cir. 352 du 20 octobre 1882. (Voir au 52 C.) |
| 53 A | Portatifs des débitants. Trim. de 34, 70, 100 à 140 feuillets. | Tenu dans les postes. | Modèle et notice : cir. 150 du 21 juillet 1837. Révision : cir. 393 du 6 mai 1884. Ouverture d'un débit : cir. 307 du 3 janvier 1851. Enseigne : art. 50 loi du 28 avril 1816. Exercices : cir. 436 du 31 décembre 1849. Suite du service : instruc- |

tion n° 34 de 1869. Usage du rapporteur centésimal : cir. 14 du 13 février 1829. Approb. ornements : cir. 361 du 22 mars 1836. Vins alcoolisés : cir. 25 du 3 avril 1852 et let. com 964 du 23 février 1872. Fruits et jus de fruits : cir. 900 du 19 mai 1863. Fabrication : cir. 150 du 21 juillet 1837; voir le reg. n° 11. Vins ne provenant pas du raisin frais : voir au 50 A. Manquants à l'arrivée : cir 190 du 20 mai 1876. Boissons restantes : cir. 15 du 30 janvier 1834. Pertes : cir. 17 du 16 mars 1870. Débitants de cru : cir. 506 du 30 octobre 1857. Débitants forains, récoltants : cir. 172 du 3 septembre 1875. Débitants liquoristes : cir. 101 du 27 décembre 1813, 8 du 16 décembre 1824, 170 du 5 avril 1838 et 47 du 8 avril 1842. Débitants extraordinaires : instruction du 15 février 1827 et cir. 150 du 21 juillet 1837. Débitants entrepositaires : voir chap. XI. Cantiniers militaires : cir. 80 du 6 août 1806; 90 du 21 mai et 93 du 16 juin 1813; 237 du 23 avril 1878 et 593 du 4 avril 1890. Commerce intermittent : cir. 553 du 28 mars 1889. Actes signés par un seul agent : art. 23 loi du 16 septembre 1871. Annotation des droits d'entrée et d'octroi : art. 53 de la loi du 28 avril 1816. Registre des débitants : art. 55 loi du 28 avril 1816. Vérification des portatifs ; feuilles 107 : cir. 283 du 12 décembre 1879.

| N° | | | |
|---|---|---|---|
| 54 | Reg. des avertisse-ments. 10, 25 feuilles. | Tenu dans les postes ; volant remis à l'assujéti et le coupon au receveur. | Créé : cir. 6 du 16 février 1815. Emploi : cir. 445 du 5 février 1857. |
| 55 | Etat de produit du droit de détail. Tit. et intero. 40 lignes. Trim. | Dressé dans les postes ; remis au versement. | Exécution de la loi n° 3 du 21 juin 1831 : cir. 8 du 16 décembre 1824. Centimes forcés ou négligés : cir. 15 du 26 décembre 1846. Modifications à l'état : cir. 150 du 21 juillet 1837. Appels : cir. 310 du 1er août 1855. Trois états : cir. 12 du 18 juillet 1891. |
| 56 | Etat récapitulatif des états 55. Trim. Ex. | Dressé dans les recettes où il y a plusieurs sections d'exercices de détail. Remis au versement. | Créé : cir. 21 du 31 décembre 1818. Rappel : cir. 7 du 15 décembre 1824. Trois états : cir. 12 du 18 juillet 1891. |
| 57 | Reg. des procès-verbaux d'épalement. Tit. intero. 2 T. | Tenu par les receveurs amb. ou chefs de poste. | Vaisseaux de plus de 10 hect. : cir. 301 du 9 décembre 1830 et let. com. 29 du 15 novembre 1852. Voir chap. III. |
| 61 A | Reg. Laissez-passer pour les vins. 5, 10, 25 feuilles. 6 T. | Tenu par les marchands en gros ou les débitants entrepositaires. Sert jusqu'à 25 litres de vin ou de vinaigre. | Créé : cir. 525 du 11 août 1833. Cautionnement au 52 C : cir. 540 du 5 janvier 1839. Modifications : let. autog. n° 7713 du 30 septembre 1839. Comptabilité des timbres : let. com. 6508 du 18 juillet 1890. |
| 61 B bleu. | Reg. Laissez-passer pour les spiritueux. 5, 10, 25 feuilles. 6 T. | Tenu par les marchands en gros ou les débitants entrepositaires jusqu'à 12 lit. spiritueux ou alcools dénaturés. | Créé : cir. 525 du 11 août 1833. Cautionnement au 52 C : cir. 540 du 5 janvier 1839. Modifications : let. autog. n° 7713 du 30 septembre 1839. Comptabilité des timbres : let. com. 6508 du 18 juillet 1890. |
| 82 B | Etat de renseignements sur le droit de consommation. Mensuel. Ex. | Dressé dans les postes d'après le reg. n° 9. Remis au versement, | Créé : cir. 410 du 23 septembre 1836. Appels : cir. 100 du 5 septembre 1873 et let. com. 7 du 13 mars 1885. |
| 113 A | Soumission d'abonnement. Boissons, feuilles. 4 T. Trim. ou annuel. | Dressé dans les postes. Un ex. remis à l'assujéti et un à la s.-dir. ou dir. | Principes à suivre : cir. 72 du 8 mars 1810. Division par trim. : cir. 12 du 31 décembre 1827. Règles générales : cir. 121 du 1er mars 1836 e. 79 du 23 décembre 1852. Ventes au dehors : cir. 115 du 22 juin 1831. Modifications : cir. 234 du 8 janvier 1835. Recommandations : let. com. 2 du 16 janvier 1875. Extension des abonnements : cir. 89 du 14 mars 1891. Vin ne provenant pas du raisin frais : voir au 50 A. |
| 114 | Etat de proposition d'abonnement. Trim. ou annuel. Tit. int. | Formé en triple dans les postes et envoyé en double avec les feuilles 113 A au s.-dir. ou dir. Les états en simple à la 1re div. | Feuilles d'observations à joindre aux 114 : cir. 410 du 21 décembre 1848. Etat 114 récapitulatif : let. com. 717 du 12 mars 1849. Voir le 113 A. |
| 115 A | Reg. Compte d'ordre des abonnements. Annuel. 12, 25, 50, 100, 150 feuillets. | Tenu dans les postes. | Voir le 113 A. Tenue : cir. 121 du 1er mars 1836. Sortie avec expédition : cir. 145 du 22 juin 1837 et 121 précitée. |
| 115 B | Etat de produit des abonnements. Trim. Ex. | Dressé dans les postes. Remis au versement. | Trois états : cir. 12 du 18 juillet 1891. Voir au 113 A. Créé : let. com. 453 du 22 avril 1837. Règles générales ; abonnement individuel, général ou par corporation : cir. 170 du 5 avril 1833. |
| 116 | Reg. récapitulatif des abonnements par recette et par trim. Tit. int. | Tenu à la s.-dir. ou dir. | Tenue : cir. 394 du 2 juillet 1848 et let. com. 717 du 12 mars 1849. |

| 117 A | Soumission d'abonnement par corporation. Se demande à l'Adm. Annuel. Ex. | Formé par les s.-dir. ou dir. Envoyé à la 1re div. | Principes : cir. 10 du 23 juillet 1816 ; cir. Min. int. du 12 décembre 1821 ; cir. 48 du 23 décembre 1830. Rappel : cir. 170 du 5 avril 1833. |
| 117 B | Éléments et calculs des tarifs de taxe unique. Se demande à l'Adm. Ex. | Formé par les s.-dir. ou dir. Envoyé à la 1re div. | Règles générales : cir. 11 du 22 mai 1833 ; 137 du 21 juin 1875 ; et 291 du 26 juillet 1880. Nouveau modèle : cir. 259 du 5 novembre 1911. Villes jusqu'à 4000 âmes rédimées : cir. 137 du 21 juin 1875. Voir l'instruction de l'état. |
| 117 C | Tableau des villes rédimées. Se demande à l'Adm. Ex. | À déposer chez les buralistes. | Modèle de 1893. Changements : cir. 23 du 1er mars 1893 ; 33 du 11 juin 1892 et 77 du 7 décembre 1893. |
| 117 D | Révision périodique de la taxe unique. Ex. | Formé par les s.-dir. ou dir. Envoyé à la 1re div. | Création : let. com. 13 du 17 juin 1878. Cir. Min. int. 481 du 4 mars 1851. Règles générales : cir. 291 du 26 juillet 1880 et 620 du 18 mars 1891. Révision quinquennale ; rappel : let. com. 19 du 21 août 1890. Agglomération : let. com. 3 du 11 février 1886. Dénombrement de 1891 ; changements : cir. 23 du 1er mars 1892. Voir l'instruction de l'état. |
| 148 | Affiches du prix des boissons. Ex. 1 T. | Dressés dans les postes et affichés dans les débits. | Prix 10 c. : cir. 2 du 17 juillet 1816. Prix du litre d'après celui de la bouteille : cir. 3 du 4 juin 1813. |
| 149 A | Tableaux des prix moyens. Ex. Annuel. 3 par division. | Dressé à la s.-dir. ou dir. avant le 8 janvier ; à la 3e div. 1er bur. le 15. | Modèles modifiés : cir. 5 du 11 mars 1839. Base du prix moyen dans les villes rédimées : cir. 178 du 21 décembre 1875. |
| 149 B | Extrait du tableau 149 A. Ex., un par buraliste. Annuel. | Dressé à la s.-dir. ou dir. et déposé chez les buralistes. Sert pour le 4 A. | Idem. |
| 159 | Tableau des expéditions à délivrer. Vins. Cahier. | Déposé chez les buralistes. | Modèles : cir. 361 du 22 mars 1856. Concours et expositions : let. com. 7100 du 7 juillet 1860 et cir. 535 du 28 décembre 1883. Vins naturellement alcoolisés au |

delà de 15 degrés : cir. 67 du 19 septembre 1873. Mutations d'entrepôt ; cir. 91 du 5 juillet 1873. Spiritueux pour Monaco : cir. 121 du 31 juillet 1874. Échange d'acquits en cours de transport : cir. 123 du 21 juin 1874 et 326 du 8 septembre 1888. Boissons pour la Haute-Savoie et le pays de Gex : cir. 115 du 2 avril 1875 et les renvois chap. V du *Catalogue méthodique*. Extension de la taxe unique ; reg 1-10 et 4 B. 10 : cir. 137 du 21 juin ; 172 du 3 septembre 1875 et 462 du 18 décembre 1886. Vins factices dits de Madère imposés comme liqueurs : let. com. 17 du 29 mai 1876. Consommation des troupes lors des grandes manœuvres : cir. 237 du 23 avril 1878. Création du 5 ter : cir. 263 du 24 février 1879. Ventes en toutes quantités par les marchands en gros et liquoristes : cir. 304 du 9 décembre 1880. Calculer l'alcool par au centilitre : cir. 435 du 1er septembre 1883. Déclaration de la nature des vins de raisins secs : cir. 539 du 10 novembre 1883. Expéditions blanches, oranges et vertes : cir. 512 du 18 novembre 1889. Timbres rouge et noir : cir. 590 du 21 juin 1890. Séries bis et ter : cir. 539 du 5 janvier 1889 ; 616 du 21 janvier et 15 du 19 décembre 1891. Raisins secs ; reg. 5 D : let. autog. 1661 du 7 mars 1891. Libre circulation : cir. 523 du 11 août 1888.

| 160 | Tableau des expéditions à délivrer. Alcools. Cahier. | Déposé chez les buralistes. | Idem. |
| 163 | Relevé des sucrages des vins, avant fermentation. Direction Annuel. Ex. | Formé par les chefs locaux. Envoyé par le s.-dir. au dir. dès la fin des opérations. A la 3e div. 1er bur. le 10 décembre. | Création et modèles : let. com. 23 du 20 novembre 1885. |
| 163 A | Mêmes indications. Cidres. Ex. | Mêmes indications. Le 1er février. | Idem. |
| 163 B | Relevé des comptes des dépositaires de sucres libérés pour le sucrage. Ex. | Mêmes indications. Envoyé avec les états 163 A et B. | Idem. |

| | | | |
|---|---|---|---|
| 163 C | Portatif pour le sucrage. 50 et 100 feuillets. Annuel. | Tenu dans les postes. | Créé en exécution de la cir. 338 du 4 juillet 1833. Règlement : cir. 433 du 30 juillet 1833. Voir le 50 A. |
| 171 blanc. | Bon de transport, une bouteille spiritueux degré moyen. | 42 timbres par feuille. Déposé chez les buralistes, les débitants de tabac et à la Douane. | Créé : cir. 525 du 11 août 1883. Concours des Douanes : let. com. 30 du 6 novembre 1883. |
| 172 bleu. | Mêmes indications à 25 degrés. | Idem. | |
| 173 orange. | Mêmes indications à 70 degrés. | Idem. | |
| 176 | Compte d'ordre des débitants rédimés. 12, 25, 50, 100, 150 feuillets. Annuel. | Tenu dans les postes. | Création et emploi : cir. 170 du 5 avril 1833. Fabrication, cessation, détail de paiement, cession : cir. 79 du 23 décembre 1833. Approvisionnements : cir. 129 du 20 septembre 1836 et 361 du 22 mars 1856. Rapprochement avec les 83 B : cir. 410 du 23 septembre 1856. Déplacement : cir. 488 du 17 juin 1887. |
| 180 B | Tableau des exportations de boissons. 2 par division ayant des points de sortie. Ex. Annuel. | Formé à l'aide du 76 H. Envoyé par le s.-dir. au dir. avant le 20 janvier ; à la 3ᵉ div. 1ᵉʳ bur. le 30. | Nouveau modèle (ancien 83 B) : cir. 40 du 19 mars 1833. |

*Modèles des sucres.*

| | | | |
|---|---|---|---|
| 5 | Reg. Déclaration de mélanges de vins d'espèces différentes ou d'opérations dans les fabriques de vins de raisins secs. 40 feuilles. | Tenu par le marchand en gros ou le fabricant. | Autorisé : cir. 13 du 18 juillet 1891 pour les marchands en gros, et par la cir. 606 du 13 octobre 1890 pour les fabriques de vins de raisins secs. |
| 9 B bleu. | Reg. d'acquits pour les sucres destinés au sucrage. 25 feuilles. 4 T. | Tenu par les buralistes. | Règlement : cir. 433 du 30 juillet 1885. Transport : cir. 528 du 24 septembre 1883. Paiement de la redevance et décharge des acquits : cir. 516 du 9 février 1889. Détournements : let. com. 27 du 21 oct. 1889. Tarif ; 24 fr. les 100 kilos : cir. 600 du 3 août 1890. Envoi de 25 sacs au minimum : cir. 379 du 17 oct. 1889. |
| 22 | État de produit de la redevance pour sucrage. Trim. Ex. | Formé dans les postes. Remis au versement. | Établissement : cir. 516 du 9 février 1889. |

*Modèles des octrois.*

| | | | |
|---|---|---|---|
| A 2ᵉ p. | Relevé des opérations dans les dépôts de sucre. Journalier. Interc. | Formé par les agents d'exercice et conservé dans les postes. | Créé : cir. 565 du 6 août 1889. |
| | Renseignements relatifs au transport des vendanges. Annuel. | Formé par les chefs locaux. Envoyé par le s.-dir. au dir. Avant le 1ᵉʳ février à la 3ᵉ div. 1ᵉʳ bur. | Modèle nᵒ 1ᵉʳ : cir. 72 du 30 octobre 1893. (Voir le modèle nᵒ 2 au chap. xi.) |
| | Demandes de sucrages. Sur timbré. | Formées par les intéressés et remises aux chefs locaux. | Règlement, cir. 433 du 30 juillet 1885. Timbre et certificats ; recommandations : cir. 460 du 13 décembre 1886 ; 596 du 23 juillet 1890 ; 565 du 6 août 1889 et 79 du 14 décembre 1893. Modèle de demande : cir. 528 du 24 septembre 1888. Achats de seconde main : cir. 28 du 6 avril 1892. Sucrage des cidres ; proportion : cir. 51 du 23 mai 1893. |

| | | |
|---|---|---|
| Reg. des demandes de sucrage. | Tenu à la s.-dir. ou à la dir. | Créé : cir. 533 de 21 septembre 1888. |
| Rapport du directeur sur les opérations de sucrage. Annuel. | Envoyé à la 3e div. 1er bur, à l'issue de la campagne. | Prescrit par la cir. 596 de 23 juillet 1890. |
| Propositions d'organisation pour la surveillance des sucrages. Annuel. | Formé par les s.-dir. et dir. Avant le 1er août en double à la 1re div. 3e bur. | Prescrit : cir. 546 du 9 février 1889. Organisation : cir. 596 du 23 juillet 1890; let. autog. 9090 du 11 juillet 1891 et 10190 du 13 juillet 1892. |
| Proposition d'allocations complémentaires pour la surveillance des sucrages. Annuel. | Envoyé par les s.-dir. au dir. avant le 5 janvier ; à la 1re div. le 15. | Taux et règles générales : cir. 596 du 23 juillet et let. com. 15 du 11 août 1890. Commis de bureau : let. autog. 12973 du 30 septembre 1890. Dates des propositions : let. com. 20 du 23 octobre 1891. Ordonnancement : cir. 43 du 7 octobre 1892. Prescription : let. autog. n° 10190 du 13 juillet 1892 et 8782 du 10 juillet. 1892. |
| Etat des décharges pour pertes de boissons accordées par le directeur. Trim. | Le 15 à la 1re div. | Prescrit par la cir. 480 du 17 juin 1887. |
| Etat de proposition de décharge pour perte de boissons. | Envoyé par les chefs locaux au s.-dir. ou dir. Décision du dir. ou de l'Adm. 1re div. | Modèle : cir. 504 du 29 décembre 1851. Constatation : cir. 393 du 26 mars 1884. Compétence des dir. : cir. 480 du 17 juin 1887. |
| Reg. des demandes en décharge pour pertes de boissons chez les marchands en gros. | Tenu à la s.-dir. ou dir. | Prescrit : cir. 480 du 17 juin 1887. |
| Procès-verbaux administratifs pour différence sur des boissons. | Dressés par les agents actifs et envoyés au s.-dir. ou dir. | Création : cir. 315 du 11 août 1882. Non-inscription au 122 A : cir. 414 du 4 février 1886. |
| Renseignements statistiques sur les approvisionnements de boissons. Annuel. | Envoyé par les chefs locaux en fin d'année au s.-dir. ou dir. pour remplir le 103. | Modèle : cir. 254 du 8 janvier 1855. Inscription au 103 : let. com. 4 du 8 avril 1857. |
| Tableau du mouvement des boissons. Annuel. | Envoyé par les chefs locaux en fin d'année au s.-dir. ou dir. pour remplir le 103. | Modèle : let. com. 33 du 31 octobre 1863. Inscription au 103 : let. com. 4 du 8 avril 1857. |
| Etat extrait du 50 D. Annuel. | Envoyé par les chefs locaux en fin d'année au s.-dir. ou dir. pour remplir le 103. | Modèle n° 1er : let. com. 13 du 23 mai 1879. |
| Etat des vaisseaux de grande dimension. Annuel. | Envoyé par les chefs locaux en fin d'année au s.-dir ou dir. pour remplir le 103. | Modèle : let. com. 13 du 23 mai 1879. Rappel : let. com. 29 du 15 novembre 1882. |
| Aperçu du produit de la récolte. Annuel. | Envoyé par les chefs locaux au s.-dir. Au dir. avant le 10 septembre. A la 3e div. 1er bur. le 20. | Modèle : let. com. 2201 du 20 septembre 1848. Voir les annotations de la cir. n° 449 du 31 mai 1850. |
| Etat approximatif des boissons récoltées. Annuel. | Envoyé par les chefs locaux au s.-dir. ou dir. après la récolte. A la 3e div. 1er b. au plus tard le 30 nov. | Modèle : let. com. 29 octobre 1866 et let. com. 207 du 15 janvier 1872. Renseignements : let. com. 21 du 18 octobre 1851. Recommandations : let. com. 1 du 17 janvier 1852; 23 du 30 octobre 1851; et 23 du 23 octobre 1853. |
| Renseignements sur l'imposition des raisins secs et des vins de raisins secs. Mensuel. | Formé par les s.-dir. et dir. Au dir. avant le 5 ; à la 3e div. 1er bur. le 8. | Note lithog. du 9 février 1892, n° 901. |

2

| | | |
|---|---|---|
| Etat des boissons en transit depuis plus de 6 mois. Semestriel. | Envoyé par les chefs locaux au s.-dir. ou dir. Un extrait à l'enregistrement. | Règles : cir. 397 du 17 août 1848. Instruction générale : cir. 285 du 30 avril 1835. |
| Etat de proposition de résiliation d'abonnement. | Envoyé par les chefs locaux au s.-dir. ou dir., puis à la 1re div. | Règles : cir. 124 du 1er mars 1836 et 19 du 23 décembre 1852. Cas de fraude : cir. 304 du 22 juillet 1844. Modèle : cir. 504 du 29 décembre 1851. Recommandations : let. com. 1 du 11 janvier 1882 ; 23 du 30 octobre 1884 et 28 du 23 octobre 1888. |
| Relevé des boissons livrées à des établissements publics. Trim. | Envoyé par les chefs de ces établissements au dir. Rapproché des reg. de la Régie. | Création et modèle : cir. 466 du 4 février 1887. Lettre de la comp. pub. du 11 janvier 1887 aux trésoriers-payeurs. Livraisons aux troupes : cir. 518 du 13 janvier 1890. Min. de l'int. : cir. 641 du 9 août 1890. |
| Proposition de règlement de manquants de boissons chez les débitants vendant par intermittence. Annuel. | Formé par les s.-dir. ou dir. Envoyé à la 1re div. ou décision du dir. suivant la compétence. | Créé : cir. 553 du 28 mars 1889. |
| Reg. des bulletins 6 A. | Tenu par les s.-dir. ou dir. | Créé : cir. 17 du 16 mars 1870. |

*Circulaires d'intérêt général applicables au présent chapitre.*

Acquits-à-caution ; suite du service, apurement : cir. 9 du 5 mars 1825 ; Instruction du 15 février 1827 ; cir. 480 du 29 janvier ; 504 du 29 décembre 1851 ; 76 du 22 novembre 1852 ; 310 du 1er août 1853 et 17 du 16 mars 1870.
Séries bis et ter : cir. 15 du 19 décembre 1891.
Doubles registres : let. com. 1er décembre 1826.
Détails généraux et spéciaux : cir. 306 du 13 août 1844 ; 336 du 6 mai 1858 ; 139 du 4 mars ; 374 du 1er juillet 1861 et 473 du 8 avril 1887.
Enonciations, nature des liquides : cir. 91 du 5 juillet 1873 ; 536 du 16 novembre 1888, et 572 du 18 novembre 1889.
Futailles pleines ou en vidange : cir. 266 du 19 mars 1812.
Liquides en bouteilles : cir. 196 du 31 décembre 1833 ; 201 du 27 février 1839 ; 232 du 8 juin 1841 ; let. com. 22 du 21 décembre 1870 et cir. 165 du 16 août 1873.
Mutations d'entrepôt, marques des fûts d'alcool : cir. 91 du 5 juillet 1873.
Eclanges d'acquits : cir. 123 du 27 juin 1874 ; let. com. 15 du 16 juin 1877 ; et cir. 526 du 8 septembre 1888.
Timbres des gares : let. com. 5229 du 3 octobre 1872 et 17 du 16 août 1890.
Calculs de l'alcool au centilitre : let. com. 963 du 29 février 1872 et 435 du 1er septembre 1885.
Calcul des degrés d'alcool : cir. 561 du 23 juillet 1889.
Expéditions n'accompagnant pas les chargements : let. com. 19379 du 14 décembre 1872 et 16 du 1er août 1884.
Principal et décimes calculés en bloc : cir. 301 du 9 décembre 1880.
Perception de 50 c. et au-dessous : cir. 23 du 3 avril 1852.
Formalités à la circulation : cir. 43 du 3 mars 1872.
Expéditions à délivrer : voir aux modèles 159 et 160.
Timbre long et timbre rouge : cir. 590 du 21 juin 1890 et note du 20 janvier 1892.
Plombage : let. com. 3209 du 24 juin 1872 ; 21 du 27 juillet 1876 ; 11 du 19 avril 1882 ; 2 du 14 janvier 1888 et 24 du 26 août 1889.
Pertes d'expéditions ; erreurs des buralistes : cir. 450 du 8 juin 1850 et 345 du 11 août 1892.
Lavage des expéditions : let. com. 1er août 1838, n° 190.
Coulage ; différences ; tolérances : instruction du 15 février 1827, § 36 ; cir. 91 du 5 juillet 1873 et 315 du 11 août 1882.
Versements mensuels à la direction : let. com. 7 du 13 mars 1889.
Avertissements ; états de produit : cir. 445 du 5 février 1857.
Revision des registres de perception : cir. 459 du 2 avril 1857 ; 157 du 21 juin ; 172 du 3 septembre 1875 et 462 du 18 décembre 1886.

# Chapitre V. — Cartes.

| | | | |
|---|---|---|---|
| 25 | Permis pour l'exportation. Tit. int. 6 T. | Tenu par les buralistes ; déchargé au point de sortie et renvoyé au lieu de départ. | Créé : cir. 21 du 26 décembre 1818. Plombage des caisses: cir. 18 du 21 juillet 1831; Annotation des sorties : let. com. 1037 du 16 août 1833 ; exportation en franchise ; cir. 121 du 11 juin 1836. |
| 62 | Portatif. 12, 21, 40 et 80 feuillets. | Tenu dans les postes. | Règles générales : cir. 17 du 23 fructidor an XII. Nouveau régime: cir. 52 du 29 septembre 1810. Tenue : cir. 3 du 3 mai 1816. Nouveau modèle : cir. 21 du 31 décembre 1818. Déchets : cir. 2 du 16 avril 1823. Manquants: cir. 463 du 21 octobre 1830. Papiers à détruire : let. com. 476 du 18 avril 1868 et cir. 45 du 5 avril 1872. Prix des papiers : cir. 53 du 27 mars 1893. |
| 63 | Etat de produit. Trim. Ex. | Dressé dans les postes et remis au versement. | Création de l'ancien modèle n° 47 : cir. 8 du 13 juin 1816. Etat 63 : cir. 21 du 31 décembre 1818. Tarif décimes et demi-décimes compris ; français 62 c. 1|2 : cir. 23 du 4 septembre 1871 ; étranger 87 c. 1|2 : cir. 91 du 7 juillet 1873 ; demi-décime : cir. 108 du 2 janvier 1874. |
| 116 | Autorisation de vendre des cartes. Ex. 1 T. Timbre du recev. principal. | Délivré par le s.-dir. ou dir. | Création : cir. 21 du 4 septembre 1819. Révocation d'un débitant de cartes ; déc. du conseil d'Adm. n° 185 du 12 janvier 1818. |
| Etat des fabricants de cartes. Annuel. | | Envoyé par les chefs locaux au s.-dir. et par le dir. à la 3e div., 1er bur., le 20 janvier. | Modèle : cir. 432 du 5 mars 1851. |
| Etat des importations et exportations. Annuel. | | Envoyé par les chefs locaux au s.-dir. et par le dir. à la 3e div. 1er bur., le 20 janvier. | Modèle : let. com. 21 du 10 mai 1875. |
| Reg. d'inscription des permis n° 25 dont la sortie a été constatée. | | Tenu dans les bureaux de sortie. | Créé : let. com. 1037 du 16 août 1833. |

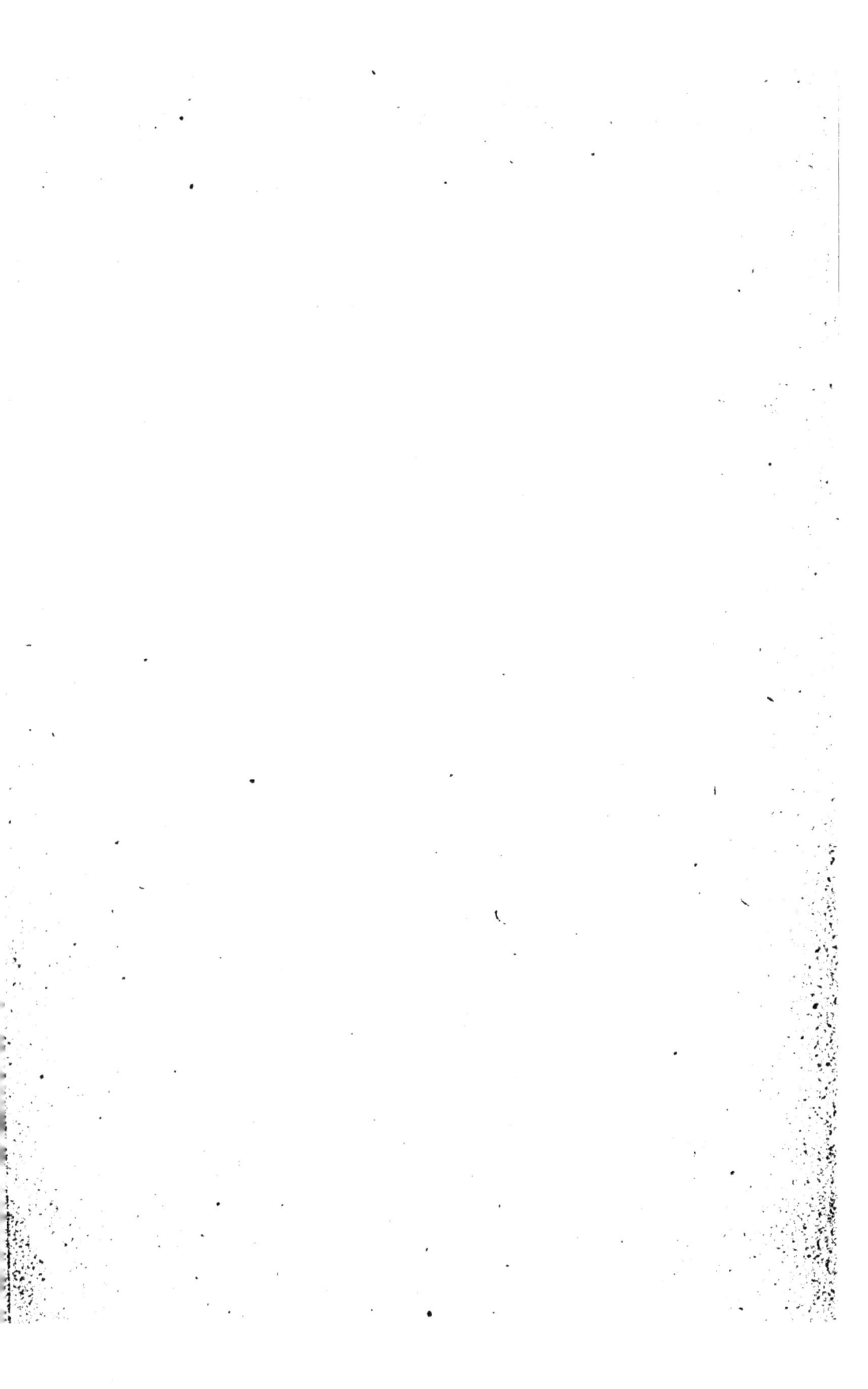

# Chapitre VI. — Casernement.

| | | |
|---|---|---|
| État des communes assujéties aux frais de casernement. Annuel. | Formé par les s.-dir. et dir. Un le 20 janvier à la 3ᵉ div., 2ᵉ bur.; un à la comp. pub. avec le 101 bis. | Modèle : cir. 59 du 20 avril 1823, Rappel : cir. 625-61 du 10 décembre 1857 et 987 83 du 26 août 1871. Joint au 101 : cir. 1359-193 du 30 décembre 1880. |
| Tableaux des frais de casernement présentant le décompte. Trim. | Dressé par l'Intendance et remis au s.-dir. ou dir. Les receveurs perçoivent. A la comp. pub. avec le 101 bis. | Règles : cir. 32 du 3 septembre 1818 ; let. com. 41 du 12 mai 1819 et 1ᵉʳ du 2 janvier 1823. Joints au 101 : cir. 1350-108 du 30 décembre 1880. Imputation d'exercice : cir. 1203-103 du 5 février 1876. |
| État de situation des recouvrements ou décompte général. Annuel. | Dressé par les receveurs ; envoyé au s.-dir. ou dir. A la 3ᵉ div. 2ᵉ bur. le 30 avril. | Création et modèle : let. com. 18 du 21 mars 1827. Imputation d'exercice : 1203-103 du 5 février 1876 et cir. 183 de 11 mai 1876. |
| Décompte général des frais de casernement. Annuel. | Formé par les s.-dir. ou dir. avant le 15 février. A la 3ᵉ div. 2ᵉ bur. le 20 février. | Modèle : cir. 625-61 de 10 décembre 1857. Imputation par exercice : cir. 1203-103 du 5 février 1876. |

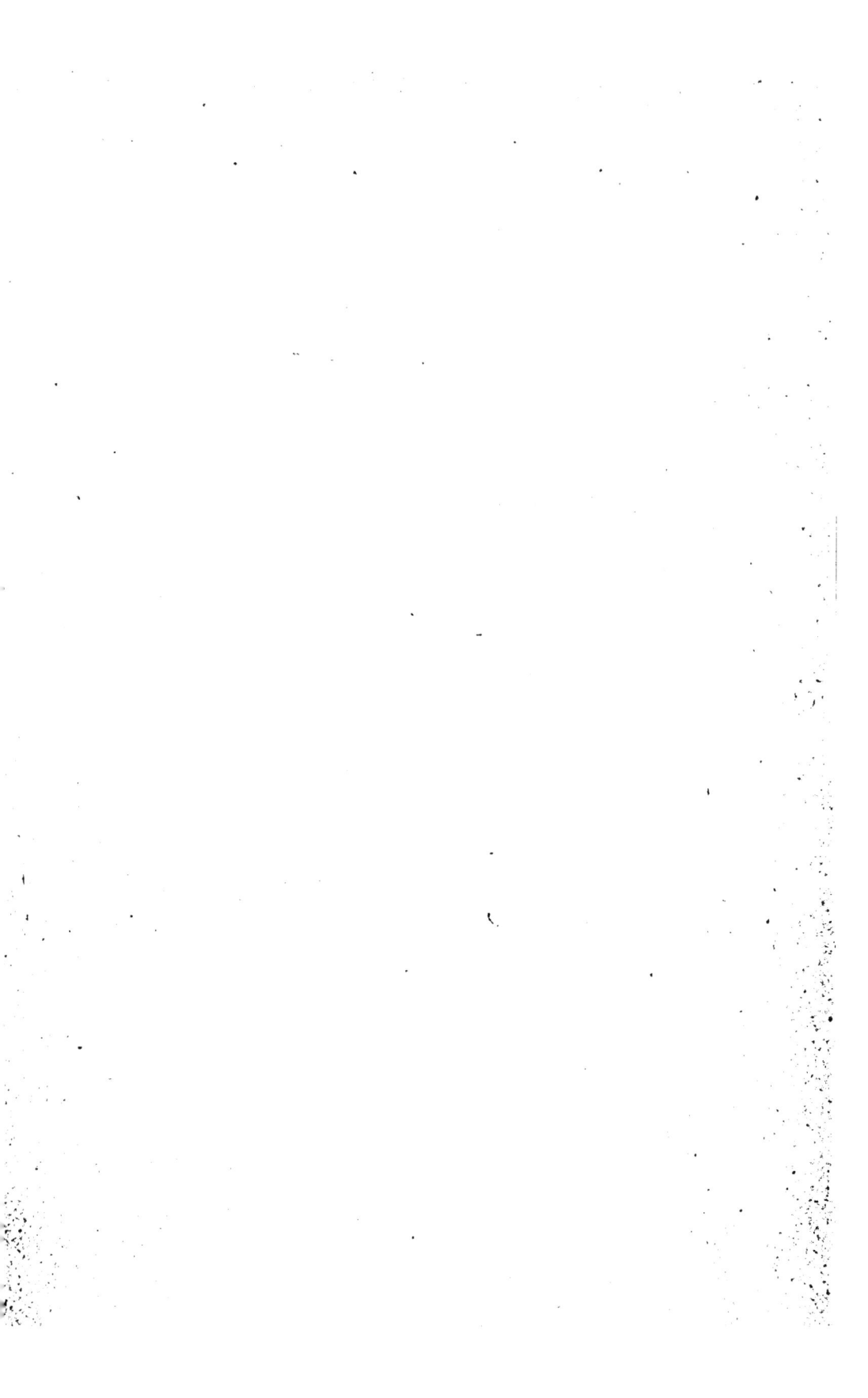

# Chapitre VII. — Comptabilité administrative.

| N° | Désignation | Tenue / Formation | Références |
|---|---|---|---|
| 7 O | Proposition d'apurement d'acquits. Ex. | Envoyé par les s.-dir. au dir. et renvoyé par ce dernier ou envoyé à la 1re div. suivant la compétence. | Suite de service : cir. 180 du 29 janvier 1831. Rappel des règles : cir. 310 du 1er août 1835. Création : cir. 351 du 21 décembre 1842. Compétence : cir. 180 du 17 juin 1837. |
| 16 | Reg. droit de licences autres que celles des voitures publiques. 5, 10, 25 feuilles. 6 T. | Tenu par les buralistes. | Nouveau modèle : cir. 7 du 13 décembre 1821. Changement de régime pour les rédimés : cir. 170 du 5 avril 1838. Subdivision d'acquits à l'arrivée : cir. 172 du 3 septembre 1873. Mention sur les expéditions des marchands ambulants : |

cir. 75 du 30 janvier 1831. Solutions de questions : cir. 11 du 23 septembre 1816 ; 6 du 14 décembre 1834, et 44 du 5 mai 1836. Brasseurs employant des glucoses : cir. 313 du 27 mai 1831. Débits : suppression de l'autorisation préfectorale : cir. 293 du 5 août 1830 et 307 du 3 janvier 1831. Cercles et chambrées : let. com. 19 du 18 février 1861. Entrepôts de Paris : cir. 133 du 21 juin 1875. Récoltants marchands en gros : cir. 506 du 30 octobre 1837. Brasilleurs de cru ou de profession : cir. 153 du 9 août 1837 et 506 du 30 octobre 1837. Récoltants d'Algérie : let. autog. du 15 octobre 1889. Cantiniers militaires : cir. 50 du 12 décembre 1836. Munitionnaire général : cir. 19 du 23 mars 1811. Désaterateurs : cir. 314 du 30 avril 1841. Déclaration ; tarif ; débitants ; brasseurs ; distillateurs ; marchands en gros ; fabricants de cartes et fabricants de sucre : cir. 23 du 4 septembre 1871 et 400 du 13 juillet 1831. Raffineurs de sucre : cir. 609 du 31 octobre 1890. Allumettes : cir. 515 du 30 décembre 1889. Bougies : cir. 169 du 11 janvier 1874. Vinaigres : cir. 161 du 1er août 1875 et 403 du 16 août 1881. Salpétriers : cir. 47 du 11 juillet 1821. Sels : cir. 235 du 25 septembre 1811 et 18 du 22 mars 1852. Huiles végétales : cir. 21 du 11 décembre 1813.

| N° | Désignation | Tenue / Formation | Références |
|---|---|---|---|
| 17 | Reg. déclarations de cesser. 10, 25 feuilles. 8 T. | Tenu par les buralistes. | Nouveau modèle : cir. 7 du 13 décembre 1821. Déclaration de se rédimer ou de cesser d'être rédimé : cir. 170 du 5 avril 1838. Débitant de cru : cir. 259 du 5 novembre 1811. Débitant qui cesse : cir. 75 du 30 janvier 1831. |
| 33 | Contrôle des recettes buralistes, un par bureau. Annuel. Ex. | Formé à la s.-dir. ou dir. et envoyé aux inspecteurs. | Vérification primitive : cir. 12 du 31 décembre 1827. Création : cir. 17 du 16 mars 1876. |
| 51 A | Etat de produit licences. Trim. tit. int. 103 lignes à l'int. par page. | Formé dans les postes et remis au versement du 1er mois du trim. | Créé : cir. 51 du 23 janvier 1822. Paiement par quart : cir. 13 du 23 décembre 1830. Paiement en janvier pour l'année pour les sucres et glucoses : cir. 131 du 4 août 1837. Bougies : cir. 168 du 2 janvier 1874. Vinaigres : cir. 161 du 1er août 1875. Voir le n° 16. |
| 51 B | Avis d'ordre de versement aux buralistes. Feuilles. 6 avis à la feuille. | Remis par le cont. ou chef de poste au receveur bur. d'entrée ou de l'intérieur. | Créé : cir. 282 du 12 décembre 1879. |
| 76 H | Relevé des produits. Cahier ; un par recette. Annuel. | Rempli par le receveur. | Nouveau modèle : cir. 12 du 31 décembre 1827. Eléments du reg. 103 : cir. 283 du 12 décembre 1879. Conservation des archives : cir. 620 du 29 janvier 1891. 76 H des Douanes : voir chap. VIII le 80 A. — Concordance avec le 101 B : let. com. 59 du 9 février 1893. |
| 77 | Avertissement avant contrainte. 8 à la feuille. | Formé par les receveurs et remis aux redevables. Sert pour tous les droits. | Modèle modifié : cir. 101 du 8 avril 1835. Rappel : cir. 415 du 5 février 1837. |
| 81 | Etat des produits constatés par recette. Trim. Ex. | Formé par le receveur, remis au versement. | Création : cir. 24 du 8 février 1819. 81 des Douanes : voir chap. VIII le 80 A. |
| 82 | Relevé des droits au comptant par recette. Trim. Cahier. | Formé par les chefs locaux ; remis au versement. | Formation : cir. 12 du 31 décembre 1827. 82 des Douanes : voir au chap. VIII le 80 A. |

| | | | |
|---|---|---|---|
| 85 | État des restes à recouvrer et trop perçus. Trim. Ex. | Formé par le receveur ; remis au versement. | Formation : cir. 12 du 31 décembre 1827 |
| 85 A | État des reprises au 30 avril. Un par recette. Annuel. Ex. | Formé par le receveur. Au dir. avant le 5 mai ; à la 1re dir. avant le 10 mai. | Responsabilité des comptables ; création : cir. 42-20 du 24 août 1833. Date de clôture de l'exercice : cir. 551 du 11 mars 1889. Inscrire les frais de poursuites : cir. 97 du 31 décembre 1834. |
| 85 B | État récapitulatif des restes à recouvrer par s.-dir. Ex. 3 par division. Annuel. | Formé en triple par les s.-dir. et dir. Au dir. avant le 5 mai. Une expédition à la 1re div. avant le 10 mai. | Idem. |
| 85 C | Bordereau des restes à recouvrer par département. Annuel. Ex. 2 par direction. | Formé à la dir. En double à la 1re div. avant le 10 mai avec les 85 A et B. | Envoi avec le 108 A 1re p. : cir. 423-46 du 30 novembre 1849. Attendre le retour du 85 C pour envoyer le compte 108 1re p. : cir. 1082-96 du 20 décembre 1872. Modifications : cir. 1168-102 du 20 mars 1875. |
| 86 D | Situation de caisse, buralistes. 6 bulletins à la feuille. | Formé par les vérificateurs dans les bureaux d'entrée et recettes buralistes et envoyé au dir. qui les joint aux 72 A ou 86 A. | Créé : cir. 61 du 23 août 1872. A joindre aux 86 A : cir. 282 du 12 décembre 1879. |
| 86 F | Bordereau de caisse chez les receveurs particuliers. 1|2 feuille. Ex. | Formé par les cont., insp., s.-dir. et dir. Joint au 86 A. | Vérification générale ; créé : cir. 282 du 12 décembre 1879. |
| 86 G | Même modèle. Feuille double. Ex. | Formés par les cont., insp., s.-dir. et dir. et envoyés à la 1re div. avec le 86 E. | Vérification partielle : créé : cir. 282 du 12 décembre 1879. |
| 86 H | Bordereau de caisse dans les recettes principales. Ex. | Formé par les insp., s.-dir. et dir. ; envoyé à la 1re div. | Création : cir. 282 du 12 décembre 1879. Recettes à classer : let. com. 2 du 4 février 1887. |
| 100 B | État des consignations sur acquits. 24 par an par division. Mensuel. Ex. | Formé par les s.-dir. ou dir. et envoyé à la recette principale pour remplir le 89 A 2e p. Avant le 10 au dir. Le 20 à la 1re div. | Créé : note du 26 juin 1826. Répartitions et restitutions boissons : § 83 et 90 de l'instruction du 15 février 1827 ; ordon. du 6 septembre 1815 et cir. 25 du 3 avril 1852. Répartitions sels : let. com. 1595 du 21 juillet 1843. Restitutions : cir. 480 du 29 janvier et let. com. 28 du 31 mai 1851. Voir au modèle 196. |
| 102 | Registre des produits perçus et constatés. Minute du 104 A, y compris le cahier 102 bis. Annuel. | Tenu à la s.-dir. ou dir. | Créé : cir. 12 du 31 décembre 1827 ; modifié : cir. 282 du 12 décembre 1879. Report des restes à recouvrer de l'exercice précédent ; let. com. 1449 du 19 décembre 1833 et 551 du 11 mars 1889. |
| 103 | Registre de renseignements statistiques. Minute du 104 B. Annuel. | Tenu à la s.-dir. ou dir. | Créé : cir. 282 du 12 décembre 1879. Recommandations : let. com. 59 du 9 février 1893. |
| 104 A | Relevé des produits perçus et constatés. Cahier. Annuel. | Extrait du reg. 102. Formé à la s.-dir. ou dir. Au dir. le 15 janvier. A la 3e div. 1er bur. le 1er février. | Créé : cir. 282 du 12 décembre 1879. Voir au modèle n° 102. |

| | | | |
|---|---|---|---|
| 104 B | Relevé des renseignements statistiques. Cahier. Annuel. | Extrait du reg. 103. Formé à la s.-dir. ou dir. Au dir. le 15 février. A la 3e div. 1er bur. le 1er mars. | Créé : cir. 282 du 12 décembre 1879. Vérification : let. com. 59 du 9 février 1893. Voir le modèle n° 103. |
| 104 C | Produits à rattacher à l'exercice précédent constatés pendant l'année courante. Annuel. Ex. | Formé à la dir. A la 3e div. 1er bur., peu après le 30 avril. | Créé : cir. 188 du 11 mai 1876. |
| 109 | Demande de renseignements sur les acquits. Ex. | Envoyé par les s.-dir. ou dir. au lieu d'arrivée. | Emploi : cir. 7 du 4 avril 1831. Suite du service : instruction du 15 février 1827 ; cir. 480 du 29 janvier 1831 et 76 du 22 novembre 1852. Recettes buralistes dépendant du droit d'entrée de Paris ; recommandations à ce sujet : let. com. du 7 décembre 1872. Acquits apurés à la direction de la Seine ou au droit d'entrée : let. com. 29 juillet 1873. Prescription, responsabilité des employés : cir. 533 du 5 décembre 1888. |
| 111 | Lettre d'envoi des acquits déchargés. Mensuel. Ex. | Accompagne les acquits renvoyés par les s.-dir. ou dir. aux points de départ. | Emploi : cir. 7 du 4 avril 1831. Formation et envoi : cir. 17 du 16 mars 1870. Recettes buralistes du droit d'entrée : let. com. du 7 décembre 1872. Timbre d'identité : cir. 5 du 28 avril 1891. |
| 112 | Etat de situation de l'apurement des acquits. 2 par division et par branche de service. En double. Trimestriel. Ex. | Formé dans les s.-dir. où dir. Avant le 15 au dir. Le 20 aux 1re, 2e et 3e div. | Règles, instruction du 15 février 1827, § 132 à 144 : cir. 480 du 29 janvier 1831 et cir. 310 du 1er août 1855. Sucres : cir. 933 du 28 décembre 1864 ; let. com. 6 du 14 février 1889 et let. com. 1 du 11 avril 1891. Motifs des décisions du directeur ; compétence : cir. 480 du 17 juin 1887. Voir le 166. |
| 117 A | Registre des obligations à 4 mois souscrites par les redevables, sauf pour les sucres. 10 et 25 feuilles. | Tenu par les receveurs. | Création ; instruction ; timbre : cir. 202 du 11 mars 1839 et 244 du 31 décembre 1840. Règles : cir. 202 précitée ; 413 du 3 mars 1849 ; 633-66 du 24 décembre 1859 et 43 du 7 octobre 1892. Nouvelles règles ; droits qu'on peut acquitter en obligations : cir. 141 du 20 février 1875 et 116²-102 du 20 mars 1875. Solvabilité |

des cautions : cir. 81 du 5 octobre 1822 ; 202 du 11 mars 1839 et 557 du 19 avril 1889. Talon des obligations ; action des inspecteurs : cir. 61 du 23 août 1872. Lieu de paiement : loi du 29 décembre 1873. Hypothèques : let. com. 26 du 27 mai 1875. Protêt : let. com. 784 du 1er avril 1848 ; cir. 392 du 22 juin 1848 ; 413 du 3 mars 1849 et 63 du 7 octobre 1892. Dynamite : cir. 179 du 28 décembre 1875. Allumettes : cir. 515 du 30 décembre 1889. Tabacs exportés : cir. 734 du 14 février 1861. Bordereau des obligations remis mensuellement par les receveurs au receveur principal : cir. 218 du 4 février 1814. Envoi des obligations : voir le n° 50, chap. VIII. Remises : voir plus loin l'état manuscrit mensuel. Responsabilité : cir. 864-78 du 15 juin 1867.

| | | | |
|---|---|---|---|
| 154 C | Etat de situation des recouvrements. 24 par s.-dir. et dir. Mensuel. Ex. | Formé par les s.-dir. Au dir. avant le 2. A la 3e div. 1er bur. le 4. | Recommandation : let. com. 1190 du 28 février 1873. Exercice expiré : let. com. 1070 du 13 février 1891. |
| 154 D | Etat présentant les éléments des perceptions. 16 par dir. où il y a s.-dir. et 8 par s.-dir. Trim. et annuel. Ex. | Formé par les s.-dir. et dir. L'expédition trimestrielle avant le 10 au dir. ; avant le 15 à la 3e div. 1er bur. L'expédition annuelle avant le 10 janvier au dir. et avant le 15 à la 1re div. | Création : let. com. 8 janvier 1873. Nouveau modèle : let. com. 1 du 17 janvier 1882. Transmission : cir. 493 du 17 octobre 1887. |

| | | | |
|---|---|---|---|
| 154 E | Relevé par nature de taxe du produit de l'impôt sur les boissons. 24 par poste, par s.-dir. ou dir. Mensuel. Ex. | Formé par les chefs de poste. Envoyé par le s.-dir. au dir. avant le 2. A la 3e div. 1er bur. le 5, date d'arrivée. | Création et modèle : let. com. 1 du 11 janvier 1882. |
| 155 | Situation des crédits. 40 par dir. envoyés d'office en janvier par l'Adm. Mensuel. Cahier. | Formé par les dir. Le 10 à la 3e div. 3e bur. | Créanciers de l'État : cir. 95 du 26 décembre 1831. Dépenses d'urgence : cir. 311 du 2 juillet 1816 et 43 du 7 octobre 1892. Création : let. com. 28 octobre 1832. Modifications : let. com. 2 du 14 janvier 1879. Nouvelles dates ; rappel : let. com. 20 du 28 octobre 1891. Instructions du bureau de l'ordonnancement : cir. 23 du 12 février 1890. |
| 155 bis | État de situation des cadres du personnel. 12 par s.-dir. et dir. envoyés d'office en janvier par l'Adm. Mensuel. Ex. | Formés par les dir. Le 5 à la 3e div. 3e bur. | Créé : let. com. 2 du 14 janvier 1879. Concordance avec l'état 138 : let. com. 2 du 14 janvier 1879. |
| 156 | Subdivision des crédits budgétaires. 2 par dir. Annuel. Cahier. | Envoyé par le dir. à la 3e div. 3e bur. le 1er mai. | Prescription : lettre de l'Adm. du 1er avril 1892. |
| 166 | Reg. de dépouillement des acquits non rentrés. Tit. interc. Annuel. | Tenu dans les s.-dir. et dir. L'apurement des acquits est suivi sur le reg. 166 de l'année jusqu'au 30 juin de l'année suivante. | Application de la législation des douanes : décret du 5 mai 1806. Congés : du n° 5 : cir. 51 du 12 décembre 1826. Apurement dans les départements : cir. 17 du 4 avril 1831 et 40 du 19 mars 1832. Annotation des constatations du 196 : cir. 92 du 9 décembre 1831. Manquants : cir. 207 du 20 juillet 1839 et 504 du 29 décembre 1851. Suite du service : cir. 480 |

du 29 janvier 1851. Procès-verbaux : cir. 450 du 8 juin 1850. Prescription de 4 mois et responsabilité des employés : cir. 94 du 5 juillet 1873 et 533 du 5 décembre 1883. Transits : cir. 285 du 30 avril 1855. Acquits de sucre : let. com. 29 du 6 septembre 1876 et let. com. 1 du 11 avril 1891. Compétence : cir. 480 du 17 juin 1887. Acquits d'importation de vins mutés : cir. 538 du 3 janvier 1889. Acquits de tabacs et de poudre : cir. 80 du 28 décembre 1893.

| | | | |
|---|---|---|---|
| 167 | Reg. de dépouillement des acquits non rentrés. Sert jusqu'à la fin. Tit. interc. | Extrait du reg. 166. Tenu par les receveurs. | Voir le modèle 166. |
| 180 AA | Proposition d'indemnités aux receveurs buralistes, d'entrée et préposés d'octroi pour complément de remises. Ex. 2 par dir. et 3 par s.-dir. Annuel. | Envoyé par le s.-dir. au dir., avant le 10 janvier ; à la 1re div. le 15. | Anciennes règles : cir. 17 du 10 décembre 1828 et 31 du 21 décembre 1829. Villes rédimées : cir. 157 du 21 juin 1815. Nouvelles règles : cir. 309 du 19 février 1881. Création : not. com. du 10 avril 1886. Ordonnancement : cir. 43 du 7 octobre 1892. |
| 196 | État de produit des acquits-à-caution en toute matière. 8 par s.-dir. Trim. Ex. | Formé par les s.-dir. ou dir. Au dir. avant le 10 ; à la 1re div. le 20. | Pénalités : vins, cidres ; sextuples droits, même au-dessous de 25 litres : décret du 25 mars 1852. Alcoolisés ; sextuple sur le volume, quadruple sur l'alcool de 15 à 21 : loi du 21 juin 1873. Alcool pur ; double droit ; décret du 17 mars 1852. |

Sel : double droit et quadruple si c'est à destination d'une fabrique de soude : loi du 17 juin 1810 et art. 19 de l'ord. du 26 juin 1841. Sucre : double droit si c'est avec transfert ; simple si c'est en droits acquittés : loi du 31 mai 1846. Acide stéarique et cire ; quadruple droit ; bougies ; double droit : loi du 30 décembre 1873. Vinaigre et acide acétique ; double droit ; règlement du 11 août 1884. Dynamite ; fixé par le Ministre ; pas plus de 2 fr. par kilog. : décret du 24 août 1875. Alcools dénaturés ; le double ; ord. du 11 juin 1816. Tabacs fabriqués ; le double de la prime : ord. du 11 juin 1816. Poudre d'exportation : ordonnance du 19 juillet 1829. Vins pour l'étranger : cir. 472 du 7 avril 1887. Création de l'ancien modèle 166 B : cir. 92 du 9 décembre 1831. Suite du service : cir. 480 du 29 janvier 1851.

| | | | |
|---|---|---|---|
| A | Livre-journal des crédits délégués. | Tenu à la dir. par exercice. | Inscriptions : cir. Min. n° 512 du 8 novembre 1858. Modèle n° 39 : art. 172 du règlement général du 26 décembre 1866. Instructions du bureau de l'ordonnancement : cir. 23 du 12 février 1890. |
| B | Livre-journal des mandats. | Tenu à la dir. par exercice. | Modèle n° 41 : art. 174 du règlement du 26 décembre 1866. Délivrance des mandats : cir. Min. n° 170 du 10 décembre 1827 et 93 du 26 décembre 1834. Mandats non acquittés à la clôture de l'exercice : cir. Min. n° 191 du 18 octobre 1836 et 563 du 29 juin 1861. |
| C | Livre des comptes ouverts par nature de dépense. | Tenu à la dir. par exercice. | Modèle n° 42 : art. 175 du règlement du 26 décembre 1866. |
| . . . | Livre-journal des droits constatés au profit des créanciers de l'Etat. | Tenu à la dir. par exercice. | Règles : cir. Min. 170 du 10 décembre 1827. Inscription : cir. 95 du 26 décembre 1834. Apurement des dépenses : cir. 192 du 18 septembre 1838 ; let. com. 20 du 28 octobre 1891 ; 43 du 7 octobre 1892 et cir. Min. 625 du 22 mai 1869. Modèle n° 40 : art. 173 du règlement de 1866. Clôture de l'exercice : cir. 1586-119 du 16 mars 1839. |
| D C 53 | Relevé individuel des sommes dues ou présumées dues au 30 avril sur l'année expirée. Annuel. Ex. | Formé par les directeurs. Avant le 15 mai au bureau de l'ordonnancement et un à la 3e div. 3e bur. | Joint à l'état C B 253 : cir. Min. du 4 juillet 1860. Modèle n° 37 du règlement de 1866. Recommandations : cir. Min. du 2 juillet 1859 ; 78 du 22 juillet 1876, lettre n° 27 du 5 décembre 1891 et cir. 23 du 12 février 1890. |
| D C 494 | Situation des crédits délégués, des droits des créanciers, des mandats et des paiements. Mensuel. | Formé par les dir. Le 10 au bureau de l'ordonnancement. | Modèle n° 43 du règlement du 26 décembre 1866. |
| D C 495 | Etat de développement par classe d'emploi de la dépense définitive de l'exercice pour traitements fixes. Annuel. | Envoyé par le dir. au bureau de l'ordonnancement avant le 15 mai. | Modèle n° 44 du règlement de 1866. Règles : cir. Min. 512 du 8 novembre 1858 ; cir. du 4 juillet 1860 ; 78 du 22 juillet 1876 ; 23 du 12 février 1890 et lettre n° 27 du 5 décembre 1891. |
| D C 498 | Ordonnances de délégation. Mensuel. | Envoyé par l'Adm. aux dir. | Envoi par l'Adm. : cir. 5 du 15 juin 1827. Des extraits sont envoyés par le dir. aux s.-dir. : cir. 815-79 du 21 novembre 1867 et cir. 17 du 16 mars 1870. Inscription au reg. : cir. 36 du 22 février 1826. |
| P 98 | Lettres d'avis donnant le détail par affaire du D C 198. | Envoyé par l'Adm. aux dir. | Voir le D C 198. Art. 77 et 78 du règlement de 1866. |
| C B 253 | Situation des crédits. Mensuel. Ex. | Formé par le dir. Le 10 au Min. bureau de l'ordonnancement. | Modèle n° 43 ; art. 176 du règlement de 1866. Situation de fin d'exercice ; pièces à joindre : cir. Min. du 4 juillet 1860 et 23 du 12 février 1890. |
| Bordereau des crédits sans emploi. Annuel. | | Formé par les dir. Le 10 mai à la 3e div. 3e bur. | Modèle n° 18 du règlement de 1866. Instruction : cir. Min. 78 du 22 juillet 1876 et cir. 369 du 16 septembre 1847. Prescription de 5 ans : art. 9 loi du 29 janvier 1831. Rappel : cir. 23 du 12 février 1890. |
| P 39 | Etat des frais de régie. Annuel. | Formé par les dir. Le 20 décembre à la 3e div. 3e bur. | Recommandations ; l'état devient annuel : cir. lithog. du 1er décembre 1852. |

| | | | |
|---|---|---|---|
| 602 | Situation de caisse chez les buralistes. Modèle des postes. | Formé par les inspecteurs chez les buralistes ou débitants de tabac chargés d'un service postal. | Prescrit : cir. 519 du 19 juin 1888. |

*Modèles des sucres.*

| | | | |
|---|---|---|---|
| 25 | Tableau des redevables proposés pour le crédit. Trim. Ex. | Envoyé par les recev. princ. ou s.-dir. ou dir. en double. Un ex. est renvoyé au recev. princ. | Formation : cir. 59 du 3 septembre 1852. Peut servir en toute matière. Voir § 138 instruction du 15 décembre 1833. Voir le 147 A et le chap. xix. |
| 30 | Registre d'inscription des obligations par date. 22 feuillets. | Tenu dans les recettes part. et principales. | Tenue : let. lithog. du 4 mai 1857. Sert en toute matière. |
| 30 A | Comptes ouverts pour les crédits de droits : souscription et apurement. 22 feuillets. | Tenu dans les recettes part. et principales. | Tenue : let. lithog. du 4 mai 1857. Sert en toute matière. |
| 30 B | Relevé des crédits soumissionnés. Mensuel. Ex. | Envoyé par le recev. princ. au s.-dir. en double. Au dir. le 5 ; à la division compétente le 10. | Sert pour tous les cas où il y a des obligations. V. chap. xix. |

| | | |
|---|---|---|
| Reg. des frais de poursuites. | Tenu dans les recettes. | Contrôle des frais de poursuites : cir. 234 du 2 juillet 1840. Modèle : cir. 415 du 5 février 1857. |
| Proposition de primes d'apurement. Annuel. | Formé par les s.-dir. Aux dir. avant le 20 janvier ; à la 1re div. le 30. | Création : cir. 117 du 17 août 1807. Responsabilité : cir. 66 du 22 août 1821. Taux de la prime : cir. 17 du 10 décembre 1828. Recommandations : cir. 34 du 21 décembre 1829. Paiements suspendus : cir. 61 du 30 mars 1833 et 614 du 9 janvier 1891. Supplément de droit : let. com. 11600 du 12 décembre 1860. Sucrage : let. com. 7 du 16 février 1889. Allumettes : cir. 623 du 10 février 1891. Ordonnancement : let. com. 20 du 28 octobre 1891. Modèle : cir. 89 du 14 mars 1891. |
| État de situation des reprises lors du paiement des primes. Annuel. | Formé par les s.-dir. Au dir. avant le 5 mai ; à la 1re div. avant le 10. | Prescriptions : cir. 66 du 22 août 1821 et 3 du 17 janvier 1825. Modèles : cir. 61 du 30 mars 1833 ; 97 du 31 décembre 1834 et 422 du 22 mai 1849. |
| Reg. des reprises indéfinies. | Tenu dans les recettes, à la s.-dir. et à la dir. | Créé : instruction n° 28 du 10 messidor an XIII. Justification de recettes : cir. 205 du 7 novembre 1812. Rappel des règles : cir. 66 du 22 août 1821. Imputation des recouvrements : let. com. 16 du 11 novembre 1887. Manquants aux charges des planteurs : cir. et 1639-122 du 6 janvier 1893. |
| Proposition d'admission en reprise indéfinie des droits, amendes, etc., du précédent exercice. Annuel. | Envoyé par le s.-dir. au dir. avant le 5 avril. A la 1re div. le 40. | Certificats : arrêté du 6 messidor an X et cir. 1330-108 du 30 décembre 1880. Règles : cir. 66 du 22 août 1821. Amendes et doubles droits : cir. 92 du 9 décembre 1834 ; 445 du 4 février 1886 et 626 du 26 février 1891. Modèles et pièces à l'appui : cir. 422 du 22 mai 1849. Justifications : cir. 1 du 2 janvier 1825 et 309 du 31 juillet 1855. Clôture de l'exercice : cir. 551 du 11 mars 1889. Pour les exercices antérieurs, les propositions ont lieu quand les pièces sont réunies : cir. 467 du 23 octobre 1850. |
| Proposition de remboursement de droits perçus ou consignés. | Formé par les chefs locaux ; transmis au s.-dir. et dir. et envoyé en double à la 1re div. pour les boissons et voitures ; à la 2e div. 2e bur. pour les sucres, sels, alcools dénaturés, bougies et vinaigres ; à la 3e div. 1er bur. pour la garantie et les cartes. | Bières : art. 4 loi du 23 juillet 1820. Manquants aux charges des planteurs : art. 201 de la loi du 28 avril 1816, et cir. 783-73 du 10 janvier 1863. Justifications : let. com. 16 du 9 mai 1826. Doubles ou sextuples droits : instruction du 15 février 1827 ; let. com. 28 du 31 mai et cir. 480 du 29 janvier 1851. Garantie : cir. 236 du 11 juillet 1840 ; 6 du 21 mai 1869 ; 64 du 12 juillet et 74 du 4 novembre 1893. Modèle : cir. 501 du 29 décembre 1851. Propositions d'office : cir. 443 du 1er mars 1850. Pour les sucres, voir chap. xix aux n°° 9 et 9 A. |

| | | |
|---|---|---|
| Proposition de décharge de droits non perçus, ainsi que des amendes et doubles droits. | Formé par les chefs locaux; envoyé aux s.-dir. et dir., puis à l'Adm. suivant la compétence. | Envoi : cir. 1 du 2 janvier 1825 ; 61 du 30 mars et 12-20 du 21 août 1833. Amendes : voir au modèle 122 C, chap. IX et cir. 92 du 9 et 80-22 du 18 décembre 1831. Emploi des ordonnances de décharge : cir. 290-31 du 4 novembre 1813. Clôture de l'exercice : cir. 531 du 11 mars 1892. |
| Proposition d'admission en dépense de frais d'inventaire, de récolements, etc. Annuel. | Formé par les s.-dir. et dir. Envoyé à la 1re div. après la récolte. | Instruction générale : cir. 506 du 30 octobre 1857. Modèle n° 4 : cir. 43 du 7 octobre 1892. Principes à suivre : cir. 96 du 16 août 1813. |
| État des frais de tournées des dir. et s.-dir. Annuel. | Dressé par eux. Au dir. avant le 10 janvier ; à la 1re div. avant le 15. | Prescriptions : cir. 429 du 21 août 1849. Tournées à faire dans les 2e et 3e trim. : let. com. 15 du 13 juin 1850. Rappel des règles ; nombre de jours ; modèle : cir. 282 du 12 décembre 1819. |
| Relevé de la dépense du trimestre précédent pour l'entretien, le chauffage et l'éclairage des bureaux des fabriques. Trimestriel. | Formé par les s.-dir. et dir. Au dir. le 5, à la 2e div. 2e bur. le 10. | Modèle n° 3 : cir. 43 du 7 octobre 1892. Voir les instructions citées cir. 26 du 4 mars 1892. |
| Relevé de la dépense du trimestre précédent pour les loyers des bureaux des fabriques. Trimestriel. | Formé par les s.-dir. ou dir. Au dir. le 5, à la 2e div. 2e bur. le 10. | Modèle n° 2 : cir. 43 du 7 octobre 1892. La proposition de crédit est faite d'avance à l'état 153. Concerne les cartes, bougies, dynamite, produits chimiques, sels, sucres, vinaigres, etc. |
| Proposition d'indemnités aux surnuméraires et préposés ayant concouru aux services spéciaux dans le trimestre précédent. Trimestriel. | Formé par les s.-dir. ou dir. Au dir. le 10 ; à la 2e div., 2e bur., le 15. Paiements sur des 93 A spéciaux. | Rappel des règles : let. com. 16 du 14 août 1890. Modèle n° 1er : cir. 43 du 7 octobre 1892. |
| Indemnités pour frais de séjour hors de la résidence aux agents détachés du service des sucres dans le département. Trimestriel. | Formé par les s.-dir. ou dir. Au dir. le 5 ; à la 2e div., 2e bur., le 15. Paiements sur des 93 A spéciaux. | Indemnité : let. com. 13 du 23 juillet 1891. Modèle n° 1er : cir. 43 du 7 octobre 1892. |
| Proposition de dépense pour transport et achat d'échantillons en toutes matières. Trimestriel. | Formé par les s.-dir. ou dir. A la 2e div., 2e bur., le 15. | Alcools dénaturés : cir. 314 du 30 avril 1881 et let. com. 50 du 31 octobre 1892. Boissons : cir. 131 du 8 octobre 1853 ; 212 du 4 septembre 1819 ; 251 du 1er août et let. man. du 23 août 1882 ; 373 du 6 juillet 1883 ; 453 du 16 juin 1886 ; 569 du 23 septembre ; 512 du 18 novembre 1889 ; 599 du 8 août 1890 et 21 du 2 mars 1892. Divers : cir. 227 du 3 janvier 1878. Voir les modèles nos 20 E et 20 H. |
| Proposition de dépense : télégrammes ; fraude sur les alcools. Trimestriel. | Formé par les s.-dir. ou dir. Le 10 à la 1re div. | Prescriptions : cir. 473 du 28 avril 1887. |
| Proposition de dépense télégrammes pour absence de timbre rouge sur les acquits. Trimestriel. | Formé par les s.-dir. ou dir. Le 10 à la 1re div. | Prescriptions : cir. 590 du 21 juin 1890. |
| État des acquits non apurés au 31 mars. Annuel. | Formé par les s.-dir. et dir. Au dir. avant le 5 avril ; aux 1re, 2e et 3e div. le 15. | Formation : cir. 480 du 29 janvier 1851. Comprend les boissons, bougies, allumettes, dynamite, vinaigres, sucres, sels, tabacs et poudres. |
| État des indemnités kilométriques pour frais de route. Trimestriel. | Formé par les s.-dir et dir. A la 2e div., 2e bur., le 15 pour les frais du trim. précédent portés aux avances | Tarif : let. com. 24 du 9 septembre 1879. Surnuméraires : let. com. 7 du 17 avril et 17 du 11 août 1886. |

| | | |
|---|---|---|
| État des fonds de subvention fournis à l'Adm. des postes. Mensuel. | Envoyé en double par le recev. principal au s.-dir. ou dir., puis à l'Adm. des postes. | Fonds de subvention : cir. 316-36 du 23 décembre 1846. Franchise : cir. 357 du 10 février 1847. Attestation d'impossibilité : cir. 47 du 10 juillet 1852. Prescrit : cir. 1153-112 du 26 décembre 1883. |
| État des versements au Trésor du 1er au 31 et récépissés. Mensuel. | Envoyé en double par le recev. principal au s.-dir. ou dir., puis aux finances. On se sert du modèle 219. | Récépissés à tabacs : cir. 51 du 19 septembre 1820. Visa : cir. 35-19 du 31 mai 1833. Clôture de l'exercice : cir. 331-38 du 1er décembre 1847. Création de l'état : cir. 423-46 du 30 novembre 1849. Versements sur débets ; timbre de 25 cent. : cir. 610 63 du 16 décembre 1858. Fin d'année : cir. 1265-106 du 28 décembre 1877. Fractions de franc : cir. 1453-112 du 26 décembre 1883. Cas où la recette particulière des finances a été supprimée : let. com. 91 du 19 octobre 1891. |
| État des crédits sur obligations ; de la remise et du partage de cette remise. Mensuel. | Dressé par le recev. principal ; envoyé au s.-dir. ou dir. avant le 10. A la 2e div., 2e bur., le 20. | Part des receveurs particuliers : cir. 65 du 30 septembre 1852. Règles générales : cir. 653-66 du 24 décembre 1859. Modèle : let. com. 283 du 11 mars 1874. Partage et taux de la remise : cir. 439 du 19 novembre 1885. État devenu mensuel : let. com. 16 du 13 mai 1886. |
| Quittances. | Jointes à l'état 95 A. | Quittances et mémoires n'excédant pas 10 fr. : cir. 469-49 du 18 juillet 1851. Rem- |

boursement de droits, secours : cir. 1605-120 du 4 décembre 1890. Timbre à la charge des créanciers de l'État : art. 29 loi du 13 brumaire an VII. Quittances délivrées par une adm. publique à une autre : cir. 819-77 du 22 janvier et 875-79 du 21 novembre 1867. Timbre mobile, timbre à l'extraordinaire : cir. 1012-90 du 1er décembre 1871. Distinction entre les mémoires acquittés au pied ou les simples quittances contenant le détail des services faits : cir. 469-49 du 18 juillet 1851. Gendarmerie : cir. 1163-102 du 20 mars 1875. Quittances des loyers de la Régie : cir. 1208-105 du 5 février 1876. Remboursement de sommes portées sur des états collectifs et consignées faute de paiement. Acquits de tabac et de poudre : cir. 1489-114 du 24 décembre 1884. Co-héritiers : cir. 1629-121 du 6 février 1892. Quittances notariées de créanciers illettrés ; récépissés concernant les intérêts privés ; timbre de 25 c. : cir. 610-65 du 16 décembre 1858 ; loi du 8 juillet 1865 et art. 2 loi du 23 août 1871. Rappel : let. com. 12 novembre 1874 et cir. 1176-103 du 24 juin 1875 ; oblitération des timbres mobiles : cir. 1296-107 du 20 décembre 1878.

| | | |
|---|---|---|
| État des avances à régulariser en fin d'année. Annuel. | Formé par les s.-dir. et dir. Joint aux rapports 105. | Prescrit : let. com. 4 du 28 février 1878. |
| Diagrammes. Annuel. | Formé par les s.-dir. et dir. Au bureau central avant le 1er février. | Création et modèle ; let. com. 8 du 26 février 1889. |
| État des cautionnements aux 52 C et 52 D. Accidentel. | Formé par les receveurs et envoyé au s.-dir. et dir. | Modèle : cir. 352 du 20 octobre 1882. Recommandations : cir. 537 du 19 avril 1889. |
| Récépissés de la Banque de France. Bleu. | Emis par la Banque. Remis par le débiteur du Trésor. | Prescriptions : cir. 1480-113 du 4 juillet 1884. |
| Mandat de virement de la Banque de France. Rose. | Emis par le titulaire d'un compte ouvert débiteur du Trésor. | Idem. |
| Primata et duplicata de la Banque de France délivrés pour versement d'espèces au compte du Trésor. | Remis par la Banque au comptable au cas où il n'y a pas de receveur des finances à la résidence. | Le primata est envoyé par le receveur au receveur principal et par celui-ci aux finances, qui l'échangent contre un récépissé. Une quittance du 87 B est alors transmise au receveur qui envoie le duplicata au receveur principal : let. com. 34 du 18 décembre 1888. |
| Procès-verbal de débet. | Dressé par les vérificateurs ; joint à la comptabilité comme pièce de dépense. Un exemplaire à la comptabilité publique. | Responsabilité des employés supérieurs : cir. comp. pub. n° 4 du 26 décembre 1825 et les renvois du Catalogue méthodique, chap. IX : cir. 16 du 23 fructidor an XII et les renvois du Catalogue, chap. VIII. Point de vue contentieux : cir. 65 du 10 juin 1806 ; 66 du 22 août 1821 ; 79 du 26 mars 1834 ; 518 du 9 septembre 1858 et 1073 du 14 octobre 1867. Application du cautionne- |

ment aux débets : cir. 13 du 18 janvier 1823. En cas de recette sur débet, le receveur principal verse à la Trésorerie et le récépissé appuie la dépense de la somme due au comptable en débet. S'il s'agit d'une redevance sur débit de tabac, la somme est versée directement à la Trésorerie par le gérant.

### Circulaires d'intérêt général applicables au présent chapitre.

Cir. 31 du 28 mars 1818 ; 410 du 21 décembre 1818 et 413 du 1er mars 1850 : forcements en recette.

Cir. 488 du 19 juillet 1851 ; vérification de la gestion des comptables de tout ordre et rappel des instructions. *Dispositions générales* : situation de cause ; pièces de dépenses ; vérification des écritures et registres de perception ; versements. *Vérification d'une recette buraliste* : rapprochements ; droits d'octroi ; consignations. *Recettes particulières* : appels ; frais de poursuites ; restes à recouvrer. *Recette de garantie. Entrepôt* : caisse ; rapprochements ; matières ; reg. 26 et 82. *Recette principale* rapprochements avec le 90 ; le 106 A ; consignations ; pièces justificatives des avances. Rappel des instructions sur les débets, et leur suite ; décès des comptables ; vols. Versements des comptables, voir let. com. 7 du 13 mars et 18 du 14 juin 1838.

Cir. 504 du 29 décembre 1851 : apurement des consignations passe-debout ; manquants et sorties du lieu sujet ; feuilles F ; pertes de boissons, écritures à ce sujet. Remboursement de simples et doubles droits sur acquits ; résiliation des abonnements ; feuilles 111 ; modèles.

Cir. 310 du 1er août 1855 : voir l'analyse chap. xxiv du *Catalogue méthodique.*

Cir. 445 du 5 février 1857 ; exigibilité et recouvrement des droits ; rappel des instructions ; poursuites ; état 85 ; réserves.

Règlement du 26 décembre 1866.

Cir. 17 du 16 mars 1870 : voir l'analyse chap. xxiv du *Catalogue méthodique.*

Cir. 304 du 9 décembre 1880 : calcul du principal et des décimes en bloc ; tableau 117 E présentant tous les tarifs.

Let. com. 2 du 14 avril 1883 ; notice pour les vérifications à opérer lors des versements.

Cir. 531 du 11 mars 1889 : clôture de l'exercice financier.

Cir. du bureau de l'ordonnancement n° 23 du 12 février 1890 ; rappel des règles ; droits constatés ; crédits délégués ; mandats délivrés ; mandats d'avances à régulariser ; paiements ; annulations ; crédits sans emploi ; reversements ; changements d'imputation ; situations mensuelles. Clôture de l'exercice ; situation définitive ; relevé individuel des créances restant à payer ; état de développement de la dépense définitive pour traitements fixes ; lettre d'avis de clôture des opérations de l'exercice.

Cir. 26 du 4 mars 1892 : envoi des productions périodiques.

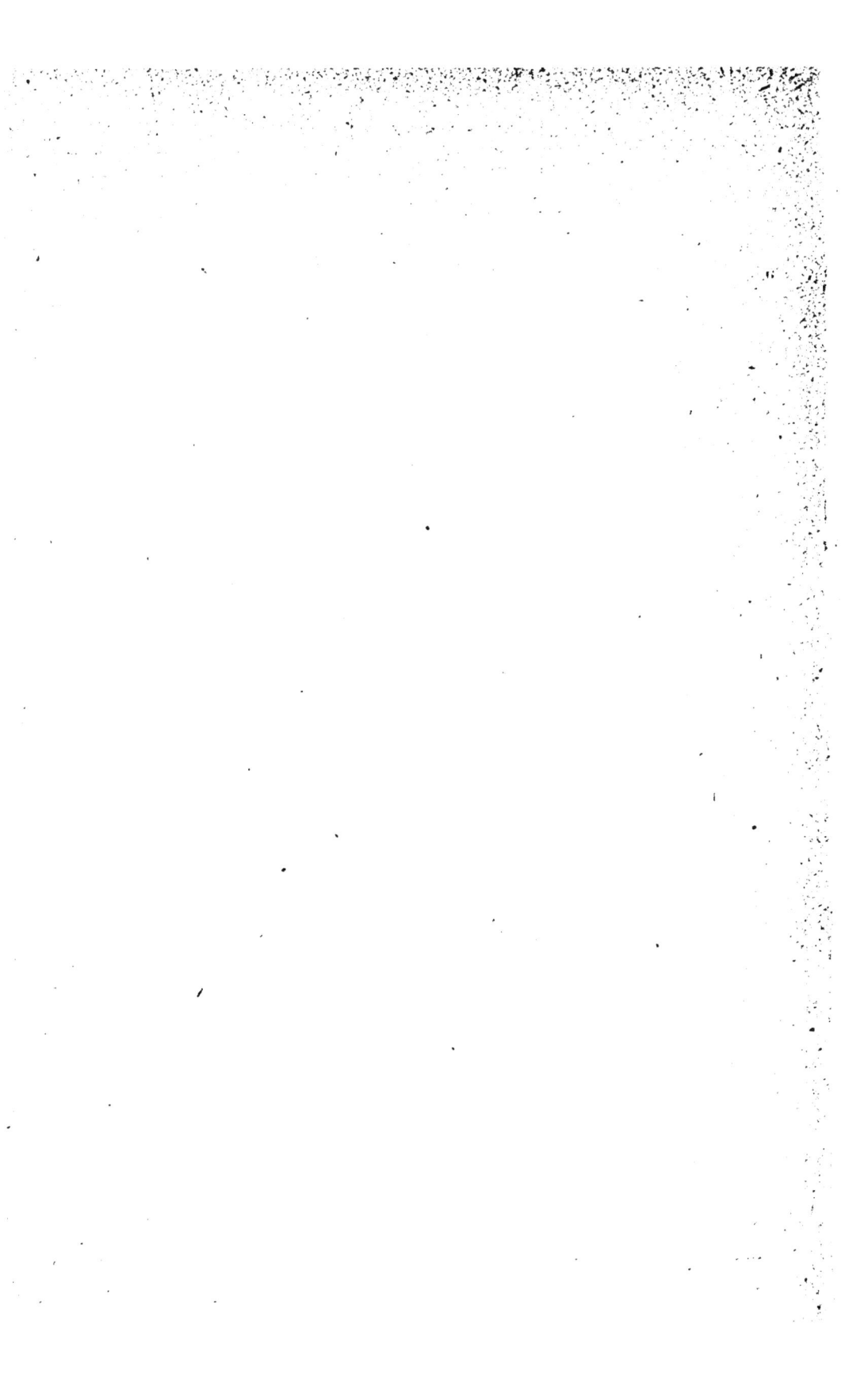

# Chapitre VIII. — Comptabilité publique.

| 33 A | Reg. de dépouillement des recettes et dépenses faites sur les consignations par les buralistes. Sert jusqu'à la fin. 2, 4, 6, 10 feuilles. | Tenu dans les bureaux d'entrée et recettes buralistes pour les consignations de régie. Recettes reportées mensuellement au reg. 33 B. | Règles générales : cir. c. 8 du 10 décembre 1827 et 10 du 15 décembre 1828. Liquidation des consignations : instruction du 15 février 1827 ; cir. 180 du 27 juin ; 160-27 du 21 décembre 1838 et 564 du 29 décembre 1831. |
|---|---|---|---|
| 33 B | Reg. récapitulatif des recettes et dépenses en deniers et expéditions timbrées. 1 par bureau. Annuel. | Tenu dans les bureaux et chez les assujétis dépositaires de timbres. | Création : cir. 24 du 26 décembre 1818. Explications : cir. 8 c. du 10 et 12 c. du 31 décembre 1827. Arrêtés : cir. 19 du 12 décembre 1816 ; § 189 de l'instruction du 15 décembre 1833 et cir. 1051 du 12 janvier 1857. Bases des remises aux buralistes : cir. 36 du 2 |

avril ; 45 du 18 décembre 1819 ; cir. 459 du 2 avril 1857 ; 172 du 3 septembre 1875 et 250 du 9 décembre 1878 comprenant le tarif. Bulletins 6 E : cir. 331 du 7 janvier 1852. Remises sur le droit de dénaturation : let. com. 2242 du 22 novembre 1844. Pas de remises sur les timbres d'octroi : cir. 137-26 du 18 décembre 1837. Base des remises aux préposés d'octroi : cir. 115 du 29 octobre 1835 ; 290-34 du 4 novembre 1845 ; 309 du 19 février 1881 et 86 du 14 février 1894, ces deux dernières comprenant le tarif. Versement de la remise aux préposés d'octroi : cir. 80-22 du 18 décembre 1834. Droits constatés perçus par les buralistes : cir. 31 du 21 novembre 1825. Vente de résidus de tabacs : cir. 993 du 12 mai 1865. Modifications au modèle : cir. 1516-117 du 3 février 1888. Inventaire des timbres : let. com. du 4 février 1873 ; cir. 171 du 2 septembre 1875 et 261 du 31 janvier 1879. Assujétis cautionnés au 52 D : cir. 352 du 20 octobre 1882. Inscription des quittances : cir. 230 du 9 décembre 1878. Retrait des fonds : cir. 34 du 28 décembre 1871. Forcements en recette : cir. 31 du 28 mars 1818, cir. c. n° 6 du 14 décembre 1826, 443 du 1er mars 1850 et 51 du 23 août 1852.

| 34 | État des remises des receveurs buralistes et préposés d'octroi. Mensuel. Ex. | Formé par les chefs locaux et remis au versement. | Créé : cir. 12 du 31 décembre 1827. Modifications : cir. 201-29 du 24 décembre 1840. Devenu mensuel : cir. 290-34 du 4 novembre 1845. Voir au modèle n° 33 B. Pour l'octroi, voir chap. xv. |
|---|---|---|---|
| 34 bis | Quitus en deniers pour les entreposeurs spéciaux et les receveurs particuliers. Service général et garantie. Ex. | Délivré par le receveur principal pour le remboursement des cautionnements. | Modèle : cir. de la comp. pub. du 15 juin 1823, n° 184. Règles : cir. 23 du 18 août 1823. |
| 35 | Quitus des receveurs d'entrée et d'octroi et des fermiers d'octroi. Ex. | Délivré par le receveur principal et le receveur municipal pour le remboursement des cautionnements. | Règles : cir. 18 du 27 avril 1823 et 13 du 18 janvier 1828. Visa du s.-dir. : cir. 17 du 16 mars 1870. |
| 50 | Bordereau des traites payables dans le département adressées au caissier central du Trésor. Tit. interc. | Envoyé tous les dix jours par le receveur principal avec les obligations ; les 1er, 11 et 21 du mois. | Accusé de réception : cir. 35-19 du 31 mai 1833. Création ; formalités pour l'envoi : cir. 201-29 du 24 décembre 1840 et 215 du 24 février 1841. Envoi tous les dix jours : cir. 479 du 16 juin 1857 et let. com. 6 du 22 mars 1890. Obligations en caisse en fin d'année : cir. 215-30 du 29 décembre 1841. |
| 50 bis | Mêmes indications pour les obligations payables dans les départements. Tit. interc. | Mêmes indications. | Idem. |
| 51 | Lettre d'envoi dudit bordereau adressée au caissier central du Trésor. Ex. | Envoyé sous pli séparé même temps que les n° 50 et 51. | Idem. |

3

| | | | |
|---|---|---|---|
| 52 | Lettre d'avis de cet envoi au directeur du mouvement général des fonds. Ex. | Envoyé le même jour que les obligations. | Règles : cir. 201-29 du 24 décembre 1840 et 245 du 24 février 1841. Voir les n°° 50 et 51. |
| 74 A | Reg. à souche de perception pour les droits constatés. 10 et 25 feuilles. 16 T. | Tenu dans les recettes sédentaires. | Modèle modifié : cir. 12 du 31 décembre 1827. Timbre des quittances : let. com. du 12 novembre 1874 et cir. 1176-103 du 24 juin 1875. Quittances sans timbre aux buralistes : cir. 231-33 du 18 décembre 1844. Recette du 1/3 p. 0/0 : cir. 502-53 |

du 16 décembre 1852. Quittances cumulatives : cir. 60 du 28 mars 1833. Arrêtés mensuels : cir. 1016-91 du 19 et 31 du 28 décembre 1871. Reg. spécial aux buralistes pour les perceptions chez les récoltants : cir. 506 du 30 octobre 1857, et sur les résidus de tabac : cir. 993 du 12 mai 1865. Droit de garantie constaté : cir. 236 du 11 juillet 1840. Amendes reçues par les receveurs particuliers ; les inscrire pour ordre au 74 B amendes du receveur principal : cir. 22 du 8 octobre 1831 et cir. c. 17 du 20 décembre 1831. Ventes directes de cigares de luxe : let. com. 13 du 23 août 1887 et let. com. 1 du 14 janvier 1888. Manquants des planteurs : cir. 738 du 28 février 1861. Manquants d'abord consignés, puis portés en perception définitive : cir. 31 du 21 novembre 1823. Surveillance des caisses : cir. 113 du 22 octobre 1833. Versements des fonds : cir. 17 du 16 mars 1870 et let. com. 7 du 13 mars 1883. Versements en obligations : cir. 610-65 du 16 décembre 1838. Cartouches : cir. 559 du 12 juillet 1839. Droits perçus après arrêté : cir. 1516-117 du 3 février 1886.

| | | | |
|---|---|---|---|
| 74 B | Reg. à souche de perception pour les droits constatés. 10 et 25 feuilles. 16 T. | Tenu par les receveurs ambulants. | Registre remis à la Douane : cir. 52 du 1er juin 1872. Voir le 74 A. |
| 74 B | Reg. à souche de perception. 10 et 25 feuilles. 16 T. | Tenu par les receveurs principaux. | Prescrit : cir. 94 du 6 août 1823. Un reg. est réservé aux amendes et un autre aux droits sur acquits et recettes diverses : cir. 247-32 du 19 décembre 1843 ; 547-51 du 7 juillet 1854 et 586-61 du 20 décembre 1855. Recette de 1/6 p. 0/0 sur obligations temporaires : cir. 502-53 du 16 décembre 1852. |
| 74 C | Livre de caisse et journal des recettes et des versements. 30, 50 feuilles. | Tenu par les entreposeurs spéciaux. | Tenue : cir. c. 8 du 10 décembre 1827. Versements de fonds : cir. 33 du 1er décembre 1847. Jus de tabac : cir. 984 du 29 décembre 1864 et 397 du 20 mai 1884. Vente directe de cigares de luxe : consignations : let. com. 13 du 23 août 1887 et let. com. 1 du 14 janvier 1888. Résidus : cir. 993 du 12 mai 1865. Colis vides de poudre : cir. 93 du 13 juin 1873 et 1082-96 du 30 décembre 1872. Dates d'arrêté : cir. 34 du 28 décembre 1871. |
| 74 D | Livre-journal de caisse 20, 30, 40, 50 feuilles. | Sert dans les recettes sédentaires et les recettes particulières entrepôt. | Modèle modifié : cir. 12 du 31 décembre 1827. Tenue : cir. 12 c. du 30 novembre 1829 et let. com. 26 du 1er octobre 1839. Versement des fonds : cir. 310 du 1er août 1835. Droits perçus après les arrêtés : cir. 1516-117 du 3 février 1886 et 1586-119 du 16 mars 1839. Pour les entrepôts, voir au 74 C. |
| 75 A B C | Reg. des comptes ouverts aux buralistes et aux assujétis. De 14 feuilles : 80 comptes ; de 24 1/2 : 160 ; de 36 : 240 ; de 46 1/2 : 320 ; de 57 : 400 ; de 63 1/2 : 480 ; de 79 : 560 ; de 89 1/2 : 640 ; de 110 1/2 : 800 ; de 163 : 1200 comptes. Annuel. | Tenu par les receveurs. 75 A buralistes ; 75 B répertoire ; 75 C contribuables. Il y a des titres et des interc. libres 75 A et B et des interc. 75 C. | Tenue : cir. 19 du 12 décembre 1816 ; 8 c. du 10 décembre et 12 du 31 décembre 1827. Comptes des communes : cir. 19 du 12 décembre 1816. Comptes cumulatifs : cir. 60 du 23 mars 1833. Non-inscription des débitants des villes rédimées : cir. 215-30 du 29 décembre 1841. Comptes des adjudicataires de baes, pêche, etc. : cir. 430 du 23 novembre 1856. |
| 76 A | Bordereau d'imputation des recettes. Un par versement. Accidentel. Ex. | Remis au receveur principal lors des versements que les entreposeurs spéciaux lui font. | Formation : cir. 84 du 20 décembre 1822 ; 8 c. du 10 décembre et 12 du 31 décembre 1827. |

| | | | |
|---|---|---|---|
| 76 C à G | Sommier des droits par nature et relevés divers. Annuel. De 17 1/2, 19 1/2, 21 1/2, 24 1/2, 28 1/2, 33 1/2, 44 1/2 et 49 feuilles 1/2. | Minute du 80 A. Tenu par les receveurs. 76 C droits au comptant ; 76 D droits constatés ; 76 E minute du 80 A ; 76 F. frais payés aux huissiers et employés ; 76 G relevé général des frais de poursuites. | Tenue : cir. 19 du 12 décembre 1816 ; 21 du 8 février 1819 ; 8 c. du 10 décembre et 12 du 31 décembre 1827. 76 F et G ; nouveau modèle : cir. 12 du 31 décembre 1827. Amendes : cir. 17 c. du 20 décembre 1831. Contrôle des frais de poursuites : cir. 234 du 2 juillet 1840. Inscription des quittances du receveur principal et du receveur municipal : cir. 310 du 1er août 1833. Reg. 76 remis à la douane : voir au 80 A. Réserves : cir. 413 du 3 mars 1819 et let. com. 3671 du 8 juillet 1872. |
| 76 I | Avis des recettes. Mensuel. Ex. | Formé par les receveurs particuliers et envoyé au s.-dir. le 1er du mois. | Modèle : cir. 1354-118 du 11 juillet 1837. |
| 76 L | Avis des recettes. Mensuel. Ex. | Formé par les s.-dir. Au dir. arrivée le 2 ; récapitulé par les dir. A la comp. pub. le 5. | Modèle : cir. 1354-118 du 11 juillet 1837. |
| 80 A | Bordereau des recouvrements dans la recette. Mensuel. 13 par recette. Ex. | Formé par les receveurs ; remis au versement. | Formation : cir. 8 c. du 10 décembre 1827, 10 c. du 15 décembre 1828 et 14 c. du 30 avril 1831. Verser l'appoint au receveur principal : cir. 1453-112 du 26 décembre 1883. Barils vides de poudre : cir. 93 du 13 juin 1873. Dates des arrêtés : cir. 1016-91 du 19, 34 du 23 décembre 1871 et let. com. 1180 du 23 février 1873. Droits perçus après le 23 février 1873. Droits perçus après les arrêtés : cir. 1516-117 du 3 février 1836 et 1596-119 du 16 mars 1839. Paiements pour le compte des Trésoriers-payeurs : cir. 253 du 24 juin 1811 : cir. 610-63 du 16 décembre 1858 ; 611-67 du 29 décembre 1860 ; cir. 1061 du 18 avril 1867 ; 864-78 du 15 juin 1867 et 1131-100 du 14 mars 1874. Mandats à souche des Trésoriers-payeurs : cir. 33 du 14 juin 1819 ; 35-19 du 31 mai 1833 et let. lithog. du 29 août 1837. Bordereau en cas de changement de titulaire : cir. 69 du 30 novembre 1821 et 8 du 10 décembre 1827. Suppression d'emploi : cir. 15 du 13 juin 1831. Concours de la douane ; règles générales : cir. 52 du 1er juin 1872 ; boissons : let. com. 11 du 17 mai 1856 et 30 du 6 novembre 1888 ; bougie : cir. 109 du 11 janvier 1874. |
| 80 ter | Relevé des recettes et dépenses sur les consignations des buralistes. Mensuel. Ex. | Formé par les chefs locaux ; joint au 80 A, et par le receveur principal au 108 D. | Règles : cir. c. 10 du 15 décembre 1828 et 864-78 du 15 juin 1867. |
| 80 quater | Bordereau des consignations reçues par les buralistes et remises au receveur principal. Mensuel. Ex. | Formé par les receveurs et joint au 80 A. | Règles : cir. c. 10 du 15 décembre 1828 ; cir. 92 du 9 décembre 1834 et 864-78 du 15 juin 1867. |
| 87 A | Livre-journal de caisse. 60, 70, 80, 100 feuilles. Annuel. | Tenu à la recette principale. | Modèle de brouillard du 81 A : cir. 92 du 22 juillet 1823. Nouveau modèle de 87 A : cir. 12 du 31 décembre 1827. Tenue du 87 : cir. 24 du 8 février 1819 ; cir. 8 c. du 10 décembre 1827 ; 10 c. du 15 décembre 1829 et 1103-98 du 16 août 1873. Écritures des versements : cir. 882-80 du 19 mars 1869. Droits perçus après les arrêtés : cir. 1020-92 du 30 décembre 1871 et les renvois du Catalogue méthodique. Sucres ; imputation : let. com. 27 du 27 décembre 1883. Menus frais ; imputation : note 4 du 25 mars 1880. Avaries de tabacs : cir. 1209-105 du 5 février 1876. Caisse des retraites : cir. 137-26 du 18 décembre 1837. Frais de poursuites : cir. 13 c. du 20 décembre 1836. Arrêtés : cir. 34 du 23 décembre 1871. Service des manufactures : cir. 93-23 du 17 décembre 1835 ; 611-67 du 29 décembre 1860 et cir. 733 du 23 février 1861. Manquants timbres et instruments : cir. 14 du 23 mars 1825 et 1453-112 du 26 décembre 1883. Dépouillement du 90 : cir. 873-79 du 21 novembre 1867 et 882-80 du 18 mars 1869. Garde de la caisse la nuit : cir. 16 du 22 juin 1816. Pour les matières qui donnent lieu à des écritures aux registres auxiliaires et ne sont pas énoncées ci-dessus, voir ces derniers. |
| 87 B | Reg. à souche des quittances pour les entreposeurs et receveurs particuliers. 25 feuilles. Sert jusqu'à la fin. | Tenu à la recette principale. | Création : cir. 35-19 du 31 mai 1833. Perception sur les sucres par le receveur principal pour le compte du receveur particulier : § 136 de l'instruction du 15 décembre 1833. |

| 87 D | Reg. à souche des valeurs comprises dans les versements. 25, 50 feuilles. | Sert pour les versements de fonds. | Création : cir. 1092-97 du 31 mars et 90 du 6 mai 1873. |
|---|---|---|---|
| 88 | Sommier général par nature de recette et de dépense. 29 feuilles; feuille supp⁷⁶ G. Annuel. | Tenu à la recette principale. Extrait du 87 A. | Création : cir. 24 du 8 février 1819. Emploi : cir. comp. pub. 8 du 10 décembre 1827 et 12 du 30 novembre 1829. Versements des receveurs : cir. 875-19 du 21 novembre 1857 et 882-80 du 18 mars 1863. Perceptions après arrêté : cir. 1028-92 du 30 décembre 1871 et 1516-117 du 3 février 1886. Détail des recettes à classer : let. com. 2 du 4 février 1887. |
| 89 A 1ʳᵉ p. | Reg. auxiliaire de développement pour les consignations sur amendes ; de 25 feuilles. Sert jusqu'à la fin. | Tenu à la recette principale. Concorde avec le 74 B amendes pour les recettes, et l'état 100 A pour les dépenses. | Création et règles : cir. 186 du 19 mars 1811. Écritures : cir. 113-24 du 16 décembre 1836 et 119-25 du 7 janvier 1837. Transactions pour frais : cir. 160-27 du 21 décembre 1838. |
| 89 A 2ᵉ p. | Reg. auxiliaire de développement pour les consignations sur acquits. 25 feuilles. Sert jusqu'à la fin. | Tenu à la recette principale. Les recettes proviennent du 74 B divers ; et les dépenses de l'état 100 B. | Création et règles : cir. 186 du 19 mars 1811. Décharge et modérations : cir. 92 du 9 décembre 1834. Recouvrements : cir. 80-22 du 18 décembre 1836. Écritures : cir. 113-24 du 16 décembre 1836 et 119-25 du 7 janvier 1837. Retenues pour les retraites : cir. 137-26 du 18 décembre 1837. Recette définitive des consignations : cir. 180 du 27 juin et 160-27 du 21 décembre 1838. Restitutions : let. com. 28 du 31 mai 1851. Rappel : cir. 504 du 29 décembre 1831. Division du registre par nature de droit : cir. 1632-96 du 30 décembre 1872. |
| 89 B | Reg. auxiliaire de développement des avances pour frais judiciaires, etc. 25 feuilles. Sert jusqu'à la fin. | Tenu à la recette principale. Les recettes pour frais judiciaires se relèvent à l'état 100 A. | Nouveau modèle : cir. c. 12 du 30 novembre 1829. Règles : cir. 43 du 7 octobre 1892. Emploi : cir. 216 du 29 octobre 1813. Écritures : cir. 21 du 27 mars 1817. Recommandations : cir. 875-79 du 21 novembre 1867. Classement des avances : cir. 1265-106 du 20 décembre 1877. Timbres de l'enregistrement : cir. 16 du 22 |

juin 1816. Recouvrements : cir. 875-79 du 21 novembre 1867. Apurement des avances : let. com. 20 du 28 octobre 1891. Remboursement des frais aux ayants droit : cir. c. 17 du 20 décembre 1831. Transactions pour frais : cir. 160-27 du 21 décembre 1838. Dépenses des tabacs : cir. 671-67 du 29 décembre 1860. Ordonnancement obligatoire des s.-dir. ou dir. : cir. 17 du 16 mars 1870. Frais en dépense : cir. 7 du 7 juin 1869. Frais tombés en non-valeur : cir. 71 du 11 janvier 1822. Provisions : cir. 849-77 du 22 janvier 1867 ; 1034 du 24 janvier et 882-80 du 18 mars 1863. Traites protestées : cir. 864-78 du 13 juin 1867. Contribution foncière : cir. 3 du 16 avril 1891. Frais d'adjudication de la pêche, francs-bords, etc. : cir. 1350-103 du 30 décembre 1880. Procès-verbaux contre inconnus : cir. 444 du 4 février 1886. Procès-verbaux des gendarmes : cir. 203 du 17 février 1871. Refoncages : cir. 122 du 11 juin 1874. Garde des convois de poudre : let. com. 55 du 20 février 1867 et cir. 523 du 24 juillet 1883. Appointements des employés changés : cir. 413 du 3 mars 1849. État à joindre au rapport 165 : let. com. 4 du 28 février 1878.

| 89 C | Reg. auxiliaire de développement pour les consignations de toute espèce. 10 feuilles. Sert jusqu'à la fin. | Tenu à la recette principale avec le 87 A. | Création et règles : cir. 186 du 19 mars 1811 et 201-29 du 24 décembre 1840. Création de la col. : autres recettes : cir. 1265-106 du 28 décembre 1877. Mises en consignation : cir. 10 c. du 15 décembre 1823 ; 864-78 du 13 juin 1867 et 1168-142 du 20 mars 1875. Remboursement de consignation ou mise en perception défi- |

nitive : cir. 9 du 5 mars 1825 ; instruction du 15 février 1827 et cir. 504 du 29 décembre 1851. États collectifs émargés en partie : cir. 161 du 30 novembre 1837 ; cir. 1163-102 du 20 mars 1875 et 1439-114 du 24 décembre 1884. Versements après arrêté : cir. 1516-117 du 3 février 1886. Objets sujets à dépérissement : let. com. 24 du 21 novembre 1877. Tabacs de luxe : let. com. 13 du 23 août 1887 et cir. 1536-119 du 16 mars 1889. Majorations : cir. 1629-121 du 6 février 1892. Saisies-arrêts et oppositions : cir. 1439-114 du 24 décembre 1884. Colis vides : cir. 1032-96 du 30 décembre 1872 et 93 du 13 juin 1873. Trop perçus : cir. 801-75 du 23 novembre 1865. Taxe des lettres : cir. 376 du 5 mai 1856. Loyers : cir. 413 du 3 mars 1849 ; 1203-103 du 5 février 1876 et 605 du 1 octobre 1890. Circulaires et Bulletin : let. com. 29 janvier 1852 et cir. 627 du 9 mai 1891. Redevances : cir. 12 du 31 août 1869. Fonds particuliers : cir. 8 du 10 décembre 1827 comptabilité pub. et 172-72 du 4 août 1864. Prescription des appointements : cir. c. 18 du 21 décembre 1832.

| | | | |
|---|---|---|---|
| 90 | Reg. de dépouillement des bordereaux 80 A. 16 feuilles. Annuel. 12 recettes : 1 ; 22 : 2 ; 32 : 3 reg. | Tenu à la s.-dir. et dir., communiqué au receveur principal pour établir le 91 A. Le 90 d'un exercice sert jusqu'à la fin d'avril. | Classement des perceptions : cir. c. 10 du 15 décembre 1828 et 832-80 du 18 mars 1863. |
| 91 A | Bordereau des recettes et dépenses de la recette principale. Mensuel. 24 par an. Ex. | Formé par le receveur principal avec le 88. Avant le 5 au dir., date d'arrivée. | Cadre des rectifications : cir. 19 du 12 décembre 1816. Formation des 91 A et B : cir. 1 du 15 décembre 1825 et 8 du 10 décembre 1827 c. pub. Recettes principales d'arrondissement : cir. 496-52 du 2 octobre 1852. Vérification préalable rendue au Ministère : cir. 531-55 du 17 août 1854. |

Obligations d'admission temporaire de l'année expirée : cir. 801-75 du 23 novembre 1865. Mutation de comptable : cir. 1re c. des 15 décembre 1824 et 849-71 du 22 janvier 1867. Imputations : let. com. 4 du 17 février 1879 ; note 4 du 23 mars 1880 et let. com. 23 du 27 décembre 1885. Voir le 87 A.

| | | | |
|---|---|---|---|
| 91 B | Bordereau récapitulatif des recettes et dépenses de la direction. Cahier et feuille annexe. 24 cahiers et 24 feuilles annexes par an. Mensuel. | Formé à la direction ; récapitule les 91 A. Le 10 à la comp. pub. | Création : cir. c. 4 du 26 décembre 1825. Vérification : cir. 1082-96 du 30 décembre 1872. Modifications : cir. 875-79 du 21 novembre 1867. Voir le 91 A. |
| 91 C | Etat des rectifications des recettes et dépenses du 91 B. Annuel. 4 par an. Ex. | Formé par les s.-dir. Au dir. avant le 5 février. Par les dir. à la comp. pub. arrivée le 10. | Rectifications après l'envoi du 103 A, 2e p. : cir. c. 6 du 14 décembre 1826. Création : cir. 801-75 du 23 novembre 1865. Explications : cir. 849-71 du 22 janvier 1867. Rappel des règles : cir. 1196-104 du 16 novembre 1875. |
| 92 | Récépissé à talon pour virement de fonds entre les comptables de la Régie. Ex. | Formé par celui des recev. principaux qui fait recette à titre de virement ; il garde le talon et envoie au comptable qui doit faire dépense à titre de virement, la partie supérieure. | Souscriptions pour les circulaires : let. com. du 23 janvier 1852. Modèle modifié et nouvelles règles : cir. 1020-92 du 30 décembre 1871. Rapprochements : cir. 1082-96 du 30 décembre 1872. Refoncages : cir. 122 du 11 juin 1874. Recommandations : cir. 1169-102 du 20 mars 1875. Pas de virement du 20 au 31 décembre : cir. 537-59 du 26 décembre 1851 et 1603-120 du 4 décembre 1890. |
| 92 A | Ordre de paiement. Ex | Formé par les s.-dir. et dir. et envoyé aux comptables payants. | Création : cir. 911-91 du 8 janvier 1869. |
| 92 B | Demande de fonds de subvention aux finances. Ex. Se demande à l'Administration | Rempli par le receveur principal et remis au receveur des finances. | Règles et modèle : cir. 79 du 22 août 1822 et 413 du 3 mars 1849. |
| 93 A | Tableau des appointements et frais divers — Cont. indirectes. Tit. et interc. Mensuel. | Formé par les s.-dir. ou dir.; remis au recev. principal pour le paiement. Joint aux pièces de dépense. | Ecritures : cir. 137-26 du 18 déc. 1837 ; 8 c. du 10 déc. 1827 et 164 du 30 déc. 1837. Traitements : cir. 13 du 21 nov. 1869 ; 255 du 10 et 259 du 25 janv. 1879 ; 330 du 30 déc. 1881 ; 383 du 29 déc. 1883 ; 514 du 10 décembre 1889 et 15 du 15 novembre 1893. Retenues : cir. 137-26 du |

18 et 64 du 30 décembre 1837 ; art. 5 du décret du 9 novembre 1853 : cir. 783-73 du 10 janvier 1865 ; 1453-112 du 26 décembre 1883. Retenues judiciaires sur le brut : cir. 444 du 4 février 1886. Retenue du 1er douzième : cir. 610-65 du 16 décembre 1859 ; 783-73 du 10 janvier 1865 et 206 du 29 janvier 1877. Retenues des préposés en chef : cir. 532-56 du 23 février 1854. Décomptes et retenues : art. 63 à 69 du règlement du 26 décembre 1866. Rappel de traitement : cir. 205 du 11 mai 1854. Renseignements à inscrire : cir. 18 c. du 21 décembre 1832 et 864-78 du 15 juin 1867. Colonnes spéciales pour les allocations diverses ; imputations pour les retenues : cir. 1453-112 du 26 décembre 1883. Instruction générale : cir. 205 du 11 mai 1854. Sommes à porter aux avances : cir. 43 du 7 octobre 1892. Indemnité de logement : let. com. 2 du 7 janvier 1876. Frais de loyer : cir. 1205-103 du 5 février 1876. Congés, promotion : cir. 864-78 du 15 juin 1867. Frais de tournées, etc. : let. com. 8 du 15 avril 1878 ; 7 du 13 mars ; 18 du 14 juin et 31 du 18 décembre 1888. Intérims : cir. 205 du 11 mai 1854 ; 17 du 16 mars 1910 ; 68 du 26 septembre 1872 et 259 du 25 janvier 1879. Vacances d'emploi : cir. 80-22 du 18 et 93 du 26 décembre 1834. 93 A spéciaux : cir. 546 du 9 février 1889 ; 596 du 25 juillet ; let. com. 15 du 11

août 1890 et cir. 43 du 7 octobre 1892. Paiements par les receveurs particuliers : cir. 160-21 du 21 décembre 1838. Réserves : cir. 413 du 3 mars 1849 et let. com. 3411 du 8 juillet 1872. Justifications ; annexes A et B du règlement de 1866. Timbres mobiles : cir. 1165-102 du 20 mars 1875 et 1368-109 du 19 juillet 1881. Annoter au 93 A les n° et date du 89 C pour les sommes consignées faute de paiement. Joindre au 93 A un extrait du 87 A pour la recette faite à titre de retenue judiciaire.

| | | | |
|---|---|---|---|
| 93 B | Tableau des appointements et frais divers — manufactures de l'Etat. Mensuel. Tit. intere. | Formé par les directeurs des manufactures ; remis au receveur principal pour le paiement et joint aux pièces de dépense. | Rétablissement du modèle : cir. 1268-103 du 5 février 1876. |
| 93 C | Certificat des modifications au tableau des appointements. Ex. | Formé par les s.-dir. et dir. et joint par le receveur principal à sa comptabilité. | Création et modèle : cir. 80-22 du 18 décembre 1834. |
| 95 A | Etat récapitulatif des pièces de dépense adressées à la direction. Mensuel. 24 par an. Ex. | Formé par les receveurs principaux ; envoyé en double le 5 au s.-dir. avec les pièces de dépense, avant le 10 au dir. Une expédition est renvoyée au recev. principal avec accusé de réception. | Création : cir. 86 du 31 janvier 1823. Justification des dépenses : voir la nomenclature annexée au règlement général du 26 décembre 1866. Règles générales pour les dépenses : cir. 19 du 12 décembre 1816 et 1re du 2 janvier 1823. Certificats d'hérédité : cir 1459-114 du 24 décembre 1884. Dépenses payables en plusieurs fois : cir. c. 7 du 30 décembre 1826. Dépenses s'appliquant à deux exercices : cir. 610-63 du 16 décembre 1858. Ordonnancement des premiers commis : let. com. 24 février 1859 Grattages et surcharges : |

cir. 80-22 du 18 décembre 1834. Visa des pièces de dépense : cir. 783-73 du 10 janvier 1865. Numéro d'ordre par département sur les pièces : cir. 801-75 du 23 novembre 1865. Chemises récapitulatives : voir aux modèles n°s 248, 249 et 250. Envoi des pièces et de la correspondance : cir 1re c. du 15 décembre 1824 et les renvois du *Catalogue méthodique* ; cir. 1082-96 ; 1134-101 ; 1209-105 ; 1350-108 et 1502-115 de la comp. pub. Adresses n° 156 : voir ce modèle. Accusé de réception des directeurs : cir. 10 c. du 15 décembre 1828.

| | | | |
|---|---|---|---|
| 95 B | Etat récapitulatif des pièces de dépense envoyées à la comp. pub. 24 par an. Mensuel. Ex. | Formé par les dir. ; recapitule les 95 A. Est adressé en double le 18 à la comp. pub. avec le 98. Elle en renvoie un avec accusé de réception. | Fournir le 95 B en double : cir. 875-79 du 21 novembre 1867. Voir le 95 A. |
| 96 | Etat des coupons d'acquits-à-caution adressés à la compt. pub. Ex. Mensuel. | Formé par le recev. principal et joint à sa comptabilité avec les coupons. | Règles générales : cir. 1 c. du 15 décembre 1824. Envoi des coupons et des acquits : cir. 420 du 16 avril 1849 ; 496-52 du 2 octobre 1852 et 1639-122 du 6 janvier 1893. Retenues sur frais de transport : cir. 623-64 du 10 décembre 1857. Ava- |

ries : cir. 917 du 14 juillet 1863. Transport de poudres : cir. 122 du 11 juin 1874. Coupons acquittés ; timbre de 10 c. : cir. 1501-116 du 2 septembre 1885. Droit d'enregistrement de 10 c. : cir. 442 du 15 janvier 1886. Dynamite : cir. 355 du 9 décembre 1882. Exportation : cir. 80 du 28 décembre 1893. Traité des transports du 22 décembre 1885 : cir. 442 du 15 janvier 1886. Tableau des distances : let. com. 13 du 16 juin 1886.

| | | | |
|---|---|---|---|
| 96 bis | Etat des modifications aux décomptes des frais de transport. Ex. | Formé par le receveur principal et joint à sa comptabilité. | Création : cir. 832-89 du 18 mars 1868. |
| 97 | Etat des récépissés des tabacs livrés par les planteurs. Mensuel. Tit. int. | Récapitulation des récépissés. Ordonnancé par le dir. des tabacs et joint à la comptabilité avec les mandats. | Création : cir. 24 du 8 février 1849. |

| | | | |
|---|---|---|---|
| 98 | Mandats de régularisation. Ex. Mensuel. | Formés dans les dir. et envoyés le 18 à la comptabilité pub. Joints aux 95 B et 91 C. | Création : cir. 712-73 du 4 août 1861. Envoi : cir. 801-75 du 23 novembre 1865 et 1134-101 du 8 avril 1871. Délivrance : cir. 95 du 26 décembre 1834 et 864-78 du 15 juin 1867. Recommandations : cir. 311 du 2 juillet 1846, 653-66 du 24 décembre 1859 et 43 du 7 octobre 1893. |
| 98 B | Mandats de paiement. Ex. | Formés par les s.-dir. et dir. d'après les crédits accordés. Pour les régularisations d'avances, les mandats sont acquittés pour ordre par le recev. principal. | Mandats partiels : cir. 7 c. du 30 décembre 1826. Exercices clos ou périmés : cir. 57-21 du 12 décembre 1833 et les renvois du *Catalogue méthodique*. Mandats annulés : cir. 113-24 du 16 décembre 1836. Dépense effectuée par plusieurs comptables : cir. 875-79 du 21 novembre 1867. Adjudications et marchés : cir. 1453-112 du 26 décembre 1883. Paiement sur l'exercice jusqu'au 30 avril : cir. 1586-119 du 16 mars 1889. Règles générales et création : cir. 1350-108 du 30 décembre 1880. Nouvelles règles : let. com. 20 du 23 octobre 1891. Résumé des instructions du bureau de l'ordonnancement : cir. 23 du 13 février 1890. |
| 100 A | État récapitulatif des répartitions de produits d'amendes et confiscations. 36 par an et par recette principale. Mensuel. Ex. | Dressé par la s.-dir. ou dir. Envoyé au recev. principal pour les paiements, avant le 10 au dir., le 20 à la 2e div. 1er bur. Une copie de la récapitulation est jointe aux pièces de dépense. | Envoi ; pièces à joindre : cir. 2 du 30 mai 1823 ; 496-52 du 2 octobre 1852 et cir. 17 du 16 mars 1870. Indication du nombre de pièces : let. com. du 20 mai 1846, du 5 mars 1873 et cir. 1208-105 du 5 février 1876. Culture : état 100 A spécial : cir. 92 du 9 et 80-22 du 18 décembre 1834 ; 739 du 23 février ; 693-68 du 26 décembre 1861 et 1208-105 du 5 février 1876. Attributions du service des tabacs : cir. 739 du 23 février 1861. Remises et modérations : cir. 772-72 du 4 août 1864. Dépense en décembre : cir. 864-78 du 15 |

juin 1867. Parts d'amendes réservées : cir. 1350-108 du 30 décembre 1880. Imputation d'exercice : cir. 1082-96 du 30 décembre 1872. Frais à la charge de l'administration : cir. 1051-91 du 3 juin 1872. État annexe en cas de répartition exclusivement entre le Trésor et la caisse des retraites : cir. 478 du 22 janvier 1851. Sommes indûment attribuées aux retraites : let. com. e. 9 juillet 1827. L'état 100 A sert exclusivement aux amendes et droits sur acquits : cir. 875-79 du 21 novembre 1867. Un exemplaire présentant la récapitulation est joint à la comptabilité : cir. 1 c. du 15 décembre 1824. Délai d'inscription au 100 A : let. com. 24 du 21 novembre 1877.

| | | | |
|---|---|---|---|
| 401 | Relevé des produits perçus et constatés. Annuel. Ex. 4 par dir. et 2 par s.-dir. | Dressé par les s.-dir. ou dir. Au dir. avant le 5 février. Joint au 108 A, 2e p. | Formation et envoi : cir. 8 e du 10 décembre 1827. Cadre des expéditions à 40 c. : cir. 201-29 du 21 décembre 1840. Développement de certains produits des tabacs : modèle : cir. 801-75 du 23 novembre 1865. Cadre des frais de casernement : cir. |

987-83 du 26 août 1811. Timbres à 65 et 75 c. : cir. 772-72 du 4 août 1864. Cadre des voitures publiques : cir. 1168-102 du 20 mars 1875 et 1453-112 du 26 décembre 1883. Cadres des baux, etc. : cir. 57-21 ; 628-61 ; 653-66, et 1489-114 de la comp. publ. Pièces à joindre au 101 : cir. 1168-102 du 20 mars 1875. Retenue du 12e sur deux exercices : cir. 1082-96 du 30 décembre 1872.

*Principales recettes accidentelles.* Anciens tarifs : cir. 8 du 23 février 1825 ; 41 du 22 mai 1832 et 301 du 10 juillet 1855. Supplément de perception au reg. n° 1er : cir. 17 du 17 mars 1817. Droit de recherche : cir. 67 du 19 septembre 1872 et 12 du 18 juillet 1891. Manquants sur bons de transport : cir. 3 du 24 mars 1823 et 1586-119 du 16 mars 1889. Prix des objets non sujets à consignation vendus ou manquants : cir. 3 du 24 mars 1823. Droit sur timbres et estampilles manquants, bandes de contrôle, as de trèfles, vignettes-bougies : cir. 3 du 24 mars 1823 et 1453-112 du 26 décembre 1883. Intérêt de 5 p. 0/0, part du Trésor dans le 1/3 p. 0/0, reprises en recette prescrites par la cour, l'Administration, ou la comp. publ. : cir. 712-72 du 4 août 1861. Intérêts de crédit de 3 p. 0/0 : cir. 1168-102 du 20 mars 1875. État des manquants à la charge des planteurs : cir. 739 du 23 février 1861. Forcements en recette : cir. n° 6 e. du 14 décembre 1826. Excédent de la taxe de 1 1/2 p. 0/0 sur les frais d'adjudication, pêche, francs-bords, etc. Frais de casernement : cir. 1350-108 du 30 décembre 1880. Redevances de débits de tabac vacants : cir. 12 du 31 août 1869. Sommes acquises par prescription : art. 50 du décret du 1er germinal an XIII : cir. 18 c. du 21 décembre 1832. Recettes sur reprises indéfinies : cir. 66 du 22 août 1821 et 1639-122 du 6 janvier 1893. Retenues pour soustractions, pertes, avaries de tabacs ou poudres : cir. 1168-102 du 20 mars 1875. Manquants en tabac de cantine ou en bons : cir. 184 du 1er mars 1876 et 51 du 16 mars 1893. Jus de tabac : cir. 397 du 20 mai 1884. Plombs manquants : cir. 3 du 24 mars 1823 et 37 du 1er mai 1852. Vieux cercles : cir. 137-26 du 18 décembre 1837. Paquetage pour l'exportation : cir. 44 du 14 août 1891. Barils et sacs de poudre : cir. 22 du 14 mai 1818. Bénéfices sur cartouches : cir. 559 du 12 juillet 1889. Prix des colis de tabac livrés ou manquants : cir. 918 du 8 mars 1876. Constatations diverses : cir. 1516-117 du 3 février 1886. Barillages de poudre pour l'exportation : cir. 580 du 1er février 1890 ; 452 du 6 juin 1886 et 87 du 19 février 1894. Justification des recettes accidentelles : cir. 1082-96 du 30 décembre 1872 et 1208-105 du 5 février 1876.

| 101 bis | Relevé général des droits et produits supplémentaires de l'exercice précédent. Annuel. Ex. Envoyé 4 d'office en mai par l'Adm. : 2 pour la division; 2 pour le départ. | Formé par les s.-dir. et dir. Avant le 5 juin au dir. ; le 10 à la comp. pub. avec le 108 A 1re p. | Sucres ; let. com. e. du 31 mars 1863. Création : cir. 1203-105 du 5 février 1876. Spécialité par exercice ; chemins de fer, frais de casernement : cir. 188 du 11 mai 1876. |
|---|---|---|---|
| 101 A | Etat de situation des droits acquis. Annuel. 2 par dir. Ex. | Formé par les dir. pour le département. Le 10 février à la comp. pub. avec le 108 B 2e p. | Cir. 10 c. du 15 décembre 1836. Formation : cir. 937-85 du 26 août 1871 et 1163-103 du 30 mars 1875. Voir le 101. |
| 107 | Relevé des remises payées aux receveurs buralistes et aux préposés d'octroi. Mensuel. Ex. | Formé par le recev. principal avec les états 31 et joint à la comptabilité. | Créé : cir. 21 de 8 février 1819. Règles : cir. 8 c. du 10 décembre 1827 et 250 du 9 décembre 1878. Modifications : cir. 291-29 du 21 décembre 1849. L'état 107 devient mensuel : cir. 290-34 du 4 novembre 1843. Voir l'état 31. |
| 108 A 1re p. | Compte annuel de gestion en deniers. Opérations sur l'exercice expiré faites pendant l'année courante. Envoyé 3 d'office en mai par l'Adm. Annuel. | Formé en partie par les s.-dir. et dir. et en partie par les recev. principaux. Avant le 5 juin au dir.; le 10 à la comp. pub. | Rétablissement des recettes principales d'arrondissement : cir. 496-52 du 2 octobre 1852. Formation des comptes : cir 42-20 du 21 août 1833. Division des comptes en 1re et 2e partie : cir. 423-16 du 30 novembre 1849. Division du compte 2e partie en deniers et matières; leur envoi : cir. 1203-105 du 5 février 1876 et 1263-106 du 23 décembre 1877. Envoi des comptes 2e partie en 2 fois : cir. |

1265-106 Précitée et cir. e. 250 du 1er février 1880. Droits par exercice : cir. 188 du 11 mai 1876. Clôture de l'exercice ; ordonnancement et liquidation : le 31 mars. Paiement des dépenses; liquidation et recouvrement des droits : 30 avril. Crédits supplémentaires : 30 juin. Opérations de régularisation : 31 juillet : cir. 551 du 11 mars; 1586-119 du 16 mars 1889 ; let. Min. n° 27 du 5 décembre 1891 et cir. 1629-121 du 6 février 1892. Exercices clos ou périmés ; prescription : cir. 57-21 du 12 décembre 1833 et les renvois du *Catalogue méthodique* ; 72 du 10 janvier 1831 et 192 du 18 septembre 1833. Cadre des bacs, pêches, etc. : cir. 623-64 du 10 décembre 1837. Cadre des décharges, modérations et reprises indéfinies : cir. n° 1 du 2 janvier 1825 et 783-73 du 10 janvier 1865. Apurement des dépenses : cir. 192 du 18 septembre 1833 et let. com. 20 du 23 octobre 1891. Comptes de clerc à maître : cir. 1 du 15 décembre 1821 ; 3 du 6 et 4 du 26 décembre 1825 ; n°s 365-41 ; 496-52 ; 628-64 ; 611-67 et 849-77, toutes de la comptabilité pub.; n° 132 du 13 mai 1863 et 69 du 30 novembre 1821. Pièces à joindre au 108 A 1re partie : états 74 A bis allumettes ; 85 C ; 101 bis ; 108 B ; 241 bis ; 252 ; décompte des frais de casernement et ordonnances de décharge et modérations.

| 108 A 2e part. | Compte annuel en deniers : opérations faites dans l'année précédente sur l'exercice se terminant au 30 juin suivant. Annuel. 3 par rec. princip. | Formé en partie par les s.-dir. et dir. et en partie par les receveurs principaux. Au dir. avant le 5 février. A la comptabilité pub. le 10. | Décharges, modérations et reprises indéfinies : cir. 93 du 9 décembre 1834 ; 783-73 du 10 janvier 1865 et 1350-103 du 30 décembre 1880. Caisse du centime : cir. 1163-103 du 20 mars 1875. Pièces à joindre : cir. 449 du 31 mai 1850 ; 598-62 du 24 mai 1856 et 914-81 du 8 janvier 1869. Inventaire des pièces : cir. 315-33 du 21 novembre 1846. |
|---|---|---|---|

*Nomenclature des pièces habituelles* : états 80 ter ; 91 A s'il y a eu plusieurs gestions ; 74 A bis allumettes ; 101 de s.-dir. et de dir. ; 101 A ; 108 B, 108 C ; 108 D; 108 E; 241 ; 252 ; extraits S; ordonnances de décharge, de reprises indéfinies et certificats de modération d'amendes; décomptes des intérêts sur crédits; copie des procès-verbaux d'adjudication (bacs, pêche, etc.); états des communes assujéties aux frais de casernement et décomptes. Etats et extraits justificatifs des recettes extraordinaires, service général, tabacs et poudres; décomptes des frais de surveillance des fabriques de soude et autres ; état de développement des redevances payées : huiles végétales et sucrage ; état nominatif des manquants constatés chez les planteurs; indemnités pour frais de surveillance des entrepôts de sucre et des fabriques; procès-verbaux de vente de fumiers de tabac; procès-verbaux d'avaries, pertes et soustractions, tabacs et poudre; bordereau des majorations faisant retour au Trésor; état de développement des dépenses sur exercices clos. Voir les cir. citées au 108 A 1re partie.

| 108 A bis | Compte en matières. Annuel. 3 par an. Ex. | Une expédition et la minute sont envoyées par le receveur principal le 10 février au dir. qui les conserve jusqu'au retour des 151 C, 151 C bis et CC. Il envoie alors les expéditions à la comp. pub. | Création : cir. 1203-105 du 5 février 1876. Envoi en deux fois : cir. 1265-106 du 28 décembre 1877 et cir. e. 250 du 1er février 1880. Compte de clerc à maître : cir. 623-64 du 10 décembre 1837. |
|---|---|---|---|

| | | | |
|---|---|---|---|
| 108 B 1<sup>re</sup> p. | Bordereau récapitulatif des comptes 108 A 1<sup>re</sup> p. Annuel. Envoyé d'office par l'Adm. en mai. 3 par dir. | Formé par les dir. Le 10 juin à la comp. pub. avec les pièces désignées au 108 A et le 101 bis. | Formation : cir. 6 c. du 11 décembre 1826 ; 8 c. du 10 décembre 1827 ; y joindre le 101 bis : cir. 18 c. du 21 décembre 1833. Envoi et pièces à joindre : cir. 914-51 du 8 janvier 1869. Vérification : cir. 1051-91 du 3 juin 1872. Caisse du centime : cir. 1163-102 du 20 mars 1873. |
| 108 B 2<sup>e</sup> p. | Bordereau récapitulatif des comptes 108 A 2<sup>e</sup> p. Annuel. 3 par an par dir. | Formé par les dir. Le 10 février à la comp. pub. avec les pièces désignées au 108 A et le 101 A. | Idem. |
| 108 B bis | Bordereau récapitulatif des comptes 108 A bis. Annuel. 3 par an et par dir. | Formé par les dir. La 1<sup>re</sup> expédition le 10 février à la comp. pub. L'autre avec les 108 A bis dès le retour des 151 C, O bis et CC. | Création : cir. 1203-105 du 5 février 1876. Envoi en 2 fois : cir. 1265-106 du 23 décembre 1877 et cir. c. 230 du 1<sup>er</sup> février 1880. État de concordance à joindre : cir. 1603-120 du 4 décembre 1890. |
| 108 C | Procès-verbal de situation de caisse. 2 par an par recette principale. Annuel. | Dressé par l'inspecteur ou le s-dir. joint au compte 108 A 2<sup>e</sup> p. Fourni le 10 février. | Création : cir. 18 c. du 21 décembre 1832. Modifications : cir. 1350-108 du 30 décembre 1880. |
| 108 D 1<sup>re</sup> p. | Compte reau des amendes, confiscations et acquits. Annuel. Ex. 3 par an par recette principale. | Fourni en triple par le recev. principal. Une copie avant le 1<sup>er</sup> février au dir. ; le 10 à la 1<sup>re</sup> div. 2 expéditions à l'appui de la 2<sup>e</sup> expéd. du 108 A. 2<sup>e</sup> p. | Envoi d'une copie à l'Adm. : cir. 48 du 22 août 1832. Nouveau modèle : cir. 18 c. du 21 décembre 1832. Formation : cir. 93-23 du 17 décembre 1833. Extrait des 89 A 1<sup>re</sup> et 2<sup>e</sup> p. ; rappel : cir. 815-79 du 21 novembre 1867. |
| 108 D 2<sup>e</sup> p. | Compte reau des consignations. 3 par an par recette principale. Annuel. Ex. | Mêmes indications. On y joint le 80 ter extrait du 89 C. | Envoi d'une copie à l'Adm. : cir. 48 du 22 août 1832. Nouveau modèle : cir. 18 c. du 21 décembre 1832. Correspondants du Trésor : cir. 815-79 du 21 novembre 1867. |
| 108 E | Compte reau des avances à recouvrer ou à régulariser. Ex. 3 par an par recette principale. | Mêmes indications qu'au 108 D 1<sup>re</sup> p. Extrait du 89 B. | Envoi d'une copie à l'Adm. : cir. 48 du 22 août 1832. Nouveau modèle : cir. 18 c. du 21 décembre 1832. |
| 152 B | Procès-verbal des matières en magasin et des timbres annulés. Un par recette principale. Annuel. Ex. | Formé par les employés qui inventorient. Joint au 108 A bis. | Règles : cir. 8 c. du 10 décembre 1827 et 19 du 25 décembre 1828. Inventaire et modifications : cir. 1296-107 du 20 décembre 1878. |
| 156 | Adresses. Ex. | Sert pour les paquets destinés à la comp. pub. | Création et numéro du département : cir. 801-75 du 23 novembre 1865 Recommandations : cir. 1131-101 du 8 avril 1874. Avis d'envoi : cir. 772-72 du 4 août 1865. Enveloppes des lettres : cir. 879 77 la 22 janvier 1867. |
| 156 bis | Adresses. Ex. | Mêmes indications. — Service de l'Algérie. | Idem. |
| 169 | Relevé des sommes reçues ou payées à titre de virements de fonds. Annuel. 5 par an. Ex. | Formé par les dir. Le 20 janvier à la comp. pub. | Création : cir. 1020-92 du 30 décembre 1871. Recommandations : cir. 1265-106 du 28 décembre 1877 et 1296-107 du 20 décembre 1878. |
| 244 | Bordereau de détail. Ex. Annuel. 2 par an par recet. principale. | Formé par les recev. principaux. Joint au compte 108 A 2<sup>e</sup> partie en simple. | Création : cir. 914-81 du 8 janvier 1869. Suppression de celui des amendes : cir. 1203-105 du 5 février 1876. |

| | | | |
|---|---|---|---|
| 241 bis | Bordereau de détail. Annuel. Envoyé d'office en mai par l'Adm. 2 par an par recette principale. Ex. | Formé par les recev. principaux. Joint au compte 108 A 1re partie en simple. | Création : cir. 944-91 du 8 janvier 1869. Suppression de celui des amendes : cir. 1206-105 du 5 février 1876. |
| 248 | Bordereau énumératif des dépenses. Mensuel. Ex. | Formé par les recev. principaux pour récapituler les pièces de dépense comprises dans un mandat collectif. | Création : cir. 1489-114 du 24 décembre 1884. |
| 249 | Chemise. Récapitulation mensuelle par ligne du 95 A. Ex. | Formé comme chemise des pièces de dépense par le recev. principal. | Création : cir. 944-91 du 8 janvier 1869. |
| 250 | Chemise. Récapitulation des virements de fonds. 24 par an par recet. principale et 48 quand il y a des opérations avec la Douane. Ex. | Formé comme chemise par le recev. principal. | Création : cir. 1489-111 du 24 décembre 1884. |
| 252 | Relevé des mandats de régularisation délivrés par l'ordonnateur secondaire. 5 par an et par recette principale. Annuel. Ex. | Envoyé par le dir. à la comp. pub. avec les comptes 1re et 2e p. | Créé : cir. 1131-101 du 8 avril 1874. |
| 253 | Etat des restes à recouvrer au 31 décembre. Annuel. Ex. | Envoyé par le dir. à la comp. pub. le 5 janvier. Le s.-dir. au dir. avant le 2. | Créé : cir. 1608-120 du 4 décembre 1890. |

### Série C Douane. Impressions communes.

| | | | |
|---|---|---|---|
| 34 vert | Bordereau des recouvrements faits pour le compte des receveurs des douanes. Ex. | Formé par le receveur qui fait recette à titre de virement et qui garde le talon. | Mode d'emploi : cir. 510-54 ; 536-61 ; 616-63 et 1032-96 de la comp. pub.; cir. 73 du 2 novembre 1852 de l'Adm. Droits d'admission temporaire sur les sucres perçus pour le compte de la douane : cir. 712-72 du 4 août 1864. Les formules nos 34 et 36 servent pour l'Administration des contributions diverses en Algérie. |
| 36 rose | Bordereau des paiements faits pour le compte des receveurs des douanes. Ex. | Formé par le receveur qui paie. Il garde la partie supérieure et envoie le talon après l'avoir rempli. | Idem. |
| Arrêts de la cour. | | Envoyés par l'Administration. | Let. com. c. 30 juillet 1825. |

### Circulaires d'intérêt général applicables au présent chapitre.

Cir. 1 e. du 15 décembre 1824 : Création de la comp. générale. Mutations de comptables. Envoi des documents. Bordereaux 90 et 91, comptes 108; Etats 85, 95, 96, 100 A et 108 C ; procès-verbal 152 B. Dépenses variables.

Cir. 8 e. du 10 décembre 1827 : Registres des receveurs buralistes, particuliers, principaux, entreposeurs, etc. Productions.

Cir. 496-52 du 2 octobre 1852 : Rétablissement des recettes principales d'arrondissement. Envoi des états mensuels et pièces de dépense à la comptabilité et à l'Administration. Comptes 108 et pièces.

26 décembre 1866 : Règlement sur la comptabilité publique.

Cir. 1586-119 du 16 mars 1889 : Dates de clôture de l'exercice financier.

Cir. du bureau de l'ordonnancement no 23 du 12 février 1890 : voir l'analyse à la fin du chapitre précédent.

Cir. 26 du 4 mars 1892 : Envoi des productions périodiques.

# Chapitre IX. — Contentieux.

| 6 D rouge | Avis de saisie. Ex. | Dressé en triple par les verbalisants et joint au dossier. | *Acquits de saisie* : cir. 7 du 4 avril 1831 et 430 du 29 janvier 1831. Voir chap. IV. |
|---|---|---|---|
| 78 | Contraintes. Ex. | Formé par les recev. particuliers. | Timbre et forme : cir. 168 du 23 mai 1807 ; 161 du 6 janvier 1809 et let. com. 10 du 3 mars 1875. Droit d'enregistrement : art. 6 de la loi du 16 juin 1824 et cir. 65 |

du 10 août 1893. Règles générales : cir. 415 du 5 février 1857 et 905 du 5 juin 1863. Faillite : cir. 905 du 5 juin 1863 ; 364-78 du 15 juin 1867 et 444 du 4 février 1886. Saisies immobilières : cir. 79 du 26 mars 1834 et 328 du 2 décembre 1845. Opposition à contrainte : cir. 419 du 23 janvier 1831. Instances civiles : cir. 328 du 2 décembre 1845 et let. com. du 26 janvier 1870. Rappel : cir. 7 du 7 juin 1869. Mainlevée d'inscription hypothécaire : cir. 112 du 18 mai 1853. Prescription pour les droits : art. 50 du 1ᵉʳ germinal an XIII. Prescription sur les acquits : art. 8 de la loi du 21 juin 1873. Comptables en débet : cir. 66 du 22 août 1831.

| 98 | Etat des frais judiciaires non recouvrables. Ex. | Formé par les s.-dir. et dir. et joint aux propositions d'apurement. | Frais en non-valeur ou en dépense : cir. 181 du 4 novembre 1809 ; 7 du 7 juin 1869 ; 598-62 du 24 mai 1856 ; 1051-94 du 3 juin 1872 et 1350-108 du 30 décembre 1880. Transmission : cir. 444 du 4 février 1886. |
|---|---|---|---|
| 98 B | Relevé des actes et pièces de poursuites conservées dans les bureaux. Ex. | A appliquer par les s.-dir. et dir. | Exécution de la cir. 620 du 29 janvier 1891. |
| 99 | Etat de répartition du produit des amendes. Ex. | Dressé par les s.-dir. ou dir., envoyé au recev. principal avec l'état 100 A. | Formation : cir. 14 du 17 septembre 1816. Tableau général des modes de répartition : cir. 110 du 26 août 1835 et 523-55 du 7 décembre 1853. Répartitions bougies : art. 4 loi du 30 décembre 1873. Huiles végétales : art. 6 loi du 31 |

décembre 1873. Vinaigres : art. 9 loi du 17 juillet 1873. Allumettes : art. 8 loi du 4 septembre 1871. Marques de fabrique : art. 4 loi du 26 novembre 1873. Sucres : art. 27 loi du 31 mai 1846. Saisies communes à l'octroi : ir. 176 du 4 juin 1839 et 83 du 19 février 1873. Parts versées par l'enregistrement ; questions de répartition : r. 478 du 22 janvier 1831 et 331 du 21 mai 1856. Répartition en cas d'amendes multiples : cir. 450 du 8 juin 850. Saisies chez les assujétis : cir. 33 du 28 décembre 1871. Cas où il faut consulter l'Adm. : cir. 450 du 8 mia 1850. Inspecteurs ; double part : cir. 151 du 3 juin 1875. Répartition en cas de concours de préposés étrangers : cir. 137 du 13 janvier 1831. Cas où les employés sont exclus : cir. 301 du 9 décembre 1880. Indicateurs : cir. 199 du 6 juin 1811. Parts d'amendes réservées : arrêté Min. du 24 juillet 1877 ; cir. 217 du 25 août 1877 et 1350-108 du 30 décembre 1880. Timbre des acquits donnés sur les états 99 , cir. 1176-103 du 24 juin 1873.

| 122 | Avis de dépôt à l'enregistrement d'un procès-verbal dressé par la gendarmerie. Ex. | Envoyé par les chefs de brigade de gendarmerie aux receveurs. | Créé : cir. 203 du 17 février 1877. |
|---|---|---|---|
| 122 A | Registre mémorial des affaires contentieuses. Tit. interc. Annuel. | Tenu à la s.-dir. ou dir. | Reprise ; doubles numéros ; let. com. du 23 décembre 1820. Procès-verbaux d'ordre : cir. 1 du 13 mai 1823. Explications : cir. 2 du 30 mai 1823 et 76 du 22 novembre 1852. Constatations : cir. 93 du 9 décembre 1834 ; voir au 122 B. Affaires à ins- |

crire : cir. 905 du 5 juin 1863. Procès-verbaux à la requête d'adm. étrangères : cir. 247 du 10 mai 1841 et let. com. 33 du 6 novembre 1876. Recel ; action double : let. com. 2 février 1874. Ne pas inscrire les procès-verbaux dressés en vertu de la cir. 315 du 11 août 1882 ; soumissions : cir. 444 du 4 février 1886. Culture autorisée : cir. 698-68 du 26 décembre 1861.

| 122 B | Etat de produit des amendes et confiscations. 8 par dir. ou s.-dir. Trimestriel. Ex. | Formé à la s.-dir. ou dir. Au dir. avant le 10 ; à la 2ᵉ div. 1ᵉʳ bur. le 20. | Création : cir. 93 du 9 décembre 1834. Apurement des constatations : cir. 86-22 du 18 décembre 1834. Constatations : cir. 247-32 du 19 décembre 1843 ; 331 du 21 mai 1856 ; 415 du 5 février 1857 et let. com. du 31 août 1874. Propositions d'admission en reprise indéfinie : cir. 422 du 22 mai 1849 ; 1350-108 du 30 décembre 1880 ; 444 du 4 février 1886 et 626 du 26 février 1891. |
|---|---|---|---|

| | | | |
|---|---|---|---|
| 122 O | Feuille d'avis sur transaction. Ex. | Formée par les s.-dir. ou dir. et envoyée pour les propositions à la 2e div. 1er bur. | Création : cir. 76 du 22 novembre 1852. Nouveau modèle : let. com. 5 mars 1873. Emploi : cir. 328 du 2 décembre 1815 ; 7 du 7 juin 1869 ; let. com. du 7 juillet 1870 et cir. 116 du 19 février 1874. Cas où on doit en référer à l'Adm. : cir. 23 du 11 octobre 1822 ; cir. 79 du 26 mars |

1834 et 444 du 4 février 1836. Recommandations : cir. 626 du 26 février 1891. Feuilles 122 C pour les affaires de la compétence du dir. : cir. 414 du 4 février 1836. Faillite : cir. 905 du 5 juin 1863. Avis de jugement au civil ; let. com. 26 janvier 1870 et cir. 626 du 26 février 1891. Circonstances atténuantes : cir. 626 du 26 février 1891. Injures, rébellion ; soumission d'après la cir. 315 du 11 août 1852 ; cir. 414 du 4 février 1836. Appel cir. 274 du 10 septembre 1879. Avis d'appel ; pourvoi : cir. 626 du 26 février 1891. Questions de répartition abandon : cir. 7 du 7 juin 1869. Proposition de contrainte par corps : cir. 1073 du 11 octobre 1867 et let. com. 19 du 12 août 1878.

| | | | |
|---|---|---|---|
| 122 D | Etat des transactions soumises à l'approbation de l'Adm. ou du Ministre. Bi-mensuel. 48 titres par s.-dir. ou dir. | Formé par les s.-dir. Au dir. les 1er et 15. A la 2e div., 1er bur. les 5 et 20. En double pour le Min. | Création : cir. 7 du 7 juin 1869. Envoi : let. com. 14 novembre 1873. Affaires à l'approbation de l'Adm. ou du Ministre : let. com. 5 mars 1873. |
| 123 | Avertissement avant assignation. Ex. | Envoyé aux contrevenants par les s.-dir. et dir. | Création : cir. 119 du 23 décembre 1833. Affranchissement : let. com. 21 du 21 novembre 1877. |
| 124 | Transaction sur contravention. Ex. | Dressée par les s.-dir. et dir. et jointe à l'état 100 A. | Droits fraudés : cir. 59 du 2 avril 1806. Paiement : cir. 199 du 6 juin 1811. Base de la compétence et compétence : cir. 2 du 30 mai 1823 et 450 du 8 juin 1850. Paiement par acomptes ; paiement chez |

les recev. particuliers : cir. 22 du 8 octobre 1831. Apurement des acquits : cir. 207 du 20 juillet 1839 et 1480 du 29 janvier 1851. Règles générales : cir. 450 du 8 juin 1850. Esprit de transactions ; cas divers : cir. 450 du 8 juin 1850 et 511 du 12 avril 1838. Transmission : cir. 7 du 7 juin 1869. Poudres à feu : cir. 41 du 29 mai 1852. Cas où la transaction et les ordonnances de juge de paix doivent être enregistrées : let. com. 24 du 21 novembre 1877. Transaction après condamnation du 23 février 1889. Circonstances atténuantes : cir. 626 du 26 février 1891. Enregistrement : cir. 65 du 10 août 1893.

| | | | |
|---|---|---|---|
| 125 | Etat de situation du contentieux. 8 par s.-dir. ou dir. Tit. int. Trim. | Formé par les s.-dir. et dir. Au dir. en simple avant le 10 ; à la 2e div. 1er bur. avant le 15. | Affaires à l'approbation de l'Adm. ou du Min. : let. com. 5 mars 1873. Nouveau modèle et instructions : cir. 414 du 4 février 1836. |
| 125 | Etat de situation du contentieux au 31 décembre. Annuel, Tit. et int. | Formé par les s.-dir. et dir. Au dir. en simple avant le 25 janvier ; à la 2e div. 1er bur. le 30. | Idem. |
| 126 | Procès-verbal. Ex. | Rempli par les employés verbalisants et envoyé au s.-dir. ou dir. | Création : cir. 481 du 13 juillet 1887. Rédaction des procès-verbaux : cir. 274 du 10 septembre 1879 et 444 du 4 février 1886. Nullités ; formes à observer : décret du 1er germinal an XIII et instruction 2 du 18 prairial an XIII. Affirmation ; ga- |

des champêtres ; qualité des saisissants : cir. 94 du 5 juillet 1873. Un seul procès-verbal en cas de saisie commune à l'octroi : cir. 18 du 16 janvier 1817. Enregistrement en cas de caution et de gardien : cir. 603 du 20 août 1859 et 65 du 10 août 1893. Enregistrement en débet : cir. 300 du 23 juin 1844 ; 63 du 23 septembre ; 70 du 18 octobre 1852 et 1023 du 13 février 1866. Agents vicinaux : let. com. 8 mai 1872. Agents forestiers : cir. 89 du 20 juillet 1811 et 16 du 5 avril 1825. Agents étrangers : cir. 43 du 3 et let. com. du 20 mars 1872 ; voir le modèle n° 122 et let. com. 40 du 4 septembre 1873. Récidive : cir. 450 du 8 juin 1850. Beurres : cir. 521 du 12 juillet 1838. Fraude aux lois sur le timbre : loi du 2 juillet 1862. Transport des journaux : let. com. 1123 du 23 avril 1849. Détournement d'objets saisis : cir. 328 du 2 décembre 1845. Injures : cir. 328 précitée ; 479 du 23 janvier 1851 et 444 du 4 février 1836. Fraude par la poste en matière de douane : cir. 301 du 4 juillet, 309 du 14 octobre 1844 et 390 du 5 mars 1884. Police de la chasse : cir. 300 du 23 juin 1844 ; de la pêche : cir. 1023 du 13 février 1866. Fraudes dans le rayon frontière : cir. 217 du 10 mai 1841. Degré des spiritueux : cir. 113 du 2 février 1874. Initiative des dir. : cir. 479 du 23 janvier 1851 ; 7 du 7 juin 1869 ; 274 du 10 septembre 1879 et 444 précitée. Administration poursuivante : cir. 247 du 10 mai 1841. Affaires suivies dans deux directions : cir. 14 du 17 septembre 1816. Prescription à éviter : let. com. 23 du 4 octobre 1877 ; let. com. 13 du 23 octobre 1883 et loi du 15 juin 1835. Prescription de trois ans : cir. 240 du 26 juin 1818. Procès-verbaux contre inconnus : cir. 7 du 7 juin 1869. Inscription de faux : cir. 7 précitée et 332 du 27 mars 1816 Action fiscale et action publique : cir. 94 du 5 juillet 1873 ; let. com. 2 février 1874 et let. com. 33 du 15 juin 1892. Frais de vente : let. com. 24 du 21 novembre 1877. Foi due aux procès-verbaux : art. 26 décret du 1er germinal an XIII ; décret du 9 janvier 1852 et loi du 21 juin 1873.

| | | | |
|---|---|---|---|
| 126 bis | Copie du procès-verbal. Ex. | Remplie par les verbalisants ; affichée ou remise au contrevenant. | Voir au modèle 126. |
| 127 | Extrait du reg. du greffe. Ex. | Rempli au greffe ; joint au dossier. Coût. 25 c. | Extraits sur papier libre : cir. 193 du 12 avril 1811 et let. com. du 26 janvier 1876. Contrainte par corps : let. com. 3 du 11 février et 10 du 14 avril 1882. Avis de jugements : cir. 441 du 4 février 1886 et 626 du 26 février 1891. |
| 128 | Etat mensuel des détenus. 24 par an par s.-dir. et dir. Mensuel. Ex. | Envoyé en double au dir. avant le 3 et en simple à la 2e div. 1er bur. le 5. | Aliments : cir. 201 du 10 août 1811. Aliments ; recommandation : cir. de douane du 6 septembre 1833. Formation : cir. 2 du 30 mai 1823. Frais de capture : décret du 18 juin 1811 : cir. 328 du 2 décembre 1845 et 336 du 25 avril 1816. La trans- |

action ne s'étend pas après jugement aux peines corporelles : cir. 293 du 6 février 1814. Signalement des prévenus ayant encouru des peines corporelles et cas où cette peine est applicable : let. com. 9 avril 1863 : cir. 1024 du 5 avril 1866 et 288 du 29 janvier 1830. Nouvelle législation : cir. 1013 du 14 octobre 1867 et loi du 19 décembre 1871. Renseignements à fournir : let. com. 19 du 12 août 1878. Assignation des prévenus détenus : let. com. 5 du 9 avril 1863 et cir. 339 du 5 juillet 1882. Une seule expédition : cir. 481 du 13 juillet 1887.

| | | |
|---|---|---|
| Relevé des droits de poste. Trim. en double. | Formé par les s.-dir. ou dir. Un exemplaire au recev. principal des postes qui l'acquitte lors du paiement ; l'autre au recev. principal de Régie qui le rend à son collègue après paiement. | Perception : cir. 349 du 13 février et 376 du 5 mai 1856. Ecritures : cir. 593-62 du 24 mai 1856. |
| Etats de frais. | Formé par les employés qui ont dépensé ; ordonnancé par le s.-dir. ou dir. et joint au dossier. | Frais de translation des prévenus : décret du 18 juin 1811 : cir. 189 du 31 août 1861 et let. com. 24 du 21 novembre 1877. Dépens : cir. 199 du 6 juin 1811 : 32 du 26 novembre 1825 et let. com. 24 du 21 novembre 1877. Avance des frais : ordonnance du 22 mai 1816. Honoraires ; frais de justice : cir. 32 du 26 novembre 1825 et 328 du 2 décembre 1845. Frais de capture : voir le 128. Gendarmerie : cir. 203 du 17 février 1877. |
| Rapports sommaires. | Dressés en double par les employés verbalisants et joints au procès-verbal. | Création : cir. 4 du 1er mars 1822. Contenu des rapports : cir. 450 du 8 juin 1850 et 7 du 7 juin 1869. |
| Registre des saisies-arrêts | Tenu par le recev. principal. | Règles générales, modèles : loi du 21 ventôse an X ; décret du 18 août 1807 : cir. 161 du 30 novembre 1837, 137-26 du 18 décembre 1837 et 444 du 4 février 1886. |
| Répertoire des poursuites. | Tenu par les receveurs. | Création et modèle : cir. 445 du 5 février 1857. |
| Etat des visites. Trimestriel. | Formé par les s.-dir. et dir. Au dir. avant le 5 ; à la 2e div. 1er bur. avant le 8. | Modification : let. com. 26 du 14 octobre 1878, et note com. du 22 avril 1890. |
| Registre des visites. | Tenu dans les s-dir. et dir. | Réquisition : cir. 77 du 28 juillet 1806. Procès-verbaux d'ordre ; vacations : cir. 4 du 15 mai 1823. Créé : let. com. 10 du 4 mai 1877. Rappel : let. com. 26 du 14 octobre 1878. |

*Circulaires d'un intérêt général applicables au présent chapitre.*

Instruction n° 27 du 18 prairial an XIII sur le décret du 1er germinal an XIII.
Cir. 79 du 26 mars 1834 : correspondance avec l'Adm. Cas où on doit la consulter.

Cir. 328 du 2 décembre 1845 : voir le *Catalogue méthodique, chap. IX.*

Cir. 450 du 8 juin 1850 : Esprit des transactions ; leur rédaction ou leur annulation ; erreurs des buralistes ; frais des procès-verbaux déclarés à tort ; différences entre les chargements de boissons et les expéditions ; perte d'expéditions ; amende pour plantation de tabac ; calcul pour la compétence ; faits multiples ; confiscation ; répartition dans certains cas.

Cir. 310 du 1er août 1855. Procès-verbaux par les employés ; pièces à joindre ; envoi d'une copie du procès-verbal au dir. ; procès-verbaux en matière étrangère ; procès-verbaux mixtes ; action du dir. Envoi des transactions dans les différents cas ; instances ; rebellion, mode de correspondance ; détenus ; appel ; répartition ; indicateurs ; apurement des affaires.

Cir. 1031 du 5 avril 1866 : mode à suivre en cas d'arrestation de fraudeurs.

Cir. 7 du 7 juin 1869. L'initiative des poursuites est donnée aux dir. comme antérieurement à 1851 ; procès verbaux ; rapports sommaires ; introduction des instances ; inscription de faux ; aviser l'Adm. ; abandon ; appels ; cassation ; exécution des jugements ; affaires civiles ; transactions ; leur envoi.

Cir. 17 du 16 mars 1870 ; compétence du dir. jusqu'à 500 fr inclus ; consulter l'Adm. pour les affaires civiles. Le s.-dir. suit les affaires, transige et soumet les transactions au dir. ; il dresse les 99 et admet ou rejette les indicateurs.

Cir. 91 du 5 juillet 1873 ; voir au chap. x du *Catalogue méthodique.*

Cir. 116 du 19 février 1874 : publication des arrêts importants : du n° 1er à 513 : voir chap. x du *Catalogue méthodique.*

Cir. 414 du 4 février 1886 : voir au chap. x du *Catalogue méthodique.*

# Chapitre X. — Distilleries.

| | | | |
|---|---|---|---|
| 1er | Reg. Déclarations générales de fabrication. 10 et 25 feuilles. Ancien 20 A à 6 T. N° 1er 4 T. | Tenu par les employés ou par les buralistes. | Modèle : cir. 7 du 13 décembre 1821. Règlement A, § 53 à 61 : cir. 273 du 22 septembre 1879. Règlement A bis, § 51 et 52 : cir. 276 du 23 septembre 1879. Règlement B, § 2, 33 à 36 et 52 : cir. 325 du 30 juillet 1881. Maïs d'admission temporaire : cir. 23 du 3 mars 1892. |
| 2 | Reg. Déclarations supplémentaires. 25 feuilles. | Tenu par les employés ou les buralistes. | Règlement A, § 8, 12, 60, 76, 79, 88, 93, 106 et 112 : cir. 273 du 22 septembre 1879 ; règlement A bis, § 51 à 61 : cir. 276 du 23 septembre 1879. Maïs : cir. 25 du 3 mars 1892. |
| 3 | Reg. Déclaration de mise en fermentation et en distillation. De 102 feuillets. | Tenu par le distillateur. Reporté sur le 5 A. | Règlement A, § 63 : cir. 275 du 22 septembre 1879. Règlement A bis. § 60 à 63 : cir. 276 du 23 septembre 1879. Maïs : cir. 25 du 3 mars 1892. |
| 3 A | Reg. Déclaration de fabrication de vins, cidres et poirés. De 40 feuillets. Souche et ampliation. | Tenu par le distillateur. | Règlement B, § 20 : cir. 325 du 30 juillet 1881. |
| 3 B | Reg. Déclaration de mise en fermentation de matières autres que les vins, cidres, marcs et fruits. De 40 feuillets. Souche et ampliation. | Tenu par le distillateur. | Règlement B, § 44 à 46 : cir. 325 du 30 juillet 1881. |
| 4 | Reg. Déclaration de mise en distillation. Brûleries. 40 feuillets. Souche et ampliation. | Tenu par le distillateur. | Règlement B, § 53 à 55 : cir. 325 du 30 juillet 1881. Marcs additionnés de sucres chez les bouilleurs de cru : let. com. 19 du 1er octobre 1885. |
| 4 A | Reg. Déclaration des résultats de la fabrication. 40 feuillets. Souche et ampliation. | Tenu par le distillateur. Sert à remplir le compte de magasin au 8 bis. | Règlement B, § 56 : cir. 325 du 30 juillet 1881. |
| 4 B | Reg. Déclaration de repassage ou de rectification. Brûleries. 40 feuillets. Souche et ampliation. | Tenu par le ditillateur. | Règlement B, § 61 : cir. 325 du 30 juillet 1881. |
| 5 | Reg. Carnet de distillation. Brûleries. 50 feuillets. | Tenu par les employés à l'aide des reg. 3 B et 4. Sert à remplir le compte de fabrication au 8 bis. | Règlement B, § 63 : cir. 325 du 30 juillet 1881. |
| 5 A | Carnet de mise en fermentation et en distillation. 50 feuillets. | Tenu par les employés. | Règlement A, § 63 à 70 : cir. 273 du 22 septembre 1879. Règlement A bis, § 55 : cir. 276 du 23 septembre 1879. Maïs : cir. 25 du 3 mars 1892. |
| 5 B | Carnet de la fabrication, 1er mode. 50 feuillets. | Tenu par les employés. | Règlement A, § 78 à 81 : cir. 273 du 22 septembre 1879. Règlement A bis, § 67 à 73 : cir. 276 du 23 septembre 1879. |

| | | | |
|---|---|---|---|
| 6 | Reg. Relevé journalier des travaux de rectification. 102 feuillets. | Tenu par les employés. Servi avec les nᵒˢ 1, 2 et 4 B. | Règlement A, § 83 à 91 : cir. 275 de 22 septembre 1879. Mais : cir. 23 du 3 mars 1892. |
| 6 E bleu | Avis d'envoi par acquit. Ex. Service général. | Formés par les employés. | Voir chap. iv. |
| 7 | Reg. Relevé journalier des introductions de produits imparfaits dans les liquides fermentés. 25 feuillets. | Tenu par les employés. Servi avec le nᵒ 2. | Règlement A, § 76 : cir. 215 de 22 septembre 1879. Mais : cir. 23 du 3 mars 1892. |
| 8 | Portatif pour les distilleries. 93 feuillets. Annuel. | Tenu par les employés. Servi partie avec le 5 A ou le 5 B. | Règlement A, § 77, 78, 90, 122, : cir. 275 du 22 septembre 1879. Mais d'admission temporaire ; cir. 25 du 3 mars 1892. Règlement A bis, § 64, 75, 88 à 93 : cir. 276 du 23 septembre 1879. Mélasses reçues en admission temporaire : cir. 107 du 30 novembre 1894. |
| 8 bis | Portatif pour les distilleries régies par le règlement B. 100 feuillets. Annuel. | Tenu par les employés. 1ᵒ compte de fabrication ; 2ᵒ compte de magasin. | Règlement B, § 63, 69 et 75 : cir. 325 du 30 juillet 1881. |
| 9 | Registre magasinier, situation des vaisseaux. 102 feuillets. | Tenu par les employés. | Règlement A, § 91, 105 à 107 : cir. 275 de 30 juillet 1879. Règlement A bis, § 77 : cir. 276 du 23 septembre 1879. Mais : cir. 23 du 3 mars 1892. |
| 10 | Reg. Permis de circulation d'alambics valables pour un mois. 4 T. 10 feuilles. | Tenu par les buralistes. | Règlement B, § 89 à 97 : cir. 325 du 30 juillet 1881. |
| 11 | Carnet servant au scellé des cadenas. 50 feuillets. | Sert aux employés lorsqu'ils ferment les cadenas. | Règlement A, § 47 à 51 : cir. 275 du 22 septembre 1879. Règlement A bis, § 35 à 39 ; cir. 276 du 23 septembre 1879. |
| 12 | Étiquettes pour les fûts. 56 à la feuille. | Apposées par les employés. | Règlement A, § 29 et 81 : cir. 275 du 22 septembre 1879. Règlement A bis, § 40 et 41 : cir. 276 du 23 septembre 1879. Table de la richesse alcoolique d'après les poids : cir. 295 du 11 août 1880. |
| 13 | État de proposition de décharge pour déchets ou déficits de rendement. Ex. Annuel. | Envoyé par les chefs de poste à l'insp. spécial ou au s.-dir. Le 5 novembre au dir.; avant le 15 à la 2ᵉ div. 2ᵉ bur. | Règlement A, § 129 et 130 : cir. 275 du 22 septembre 1879. Règlement A bis, § 91 et 95 : cir. 276 du 23 septembre 1879. Règlement B, § 81 à 84 : cir. 325 du 30 juillet 1881. Création et modèle : let. com. nᵒ 22 du 11 octobre 1890. |
| 14 | Fabrication et renseignements généraux. Annuel. Ex. | Envoyé par les chefs de poste à l'insp. ou s.-dir. Avant le 1ᵉʳ décembre à la 2ᵉ div. 2ᵉ bur. | Créé : let. com. 10 de 2 juillet 1891. |
| 18 serv. gén. | Déclaration des vaisseaux. Tit. et int. 4 T. | Tenu par les buralistes. | Règlement A, § 6 et 7 : cir. 275 du 22 septembre 1879. Règlement A bis, § 7 : cir. 276 du 23 septembre 1879. Règlement B, § 3 : cir. 325 du 30 juillet 1881. Foudres de plus de 10 hect. : cir. 304 du 9 décembre 1880 et let. com. 29 du 15 novembre 1882. |
| 20 B serv. gén. | Situation de la fabrication des alcools. Mensuel. Ex. 24 par s.-dir. ou dir. | Formé par les chefs locaux et récapitulé par les s.-dir. ou dir. Le 5 au dir.; avant le 10 à la 2ᵉ div. 2ᵉ bur. | Créé : let. com. 13 du 26 juin 1863; modifié : let. com. 8 du 25 janvier 1876. |

| | | | |
|---|---|---|---|
| 27 sucres | Registre de travail des employés. 25 feuilles. | Rempli par les chefs de poste et émargé par les employés. | 116 de l'instruction du 15 décembre 1853. Voir chap. xix. |
| 34 sucres | Bulletin d'entrée ou de transfert. 50 feuilles. 6 T. | Tenu par les chefs de poste. | Warrants : cir. 333 du 27 mars 1882. Voir chap. xix. |
| 35 sucres | Bulletin de sortie-entrepôt. 50 feuilles. | Tenu par les chefs de poste. | Warrants : cir. 333 du 27 mars 1882. Voir chap. xix. |
| 45 sucres | Journal de travail des contrôleurs spéciaux. Mensuel. Cahier. 24 par contrôleur. | Formé en simple expédition. Au dir. le 10. Renvoyé par le dir. au contrôleur après annotation. | Nouveau modèle : cir. 219 du 28 octobre 1878. Suite donnée : let. com. 1 du 5 janvier 1889. Annulation d'une case aux reg. 3 ou 4 A : let. com. n° 70 du 25 juillet 1893. Voir chap. xix. |
| 45 A sucres | Journal de travail des inspecteurs spéciaux. Mensuel. Cahier. 24 par inspecteur. | Envoyé le 10 au dir. ; avant le 20 à la 2e div. 2e bur. ; le 25 en avril et octobre. | Créé : cir. 219 du 28 octobre 1878. Annulation d'une case aux reg. 3 ou 4 A : let. com. 70 du 25 juillet 1893. |
| 46 sucres | Travail dans les fabriques par les agents du service général. Mensuel. 24 par contrôleur ou inspecteur. Ex. | Envoyé en double au dir. le 10. Le dir. renvoie aux receveurs et contrôleurs une expédition annotée par lui. Celles des inspecteurs avant le 20 à la 2e div. 2e bur. | Règles : cir. 219 du 28 octobre 1878. Suite donnée : let. com. 1 du 5 janvier 1889. |
| 50 A serv. gén. | Portatif de gros. 12, 25, 50, 100, 150 et 200 feuillets. | Tenu par les employés. | Règlement A, § 53 à 57, 75, 89, 94, 116 à 120 : cir. 275 du 22 septembre 1879. Règlement A bis, § 45 à 47 : cir. 276 du 23 septembre 1879. Règlement B, § 21 à 31 et 77 : cir. 325 du 30 juillet 1881. Sommier des acquits de maïs : cir. 25 du 3 mars 1892. Bouilleurs de cru : cir. 506 du 30 octobre 1887. Voir chap. iv. |
| 50 D serv. gén. | Règlement annuel des comptes. Tit. int. | Tenu par les employés. | Règlement A, § 116 à 120 : cir. 275 du 22 septembre 1879. Règlement A bis, § 91 : cir. 276 du 23 septembre 1879. Règlement B, § 77 : cir. 325 du 30 juillet 1881. Voir chap. iv. |
| 52 C serv. gén. | Déclaration d'entrepôt et de cautionnement. Tit. int. 8 T. | Tenu par les receveurs. | Règle : cir. 67 du 19 septembre 1872. Engagement par campagne : cir. 99 du 30 août 1894. |
| 52 D serv. gén. | Déclaration de cautionnement pour les acquits. Tit. int. 8 T. | Tenu par les receveurs. | Créé : cir. 352 du 20 octobre 1882. Voir chap. iv. |
| 57 serv. gén. | Procès-verbaux d'épalement. Tit. int. 2 T. | Tenu dans les postes. Timbre versé au receveur. | Règlement A, § 6 et 7 : cir. 275 du 22 septembre 1879. Règlement A bis, § 7 et 32 : cir. 276 du 23 septembre 1879. Règlement B, § 3 : cir. 325 du 30 juillet 1881. Épalements. Voir chap. iii. |
| 219 série P | Proposition d'organisation du service de surveillance près des distilleries et brûleries. Annuel. Ex. | Envoyé par les contrôleurs à l'inspecteur spécial ou au s.-dir. Au dir. avant le 20 mai ; à la 2e div. 2e bur. avant le 1er juin. | Formation : let. com. 32 du 24 juillet 1875. Recommandations : let. com. 7 du 17 avril 1886 et 12 du 19 août 1887. |
| | Rapports généraux des contrôleurs. Semestriel. | Envoyé à l'inspecteur spécial ou au s.-dir. et dir. A la 2e div. 2e bur. les 20 mars et 20 septembre. | Création : let. com. 1 du 5 janvier 1889. Voir chap. xix. |

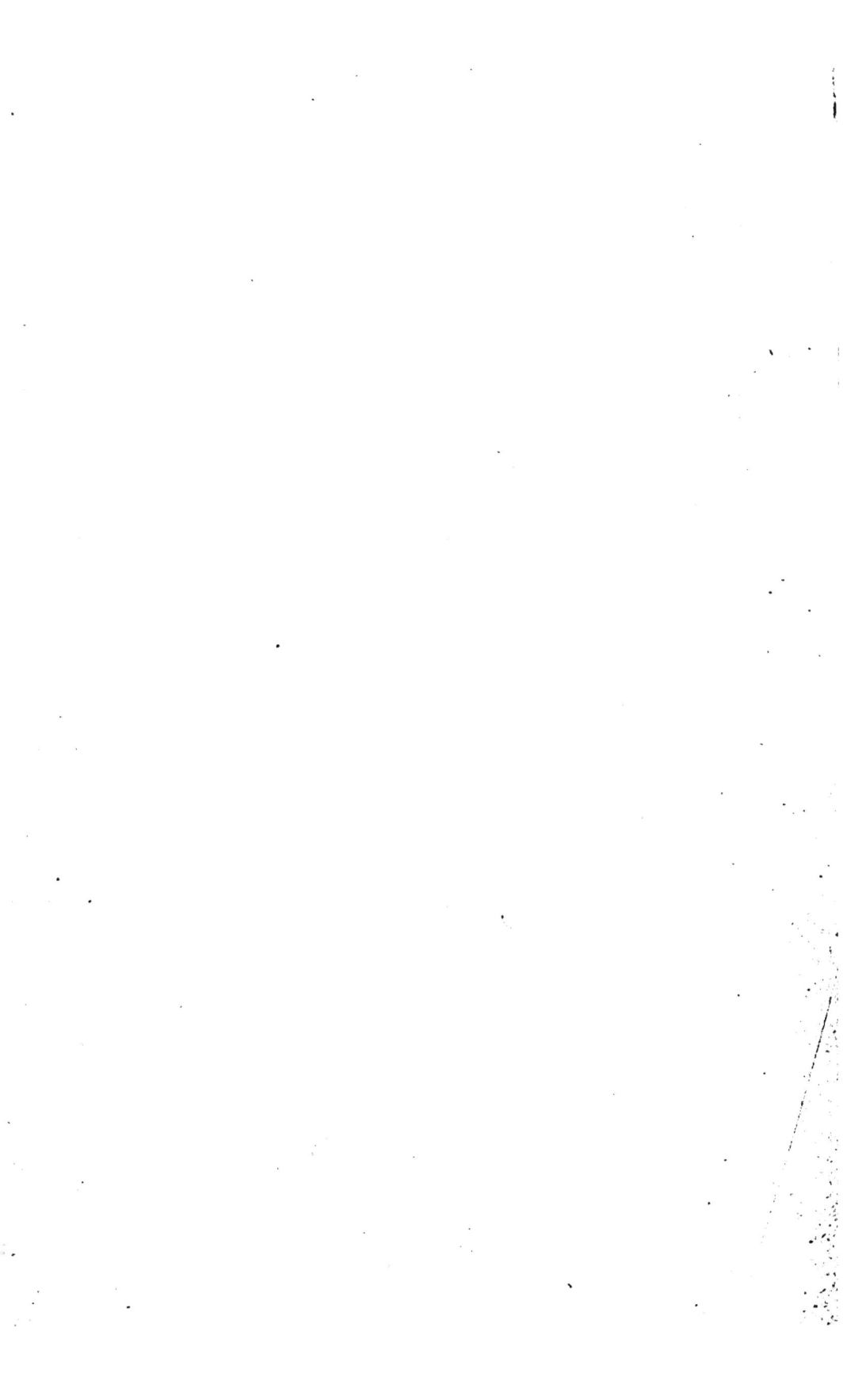

# Chapitre XI. — Droit d'entrée.

| | | | |
|---|---|---|---|
| 7 A | Relevé mensuel des déclarations au reg. n° 14. Tit. int. | Formé par le buraliste et envoyé par le chef local au s.-dir. ou dir. | Débitants entrepositaires : cir. 22 du 10 mai 1817. Voir chap. iv. |
| 10 | Perception des droits d'entrée et d'octroi. 5, 10, 25, 50 feuilles. Vins, cidres, alcools et doubles droits de consommation, d'entrée et d'octroi (débitants hors de l'agglomération). Droit sur les huiles végétales. 10 T. | Tenu dans les bureaux d'entrée. | Création : cir. 21 du 26 décembre 1818. Revision du reg. : cir. 659 du 3 avril 1857. Perception des droits d'entrée et d'octroi : cir. 83 du 4 juillet 1812 et instruction n° 36 du 16 janvier 1809. Revision des modèles 1-10 A, 1-10 B et 4 B-10 : cir. 173 du 3 septembre 1873 et 462 du 15 décembre 1884. Régime de Paris : cir. 304 du 9 décembre 1880. Régime de Lyon : décret du 30 janvier 1871. Tarif des vins et cidres : cir. 304 du 9 décembre 1880. Fruits secs pour les vins, cidres, etc. : cir. 3 du 3 mai 1816, 560 du 19 juillet 1889 et 597 du 31 |

juillet 1890. Tarif des alcools : cir. 47 du 8 avril 1872. Eaux-de-vie altérées : cir. 3 du 3 mai 1816, 49 du 12 décembre 1826, 101 du 15 juillet 1835 et let. com. 1 du 12 janvier 1831. Vins alcoolisés : cir. 23 du 3 avril 1832 Récoltants : cir. 506 du 30 octobre 1857. Vins de sucre 2ᵉ cuvée : cir. 492 du 16 octobre 1837. Armée : let. Min. du 1ᵉʳ septembre 1863. Bâtiments de l'Etat : let. com. 54 du 16 janvier 1867.
*Huiles.* Etablissement du droit : cir. 107 du 31 décembre 1873 et 108 du 2 janvier 1874. Assiette de l'impôt : cir. 253 du 27 décembre 1873. Armée ou établissements de l'Etat : cir. 37 du 26 août 1873 et 42 du 30 décembre 1876. Conserves ; perceptions au 5ᵉ : let. com. 31 juillet 1874. Huiles de palme et de coco : cir. 209 du 4 avril 1877.

| | | | |
|---|---|---|---|
| 11 | Passe-debout boissons et huiles. 5, 10, 25, 50 feuilles. 8 T. | Tenu dans les bureaux d'entrée. | Délivrance, séjour, transit, consignation : cir. 36 du 16 janvier 1809 ; instruction du 25 septembre 1809 ; cir. 83 du 4 juillet 1812 et cir. 285 du 30 avril 1835. Apurement : cir. 504 du 29 décembre 1851. Escorte : cir. 289 du 8 mai 1835. Bulletins 5 ter : cir. 263 du 24 février 1879. Compétence pour l'apurement, boissons et huiles : cir. 490 du 17 juin 1857. Huiles : cir. 107 du 31 décembre 1873 et 108 du 2 janvier 1874. |
| 13 | Bulletins d'entrepôt boissons et huiles. 5, 10, 25, 50 feuilles. 8 T. | Tenu par les buralistes. | Délivrance : instruction 36 du 16 janvier et celle du 25 janvier 1809. Nouveau modèle : cir. 7 du 15 décembre 1824. Débitants entrepositaires : cir. 8 du 14 décembre 1824 et 170 du 5 avril 1835. Récoltants : cir. 44 du 22 mai 1832 et 306 du 30 octobre 1857. Entrepôts réels et fictifs des Douanes : cir. 401 du 23 avril 1848. Bulletins 5 ter : cir. 263 du 24 février 1879. Huiles : cir. 107 du 31 décembre 1873 et 108 du 2 janvier 1874. |
| 14 | Déclaration de fabrication de vins de raisins frais ou secs, cidres ou similaires et huiles. 5, 10, 25 feuilles. 6 T. | Tenu par les buralistes. | Création et objet : cir. 259 du 5 novembre 1841. Régime des récoltants : cir. 506 du 30 octobre 1857 et 173 du 3 septembre 1873. Huiles : cir. 107 du 31 décembre 1873. Vinaigres : cir. 403 du 16 août 1834. Vins d'imitation : cir. 520 du 20 juin 1883. Vins de raisins secs : cir. 606 du 13 octobre 1890. |
| 15 | Reg. de sorties boissons et huiles. 5, 10, 25, 50 feuilles. 12 T. | Tenu dans les bureaux d'entrée. | Nouveau modèle : cir. 7 du 15 décembre 1824. Sorties ou transit des passe-debout, recherches à faire : cir. 504 du 29 décembre 1851 et 289 du 8 mai 1835. Huiles : cir. 107 du 31 décembre 1873. Bulletins 5 ter : cir. 263 du 24 février 1879. |
| 20 A | Comptes d'entrepôt boissons et huiles. 12, 25, 50, 100, 150 et 200 feuillets. | Tenu par les employés. | Règles générales : instruction n° 36 du 16 janvier et celle du 25 septembre 1809. Fabrication : cir. 259 du 5 novembre 1841. Raisins secs : cir. 560 du 19 juillet 1889 ; 597 du 31 juillet 1890 ; let. autog. n° 725 du 28 janvier et 1661 du 7 mars |

1891. Reg. 5 D : lettre autog. n° 1661 du 7 mars 1891. Droit de 1 fr. par hect. de vins de raisins secs ; tenu$^c$ des comptes : cir. 19 du 28 janvier 1892. Huiles : cir. 101 du 31 décembre 1873 et 253 du 27 décembre 1878. Conserves : let. com. 31 juillet 1874. Huiles pour l'armée : let. com. 42 du 30 décembre 1876. Voir chap. IV. Pour le DD huiles, voir chap. XV.

| | | | |
|---|---|---|---|
| 50 B | Inventaires chez les propriétaires récoltants dans les villes ouvertes soumises au droit d'entrée et pour les comptes d'entrepôt. 80, 120, 200 feuillets. | Tenu par les employés. | Modèle : cir. 50 du 28 septembre 1821 et 7 du 15 décembre 1824. Abonnements : cir. 44 du 22 mai 1832. Déclarations : cir. 259 du 5 novembre 1851. Déductions 10 p. 0/0 : cir. 25 du 3 avril 1852. Instruction : cir. 506 du 30 octobre 1857. |
| 50 C | Ampliations des déclarations d'inventaire. 10 et 25 feuilles. | Remis par les employés aux propriétaires récoltants. | Voir le 50 B. |
| 51 J | État de produit des huiles autres que celles minérales. Trim. Ex. | Formé dans les postes. | Créé : cir. 24 du 31 décembre 1818. Rétablissement du droit et tarif de 7 fr. 50 à 15 fr. : cir. 101 du 31 décembre 1873 et 108 du 2 janvier 1874. Assiette de l'impôt : cir. 253 du 27 décembre 1878. Redevance de l'octroi : let. com. 7 du 27 mars 1879. |
| 52 A | État de produit du droit d'entrée sur les boissons. Tit. int. Trim. | Formé dans les postes. | Créé : cir. 24 du 31 décembre 1818. Droit d'entrée constaté recouvré par les buralistes : cir. 54 du 28 janvier 1822. Constatations : cir. 44 du 22 mai 1832 et 506 du 30 octobre 1857. Guerre et marine : cir. 60 du 28 mars 1833. Récoltants entrepositaires : cir. 25 du 3 avril 1852. Trois états : cir. 12 du 18 juillet 1891. Tarif : voir au n° 10. |
| 53 A | Portatif des débitants. 34, 70, 400 et 140 feuillets. | Tenu dans les postes. | Débitants entrepositaires : cir. 22 du 10 mai 1817. Voir chap. IV. |
| 74 A | Reg. à souche de perception pour les droits constatés. 10 et 25 feuilles. 16 T. | Tenu par les buralistes. Timbres du receveur particulier. | Droit d'entrée chez les récoltants non entrepositaires : cir. 31 du 21 novembre 1825 et 506 du 30 octobre 1857. Voir chap. VIII. |
| 75 B C | Compte ouvert. | Remis rempli au buraliste par le receveur. | Idem. |
| 161 | Reg. des bons de vendange. Tit. int. | Tenu par le receveur particulier. | Modèle et création : cir. 96 du 16 août 1813. Règles : cir. 506 du 30 octobre 1857. |
| 162 | Bons de vendange. Feuilles. | Libellé par le récoltant et déposé à la recette buraliste. | Idem. |
| | Quantités d'huiles à destination des établissements de l'État. Trim. | État formé par les chefs locaux et envoyé au s.-dir. ou dir. | Cir. 37 du 26 août 1875 et 42 du 30 décembre 1876. |
| | Indemnité d'exercice due par les industriels pour les huiles. Annuel. | État formé par les chefs locaux, récapitulé par les s.-dir. et dir. A la 3e div. 2e bur. le 15 février. | Cir. 147 du 9 avril 1875. |
| | État des passe-debout boissons et huiles apurés par le directeur. En simple. Trim. | A la 1re div. le 15 pour les boissons. A la 3 div. 2e bur. pour les huiles. Formé par le dir. | Modèle : cir. 504 du 29 décembre 1851. Compétence : cir. 430 du 17 juin 1887. Raisins secs : let. autog. n° 725 du 28 janvier 1891. |
| | État des sorties non justifiées boissons et huiles apurées par le dir. Trim. En simple. | Mêmes indications. | Idem. |

| Proposition d'apurement de passe-debout. | Formé par les s.-dir. et dir. quand l'Adm. est compétente. A envoyer à la 1re div. pour les boissons et à la 3e div. 2e bur. pour les huiles. | Modèle : cir. 504 du 29 décembre 1851. Compétence : cir. 480 du 17 juin 1887. Raisins secs : let. autog. n° 725 du 28 janvier 1891. |
| Proposition d'apurement de sorties. | Idem. | Idem. |
| Reg. de demandes d'apurement de sorties et passe-debout. | Tenu dans les s.-dir. et dir. | Prescrit : cir. 480 du 17 juin 1887. |
| Renseignements relatifs à l'introduction et à l'imposition des vendanges, raisins secs et fruits à cidre dans les villes à droit d'entrée ou à taxe unique. Annuel. | Formé par les chefs locaux. Envoyé par le s.-dir. au dir. Avant le 1er février à la 3e div. 1er bur. | Modèle n° 2 : cir. 92 du 30 octobre 1893. Voir le modèle n° 1er au chap. IV. |

# Chapitre XII. — Garantie.

| 28 | Bordereau de vente des ouvrages d'or et d'argent. Ex. | Délivrés aux acheteurs par les assujétis. | Prescription de l'art. 79 loi du 19 brumaire an VI. |
|---|---|---|---|
| 29 | Reg. d'enregistrement pour les essais. 25, 50, 100 feuilles. | Tenu par l'essayeur. | Prescription de l'art. 53 loi du 19 brumaire an VI. Tenue : cir. 19 du 1ᵉʳ août 1811. Ratures et surcharges : cir. 53 du 8 octobre 1822. Unification du mode d'essai : cir. 95 du 16 juin 1894. |
| 30 A | Reg. de recette et quittance. 10 et 50 feuilles. 20 T. | Tenu par le receveur. | Dispenses : arrêté du 1ᵉʳ messidor an VI. Marchands ambulants : cir. Min. du 13 germinal an X et cir. 53 du 8 octobre 1822. Ventes après décès : cir. Min. nº 18 du 30 mars 1811. Indications : cir. 53 du |

8 octobre 1822. Ventes publiques : cir. 7 du 28 juin 1823. Droit d'argue : cir. 306 du 13 août 1844. Contrôle des perceptions : cir. 483 du 19 juillet 1851. Tarif : or, 30 fr. l'hect. en principal ; argent, 1 fr. 60 (37 fr. 50 et 2 fr. avec les décimes) : cir. 46 du 5 avril 1872. Pays contractants : cir. 64 du 12 juillet et 74 du 4 novembre 1893. Echanges avec les colonies françaises : cir. 556 du 15 avril 1839, 589 du 9 juin 1890 et 71 du 5 octobre 1893.

| 30 C | Reg. des déclarations pour la garantie des marques de fabrique et de commerce. 25 feuilles. 4 T. | Tenu par le receveur. | Création : circ. 124 du 6 juillet 1874. |
|---|---|---|---|
| 30 D | Reg. de recette pour le poinçonnement des marques de fabrique. 10 feuilles. 16 T. | Tenu par le receveur. | Création et tarif : cir. 124 du 6 juillet 1874. |
| 30 E | Réquisition pour poinçonner les marques de fabrique. Ex. | Remplie par le déclarant ; annotée par le contrôleur. | Création : cir. 124 du 6 juillet 1874. |
| 31 | Reg. de contrôle. 25, 50, 100 feuilles. | Tenu par le contrôleur. | Emploi : art. 55 loi du 19 brumaire an VI et cir. des monnaies nº 24 du 15 septembre 1813. |
| 32 | Extrait du reg. des essais. Feuilles. 8 extraits à la feuille. | Rempli par l'essayeur; annoté par le receveur et visé par le contrôleur. | Emploi : art. 53 et 54 de la loi du 19 brumaire an VI et cir. des monnaies nº 24 du 15 septembre 1813. Prescription : cir. 19 du 1ᵉʳ août 1811. |
| 72 B | Journal des contrôleurs de garantie. Tr. 8 par an. Cahier. | En double au dir. le 10 ; à la 3ᵉ div. 1ᵉʳ bur. le 20. | Formation : cir. 53 du 8 octobre 1822. Le 72 B devient trimestriel : cir. 2 du 16 avril 1823. Explications : cir. 11 du 27 février 1824 et 5 du 28 février 1827. |
| 136 B | Bulletin d'envoi des objets d'or et d'argent à soumettre à la marque. Reg. de 52 feuillets. | Rempli par le fabricant ou l'importateur et remis à l'essayeur. | Annoté par le service de la marque. Spécial à Paris. |
| 457 | Etat des visites. Trim. Ex. | Formé par le contrôleur; annexé au 458 et envoyé au s.-dir. Au dir. avant le 10 ; à la 3ᵉ division 1ᵉʳ bur. avant le 15. | Visites : loi du 5 ventose an XII. Vacations : cir. 2 du 16 avril et 1 du 13 mai 1823. Frais de garantie : cir. 8 du 21 juillet 1823. Création : cir. 12 du 23 mars 1824. |

| N° | Désignation | Tenue | Observations |
|---|---|---|---|
| 158 | Etat récapitulatif des visites. Ex. Trim. | Formé à la s.-dir. ou dir. Envoyé en double avec l'état à la main et les 157 au dir. le 10 ; à la 3e div. 1er bur. avant le 15. | Voir le 157. |
| | Etat des frais de vacation. Trim. | Formé à la s.-dir. ou dir. Envoyé en double avec les 157 et 158 au dir. le 10 ; à la 3e div. 1er bur. avant le 15. | Récapitule les 157 de la division : cir. 1 du 15 mai 1823. Rappel : cir. 8 du 21 juillet 1823. |
| 189 | Renseignements statistiques, importation. Reg. de 100 feuillets. | Tenu par le contrôleur. | Détail des objets présentés par les importateurs, refusés ou imposés ; statistique. |
| 190 | Renseignements statistiques, réimportation. Reg. de 100 feuillets. | Tenu par le contrôleur. | Détail des objets présentés à l'exportation sous réserve de retour, etc. |
| 191 | Relevé des objets présentés pour l'exportation. Mensuel. Ex. | Formé par les contrôleurs. Au dir. avant le 5 ; à la 3e div. 1er bur. le 8. | Création : let. com. 12 du 12 juin 1884. |
| 192 | Reg de fabrication de bijouterie d'or et d'argent. 100 feuilles. | Tenu par les fabricants. | Création : cir. 393 du 7 juin 1884. |
| 193 | Déclaration d'exportation. Reg. de 50 feuilles. 4 T. | Tenu par le receveur. Signé par l'exportateur. | Déclaration descriptive : cir. 27 du 13 septembre 1823. Déclaration d'exportation et création des reg. 193, 194 et 195 : cir. 236 du 11 juillet 1810. Soumission avec réserve de retour : cir. 148 du 28 septembre 1853. Prime d'exportation : cir. 6 du 24 mai 1869 et 16 du 5 avril 1872. Poinçon spécial ; réimportation : cir. 266 du 18 mars 1879. Quatrième titre pour les boîtes de montre et fabrication à tous titres pour le reste ; le tout pour l'exportation : cir. 386 du 26 janvier et 393 du 7 juin 1884. Exportation sans marque : cir. 468 du 19 février 1887. Poids brut et marque des colis : cir. 505 du 25 février 1888. Bureau de douane ouverts à l'exportation : cir. 513 du 18 avril 1888. |
| 194 | Soumission d'exportation. Reg. de 50 feuilles. 4 T. | Rempli par le receveur ; souche signée par l'exportateur. Ampliation rattachée à la souche après décharge ou jointe au mandat en cas de remboursement. | Créé : cir. 236 du 11 juillet 1810. Décharge de la douane : cir. 314 du 5 novembre 1845. Voir le 193. |
| 195 | Compte ouvert des fabricants. Reg. de 200 feuillets. | Tenu par les contrôleurs de garantie. | Créé : cir. 236 du 11 juillet 1810. Tenue : cir. des monnaies 15 du 1er octobre 1810 et 386 du 26 janvier 1884. |
| 233 | Tableau pour le titre et la vente. Ex. 1 T. | Fourni par les receveurs pour afficher chez les assujétis. | Art. 78 loi du 19 brumaire an VI. Création : cir. 11 du 17 décembre 1827. |
| | Carnet de garantie. Cahier annuel. | Tenu dans les postes où il n'y a pas de contrôleur de garantie. | Tenue : cir. 58 du 8 octobre 1822, 2 du 16 avril 1823, et 14 du 6 décembre 1824. Modèle : cir. 13 du 2 juin 1824. |
| | Etat de la manutention des poinçons. Annuel. | Formé par le contrôleur. Avant le 10 janvier au dir. ; le 15 à la 3e div. 3e bur. | Mouvements : cir. 24 du 15 septembre 1813. Conservation des poinçons : cir. 38 du 27 avril 1826. Bigornes : cir. 188 du 31 août 1839. Modèle : cir. 39 du 10 mars 1832. Nouveaux poinçons : cir. 171 du 10. |

14 (monnaie) du 23 avril 1833 ; 266 du 13 mars 1879 ; 336 du 26 janvier 1884 ; 501 du 9 janvier 1888 et 64 du 12 juillet 1893. Entretien et application des poinçons : cir. 798 du 4 juin 1867. Usage exagéré des poinçons : lett. com. 12 du 23 mars 1876. Renvoi des poinçons : lett. com. 16 du 29 juillet 1856 et 55 du 30 décembre 1892.

| | | |
|---|---|---|
| Inventaire descriptif des plaques, papiers, ustensiles, meubles, etc., des bureaux de garantie. Annuel. | Formé par le contrôleur. Avant le 10 janvier au dir. ; le 15 à la 3e div. 3e bur. | Comptabilité des instruments et prix ; cir 58 du 8 octobre 1822 et lett. com. 5 du 26 avril 1824. Modèle : cir. 38 du 10 mars 1832. Plaques : cir. 172 du 2 mai 1838. |
| Inventaire et distribution des plaques, portefeuilles, etc., dans le département. Annuel. | Formé par les dir. Le 15 janvier à la 3e div. 3e bur. | Modèle : cir. 38 du 10 mars 1832. |
| Etat des produits constatés. Trim. | Formé par le contrôleur. Joint au 81. | Modèle : cir. 236 du 11 juillet 1840. Tarif : voir au 30 A. |
| Etat de consistance et visites. Extrait du carnet. Trim. | Remis par les chefs locaux à la s.-dir. ou dir. | Voir ci-dessus au carnet de garantie. |
| Etat des montres importées. Annuel. | Formé par les contrôleurs. Au dir. avant le 10 janvier ; à la 3e div. 1er bur. le 15. | Liste des bureaux ouverts à l'importation : cir. 60 du 20 août 1872. |
| Etat des frais de tournées des contrôleurs et propositions. Trim. | Formé par les contrôleurs. Au dir. avant le 10 ; à la 3e div. 1er bur. le 15. | Règles : cir. 2 du 16 avril et 8 du 21 juillet 1823. Modèle : cir. 368 du 15 septembre 1847. |
| Etat des droits sur mouvements des montres. Annuel. | Formé par le contrôleur. Envoyé en janvier par le dir. à la 3e div. 1er bur. | Modèle : cir. 42 du 6 octobre 1892. |
| Etat des droits de garantie et d'essai. Annuel. | Formé par le contrôleur. Le 20 février à la 2e div. 2e bur. | Création : cir. 193 du 17 octobre 1837. Prix des essais et règles : cir. 69 du 26 décembre 1822 ; cir. 3, monnaies, du 15 février 1827 ; ord. du 6 juin 1830 et cir. 54 du 31 décembre 1832. Contre-essai cir. 74, monnaies, du 28 février 1824. |

# Chapitre XIII. — Matériel.

| | | | |
|---|---|---|---|
| 33 C | Situation des timbres et vignettes pour allumettes et bougies. Tit. int. Un titre par an par fabrique ou entrepôt. | Est tenu par les employés. | Création : nota com. du 15 février 1873. Comptes : cir. 29 du 3 décembre 1871 et 1103-98 du 16 août 1873. Mention d'inventaire : cir. 261 du 31 janvier 1879. Bougies : cir. 109 du 11 janvier 1874. |
| 33 D | Situation des timbres chez les buralistes. Un par recensement. Ex. | Formé par les contrôleurs et inspecteurs. | Création : cir. 261 du 31 janvier 1879. Recommandations : cir. 171 du 2 septembre 1875 et let. com. 4 février 1873. |
| 83 | Reg. de recette et dépense des timbres. Un par recette. Cahier. | Tenu dans les recettes particulières. | Création : cir. 24 du 8 février 1819. Recommandations : cir. 3 du 24 mars 1823 ; 19 du 25 décembre 1828 et 171 du 2 septembre 1875. Suppression de recettes : cir. 15 du 13 juin 1831. Paraphe et cote des registres par le receveur particulier : |

let. com. 4 février 1873. Mention d'inventaire : cir. 261 du 31 janvier 1879. Registres et vignettes remis à la douane : let. com. 11 du 17 mai 1886 et let. com. 30 du 6 novembre 1888. Comptabilité des timbres, vignettes et laissez-passer créés par la cir. 525 du 11 août 1888 : note com. 29 du 26 octobre 1888. Détournements : let. com. 20 du 9 octobre 1890. Compte d'ordre pour les instruments : let. com. 16 du 29 septembre 1891. Comptabilité des bons de tabac : cir. 51 du 16 mars 1893. Voir le 106 A.

| | | | |
|---|---|---|---|
| 83 A | Reg. de recette et dépense des vignettes. Un par recette. Annuel. Tit. int. | Tenu dans les recettes particulières. | Création : note com. du 15 février 1873. Comptes : cir. 29 du 3 décembre 1871 et 1103-98 du 16 août 1873. Bougies : cir. 109 du 11 janvier 1874. Recommandations : cir. 171 du 2 septembre 1875. Mention d'inventaire : cir. 261 du 31 janvier 1879. |
| 83 B | Situation des timbres et estampilles chez les receveurs particuliers. Un par recensement. Ex. | Formé par les contrôleurs et inspecteurs. | Création : cir. 261 du 31 janvier 1879. Recommandations : cir. 171 du 2 septembre 1875. Détournements : let. com. 20 du 9 octobre 1890. Bons n° 83 : cir. 51 du 16 mars 1893. |
| 84 Tabacs | Acquits pour transport d'impressions et de matériel. Tit. int. | Sert aux receveurs principaux. | Envois à d'autres recettes principales ou au matériel. Prescriptions : cir. 3 du 24 mars 1823. Voir au chap. xx. |
| 106 A | Reg. de recette et de dépense des timbres et du matériel. De 25 feuilles. Annuel. | Tenu à la recette principale. | Tenue : cir. 207 du 30 novembre 1812 ; 3 du 24 mars, 93 du 30 octobre 1823 ; 11 du 17 décembre 1827 ; 54 du 31 décembre 1832 et 261 du 31 janvier 1879. Comptabilité : cir. 1103-98 du 16 août 1873 et 1603-120 du 4 décembre 1890. Consi- |

gnations remboursées : cir. 12 du 7 mai 1815. Livraisons de matériel : let. com. 16 du 29 septembre 1891. Echanges et pertes : cir. 140 du 22 octobre 1807 et 14 du 25 mars 1825. Manquants : cir. 14 du 25 mars 1825 et 1453-112 du 26 décembre 1883. Vérifications : let. com. du 4 février 1873 et 171 du 2 septembre 1875. Impressions timbrées hors d'usage : let. com 25 du 11 septembre 1819. Renvois : cir. lithog. du 8 juin 1832 ; lettre du secrétariat général n° 111 du 7 mars 1856 et let. com. du 13 septembre 1871. Mention d'inventaire : cir. 261 du 31 janvier 1879. Mobilier des bureaux d'ordre ; extrait du 83 : let. com. 32 du 6 décembre 1879 et let. com. 26 du 21 août 1882. Comptabilité des bons de tabac : cir. 51 du 16 mars 1893. Supplément de 0.50 c. pour les thermomètres : let. com. 24 mars 1859. Cachets : cir. 46 du 18 septembre 1830. Tube gradué : cir. 208 du 19 juin 1841. Alambic portatif : cir. 139 du 29 août 1833 et 47 du 8 avril 1872. Liqueur acétimétrique Dujardin : let. com. 71 du 1er août 1893. Nécessaires d'emballage : let. com. 50 du 31 octobre 1892. Echantillons de benzine et alcoomètres spéciaux : let. com. 86 du 2 juillet 1894. Timbre long et timbre rond : cir. 590 du 21 juin 1890. Liquomètres : cir. 9 du 11 juin 1869. Instruments poinçonnés : cir. 416 du 26 janvier, 438 du 8 octobre 1885 et 566 du 14 août 1889.

| | | | |
|---|---|---|---|
| 106 B | Reg. de recette et de dépense pour toutes les impressions. Annuel. De 13 feuilles. | Tenu à la recette principale. | Tenue : cir. 14 du 25 mars 1825 et 54 du 31 décembre 1832. Abus dans l'emploi des impressions non timbrées : let. com. 3 du 22 février 1890. |

| | | | |
|---|---|---|---|
| 106 C | Reg. de recette et de dépense des vignettes. Annuel. Tit. et int. | Tenu à la recette principale. | Comptes à ouvrir : cir. 29 du 3 décembre 1891. Création : note com. du 13 février 1873. Comptabilité : cir. 1103-98 du 16 août 1873 et cir. min. 13 du 26 février 1875. Bougies : cir. 109 du 11 janvier 1874. Mention d'inventaire : cir. 261 du 31 janvier 1879. |
| 106 D | Situation des timbres et estampilles chez les receveurs principaux. Un par recensement. Ex. | Formé par l'agent qui a fait l'inventaire et épinglé au 106 A. | Recommandations : cir. 171 du 2 septembre 1875. Création : cir. 261 du 31 janvier 1879. Bons n° 83 : cir. 51 du 16 mars 1893. |
| 106 E | Situation des vignettes chez les receveurs principaux, particuliers et chefs de poste. Un par recensement. Ex. | Formé par l'agent qui a fait l'inventaire et épinglé au 83 A ou 106 C. | Recommandations : cir. 171 du 2 septembre 1875. Création : cir. 261 du 31 janvier 1879. |
| 150 Rouge | Demandes accidentelles d'impressions et vignettes. Ex. | Formé par les receveurs principaux et envoyé au dir. qui transmet au Ministère. | Création : cir. 39 du 30 avril 1826. Recommandations : cir. 3 du 24 mars 1823, cir. Min. 56 du 31 janvier 1855, 17 du 16 mars 1870, et cir. 393 du 6 mai 1884. Mode à suivre : let. com. Min. du 15 mai et let. com. du 11 décembre 1852. Fin d'année : cir. Min. 111 du 7 mars 1856. Renvoi des acquits : note. Min. 2 du 9 janvier 1857. Couleur des acquits : note Min. 49 du 10 février 1857. Forme des demandes : note Min. du 29 mars 1867. Bureau compétent : let. com. 5 du 9 avril 1880. Bons de tabac n° 83 : cir. 51 du 16 mars 1893. |
| 151 A | État de situation des timbres. 2 par recette principale. Annuel. Minute et expédition. Ex. | Formé par les receveurs principaux. On y joint le 151 C Avant le 25 janvier au dir. Le 30 au Ministère. | Formation : cir. 3 du 24 mars 1823 et 19 du 23 décembre 1828. Voir les observations consignées à l'imprimé. Procès-verbal d'incinération des bons n° 83 : cir. 51 du 16 mars 1893. Voir le 106 A. |
| 151 A bis | État de situation des vignettes. 2 par recette principale. Annuel. Minute et expédition. Ex. | Formé par les receveurs principaux. On y joint le 151 C bis. Avant le 25 janvier au dir. Le 30 au Ministère. | Création : note du 15 février 1873. Vignettes d'importation : let. com. 25 du 12 septembre 1888. |
| 151 AA | Etat de situation des ustensiles. 2 par recette principale. Annuel. Minute et expédition. Ex. | Formé par les receveurs principaux. On y joint le 151 CO. Avant le 25 janvier au dir. Le 30 à la 3e div. 3e bur. | Création : let. com. du 11 décembre 1852. Voir les annotations de l'imprimé. |
| 151 B Rouge | Demande annuelle d'impressions. 2 par recette principale. Minute et expédition. Cahier. | Formé par les receveurs principaux. On y joint l'état 151 B bis et, s'il y a des sucres et distilleries, l'état 151 ter. Envoyé avant le 1er juin au dir. Le 10 au Ministère. | Voir les instructions du n° 150. |
| 151 B bis | Etat des impressions à expédier. Un par recette principale. Cahier. Annuel. | Formé par les receveurs principaux. Joint au 151 B. | Copie d'une partie du 151 B ; service général. |

| | | | |
|---|---|---|---|
| 151 B ter | Etat des impressions à expédier ; modèle des sucres et distilleries. Un par recette principale. Annuel. | Formé par les receveurs principaux. Joint au 151 B. | Copie d'une partie du 151 B. |
| 151 C | Situation des timbres et matières de cartes pour la Cour. Ex. Un par recette principale. Annuel. | Formé par les receveurs principaux. Joint au 151 A. | Créé : cir. 19 du 25 décembre 1828. Renvoi par l'Administration : cir. 1265-106 du 28 décembre 1877. |
| 151 C bis | Situation des vignettes pour la Cour. Un par recette principale. Annuel. Ex. | Formé par les receveurs principaux. Joint au 151 A bis. | Créé : note com. du 15 février 1873. Renvoi par l'Administration : cir. 1265-106 du 28 décembre 1877. Vignettes d'importation : let. com. 25 du 12 septembre 1888. |
| 151 CC | Situation des ustensiles sujets à consignation et estampilles pour la Cour. Un par recette principale. Annuel. Ex. | Formé par les receveurs principaux. Joint au 151 AA. | Créé : let. com. du 11 décembre 1852. Voir le 151 AA. |
| 153 | Journal pour l'inscription des livraisons d'impressions timbrées ou non. Annuel. 11 feuilles. | Tenu à la recette principale. | Tenue : cir. 16 du 25 mars 1825. |
| 168 | Déclaration de loyer. Ex. | Formé par l'agent locataire en cas de changement de local ou nouveau bail. Envoyé par le dir. à la 3e div. 3e bur. | Loyer pour la garantie : cir. 33 du 31 décembre 1831. Changement de titulaire : cir. 109 du 11 août 1835. Entrepôts : cir. 308 du 14 octobre 1844 ; 411 du 6 mars 1849 et 476 du 21 décembre 1850. Règles : cir. 406 du 3 novembre 1848 ; 496 du 13 octobre 1851 et let. com. 17 du 30 septembre 1891. Approbation ministérielle : cir. 861-78 du 15 juin 1867. Enregistrement : let. com. du 25 novembre 1871. Modèle de bail : cir. 563 du 26 juillet 1889. Plan : let. com. 22 du 14 novembre 1891. |
| | Reg. des baux à loyer. | Tenu dans les s.-dir. et dir. | Prescrit : let. com. 17 du 30 septembre 1891. |
| | Etat des logements occupés dans les bâtiments de l'Etat par des agents des contributions indirectes. Annuel. | Formé par les s.-dir. et dir. Le 10 octobre à la 3e div. 3e bur. | Concessions et exemptions de loyer : cir. 93 du 28 janvier 1835. Charges des occupants : let. com. 817 du 19 avril 1845. Modèle : let. com. du 20 septembre 1860. |
| | Etat des propriétés publiques affectées au service de la Régie. Annuel. | Formé par les s.-dir. et dir. Le 10 octobre à la 3e div. 3e bur. | Modèle : let. com. 180 du 23 février 1874. |
| | Etat du mobilier des bureaux d'ordre ou autres appartenant à l'Administration. Annuel. | Formé par les contrôleurs et envoyé aux s.-dir. et dir. Le 20 janvier à la 3e div. 3e bur. | Achat : let. com. 32 du 6 décembre 1879. Créé : let. com. 26 du 21 août 1882. |
| | Etat des objets remis aux domaines. | Dressé par l'employé supérieur qui livre les objets et remis au receveur de l'enregistrement. | Délai : art. 50 du décret du 1er germinal an XIII et cir. 140 du 22 octobre 1807. Papiers à conserver : let. com. 66 du 2 septembre 1833 ; cir. 162 du 7 décembre 1837 et let. com. 978 du 12 mai 1846. Colis vides : cir. 72 du 10 janvier 1834. Avis du produit de la vente : let. com. du 20 août 1854. Papiers à vendre : let. lithog. du 8 mars 1860. Détruire les acquits : let. com. 102 du 27 janvier 1874. |

| | | |
|---|---|---|
| Bulletins d'envoi du matériel. Impressions, vignettes, instruments et ustensiles. | Envoyé par le matériel 3e div. 3e bur. ou le Ministère. Renvoyé après vérification. | Procès-verbal de reconnaissance : cir. 3 du 24 mars 1823. Recommandations : cir. 14 du 25 mars 1825 et 171 du 2 septembre 1875. Paiement à Paris : let. lithog. du 27 juin 1853. Renvoi du bulletin : cir. 17 du 16 mars 1870. Vérification : cir. 261 du 31 janvier 1879. |
| Bons pour livraisons d'impressions ou d'instruments. | Remplis par les chefs locaux et visés par les s.-dir. ou dir. | Instruments perdus : cir. 140 du 22 octobre 1807. Recommandations : cir. 14 du 25 mars 1825 et 310 du 1er août 1855. Mode à suivre : cir. 17 du 16 mars 1870. |
| Demande annuelle d'ustensiles à l'Adm. pour les sucres et distilleries. | Formé par les receveurs principaux dès qu'on connaît à peu près les besoins de la future campagne (en juin). | Prescrite par la lettre lithog. du 30 juillet 1867. |
| Demande accidentelle d'instruments. | Formée par lettre par les receveurs principaux. Envoyée par le dir. à la 3e div. 3e bur. | Mode à suivre : let. com. Min. du 15 mai 1852 ; cir. lithog. du 8 juin 1852 et cir. 17 du 16 mars 1870. |
| Carnet des plombs, ficelles et instruments sujets ou non à consignation. | Tenu dans chaque poste. Sert au receveur principal pour remplir l'état 151 AA. | Modèle : cir. 215 du 26 août 1842. Instruction du 15 décembre 1853, § 95, 157 et 190. Instruction sur le plombage des sucres : cir. 283 du 17 août 1843. Sels : cir. 490 du 20 août 1831. Plombs pour les boissons : let. com. 24 juin 1872 et n° 21 du 27 juillet 1876. Sucres à 0,03 c., les autres à 0,10 cent. : cir. 280 du 25 novembre 1879. Vaisseaux en fer ou en verre : let. com. 11 du 19 avril 1832. Bouteilles ; plombage : let. com. 2 du 14 janvier 1888. Vins en cercles : let. com. 24 du 26 août 1889. |
| Mémoires. | Formés par le créancier et produits à l'appui de la dépense. | Date des services faits : cir. 80-22 du 18 décembre 1831. Travaux sur simples mémoires : cir. 875-79 du 21 novembre 1867. Déc. et du 18 novembre 1832 sur les adjudications, marchés de gré à gré, etc. : cir. 366 du 26 février 1833. Cautionnements des adjudicataires : cir. 313 du 31 octobre 1844. |
| Cahier des charges pour les transports et tableau des distances. | Envoyé aux s.-dir., dir., receveurs principaux et entreposeurs par la 3e div. 3e bur. | Précautions en cours de route pour les tabacs et poudres : cir. 325 du 18 octobre 1845. Compagnies non contractantes : let. com. 13 avril 1874. Traité : cir. 216 du 1er août 1877 ; 412 du 15 janvier et let. com. 5 du 19 février 1836. Prorogation : |

let. com. 30 du 1er avril et 56 du 30 décembre 1892. Avaries ou soustractions de tabacs : cir. 917 du 16 juillet 1863 ; let. com. 12 du 9 mai 1877. Renvoi de colis vides : let. com. 22 du 13 mai 1864 ; 27 du 15 mai 1865 et cir. 64 du 30 août 1872. Envoi des petits paquets ou des colis postaux : cir. 35 du 30 juillet 1892 et 51 du 13 mai 1893. Tableau des distances : let. com. 13 du 16 juin 1836.

## Circulaires d'intérêt général applicables au présent chapitre.

Cir. 143 du 22 septembre 1808 : les timbres annulés doivent être biffés.
Cir. 21 du 26 décembre 1818 : création des modèles buralistes n°s 1 à 31.
Cir. 21 du 31 décembre 1818 : création des modèles receveurs particuliers, n°s 49 à 73.
Cir. 21 du 8 février 1819 : création des modèles receveurs part. 74 à 86 ; receveurs principaux et directeurs, n°s 87 à 103.
Cir. 21 du 4 septembre 1819 : création des modèles du service général, n°s 129 à 145 et de l'octroi.
Cir. 3 du 24 mars 1823 et 14 du 25 mars 1825 : suite générale du service. Voir l'analyse chap. xv du Catalogue.
Cir. 4 du 9 juin 1827 : les registres timbrés, sauf ceux d'octroi, sont continués jusqu'à épuisement.
Cir. 258 du 25 septembre 1841 : modèles des sels n°s 33 à 48.
Let. com. 4 février 1813 : les receveurs part. cotent et paraphent les registres buralistes.

# Chapitre XIV. — Nouveaux impôts.

| | | | |
|---|---|---|---|
| 51 G allumettes. | Etat de produit. Trim. Ex. | Formé dans les postes Un état complémentaire est annuel. | Création : cir. 575 du 30 décembre 1889. Formation. Etat complémentaire annuel : cir. 587 du 9 mai 1890. Imputation d'exercice : cir. 45 du 12 novembre 1892. Notice sur les prix et conditions de vente : let. com. 61 du 21 avril ; cir. 73 du 30 octobre 1893 et let. com. 81 du 30 avril 1891. Livraisons aux services administratifs de l'Etat : cir. 93 du 11 juin 1891. |
| 65 A allumettes. | Laissez-passer. De 10, 25 et 50 feuilles. | Tenu par les marchands en gros. | Création : cir. 29 du 3 décembre 1871. Notice : let. com. 61 du 21 avril 1893. |
| 71 C allumettes. | Etat de répartition du prix des allumettes saisies. Modèle des tabacs. | Dressé par les s.-dir. et dir. ; envoyé au receveur principal pour le paiement. Joint aux pièces de dépense. | Prime d'arrestation : cir. 166 du 18 août 1875 Saisie de phosphore, soufre, bois et allumettes ; répartition : let. com. 1161 du 6 février ; cir. 581 du 18 février 1890, et 45 du 12 novembre 1892. |
| 74 A allumettes. | Relevé des commandes envoyées aux manufactures. Mensuel. Ex. Modèle des tabacs. | Dressé par manufacture par les receveurs. Envoyé par les s.-dir. au dir. puis aux manufactures. | Envoyé en double aux manufactures : cir. 587 du 9 mai 1890. Création du nouveau modèle : let. com. 39 du 27 juin 1892. Imputation d'exercice : cir. 45 du 12 novembre 1892. |
| 74 A bis allumettes. | Relevé en quantité et en produit des allumettes. Annuel. Modèle des tabacs. Ex. | Dressé par manufacture par les receveurs, dès que la dernière commande est partie des manufactures. Envoyé par le s.-dir. au dir. puis aux manufactures qui renvoient une expédition. | Formation : cir. 587 du 9 mai 1890. Création du nouveau modèle : let. com. 39 du 27 juin 1892. Arrêté annuel : let. com. 45 du 12 novembre 1892. Fournir un 74 A bis en simple à l'appui du 103 A 1re et 2e partie. En fin d'exercice, à la comptabilité publique, un 74 A bis en simple pour le département et l'exercice en remplacement du 51 G : let. com. 39 du 27 juin 1892 et cir. 1639-122 du 6 janvier 1893. |
| Allumettes. | Demandes. | Remises en double par les négociants aux receveurs. | Modèle : cir. 575 du 30 décembre 1889 et let. com. 61 du 21 avril 1893. Echantillons : cir. 598 du 4 août 1890 Tarif exportation et intérieur ; nouvelles circonscriptions : cir. 16 du 30 décembre 1891 ; 36 du 5 août 1892 et let. com. 61 du 21 avril 1893. Allumettes défectueuses : cir. 31 du 28 avril 1892. Notice pour les marchands en gros d'allumettes : let. com. 61 du 21 avril 1893. Livraison aux services de l'Etat : cir. 93 du 11 juin 189 ; du 30 octobre 1893 ; 91 du 8 mai et 104 du 8 novembre 1891. |
| Id. | Etat de produit pour l'exportation. Trim. | Formé dans les postes, | Modèle : cir. 587 du 9 mai 1890. Conditions et prix ; notice : let. com. 61 du 21 avril 1893. |
| Id. | Déclaration à souscrire par les marchands en gros. | Remise sur papier timbré au chef local. | Modèle : cir. 575 du 30 décembre 1889. Notice : let. com. 61 du 21 avril 1893. |
| Id. | Registre d'entrée et de sortie pour les marchands en gros. | Tenu par les négociants. | Usage : cir. 587 du 9 mai 1890. Modèle : let. com. 61 du 21 avril 1893. |
| Id. | Relevé des matières premières saisies et utilisables, valeur et paiements. Annuel. | Formé par les s.-dir. et dir. A la 3e div. 3e bur. le 25 mai. | Modèle : let. com. 51 du 12 décembre 1892. |

| | | | |
|---|---|---|---|
| 5 C bougies | Bulletin pour le transport des bougies, etc. De 10 feuilles. | Délivré dans les bureaux en échange du volant du 68 A. | Créé : cir. 213 du 16 juillet 1877. |
| 6 B bougies | Carnet de circulation. Cahier. | Inscription des expéditions visées. | Prescription : cir. 109 du 11 janvier 1874. Voir chap. IV. |
| 6 C bougies | Bulletin de chargement en cours de route. Ex. | Formé par les employés et remis au s.-dir. ou dir. pour être envoyé au point de départ. | Prescription : cir. 109 du 11 janvier 1874. Voir chap. IV. |
| 7 A bougies | Relevé des acquits. Tit. int. Mensuel. | Formé par les buralistes. | Prescription : cir. 109 du 11 janvier 1874. Voir chap. IV. |
| 51 L bougies | Etat de produit. Trim. Ex. | Dressé dans les postes. | Tarif, 30 fr. les 96 kil. : cir. 108 du 2 janvier 1874. Emploi et création : cir. 109 du 11 janvier 1874. Application de l'impôt : cir. 115 du 14 février 1874. Lampions : cir. 1 du 4 avril 1891. |
| 68 bougies | Reg. de fabrication. 10, 25, 50 feuilles. | Tenu par les fabricants. | Création et tenue : cir. 109 du 11 janvier et 115 du 14 février 1874. Poids des cierges et bougies : let. com. du 2 juin 1874 et 2 du 18 janvier 1889. |
| 68 A bougies | Laissez-passer. 10, 25, 50 feuilles. | Tenu par les fabricants et marchands. | Création et tenue : cir. 109 du 11 janvier 1874. Retrait des laissez-passer : cir. 213 du 16 juillet 1877. |
| 68 B bougies | Acquits-à-caution. 10 et 25 feuilles. 4 T. | Délivré dans les bureaux. | Emploi : cir. 109 du 11 janvier et 115 du 14 février 1874. |
| 68 C bougies | Portatif. 100, 200 et 300 feuillets. | Tenu dans les postes. | Création et tenue : 109 du 11 janvier et 115 du 14 février 1874. Poids des paquets de bougies et cierges : let. com. du 2 juin 1874 et 2 du 18 janvier 1889. Chandelles-lampions : cir. 1 du 4 avril 1891. Acides gras : let. com. 8 du 23 juin 1891. |
| 2 B vinaigres. | Acquits-à-caution. 10, 25, 50 feuilles. 8 T. | Délivrés dans les bureaux. | Emploi : cir. 169 du 31 août 1875, et 403 du 16 août 1884. Envois pour l'armée : let. com. 42 du 30 décembre 1876. Voir chap. IV. |
| 3 B vinaigres. | Passavants. Enlèvements de vinaigres libérés. 5, 10, 25, 50 feuilles, 6 T. | Tenu par les buralistes. | Emploi de 51 lit. et au-dessus : cir. 169 du 31 août 1875. Voir chap. IV. |
| 4 B vinaigres. | Congés. Droit à l'enlèvement des fabriques et entrepôts. 5, 10, 25, 50 feuilles. 12 T. | Tenu par les buralistes. | Emploi : cir. 169 du 31 août 1875. Voir chap. IV. |
| 5 bis vinaigres. (ancien 69) | Laissez-passer. 10, 25 feuilles. 6 T. | Tenu par les buralistes pour les entrepositaires. Les non-entrepositaires et les détaillans peuvent avoir de ce registre. | Emploi de 1 à 10 lit. sans timbre ; de 11 à 50 lit. avec timbre : cir. 169 du 31 août 1875. Règlement : cir. 403 du 16 août 1884. |
| 6 A vinaigres. | Bulletin de circulation. Ex. | Envoyé par le buraliste au chef local, lors de la délivrance d'un acquit. | Prescription : cir. 161 du 1er août 1875. Voir chap. IV. |
| 7 B vinaigres. | Relevé des acquits. Mensuel. Tit. int. | Formé par les buralistes. | Voir chap. IV. |
| 12 vinaigres. | Transit. 5, 10, 25, 50 feuilles. 8 T. | Tenu par les buralistes. | Voir chap. IV. |

| | | | |
|---|---|---|---|
| 14 vinaigres. | Déclarations de fabrication. 5, 10, 25 feuilles. 6 T. | Tenu par les buralistes. | Règlement. Déclarations de dénaturation : cir. 403 du 16 août 1834. Voir chap. IV. |
| 26 vinaigres. | Registre de fabrication. De 104 feuillets. | Tenu par les fabricants. | Création : cir. 403 du 16 août 1834. Coupages : cir. 169 du 31 août 1875. Dilutions laissées aux fabricants : let. com. 33 du 5 décembre 1888. |
| 26 A vinaigres. | Portatif. 220 feuillets. | Tenu dans les postes. | Création : cir. 488 du 13 septembre 1837. Tenue : cir. 403 du 16 août 1834. |
| 50 A vinaigres. | Portatif compte d'ordre. 12, 25, 50, 100, 150, 200 feuillets. | Tenu dans les postes. | Loi et règlement : cir. 161 du 1er août 1875 et 403 du 16 août 1834. Voir chap. IV. |
| 50 D vinaigres. | Règlement des comptes de gros. Tit. int. | Tenu dans les postes. | Loi et règlement : cir. 161 du 1er août 1875 et 403 du 16 août 1834. Voir chap. IV. |
| 51 M. vinaigres. | État de produits. Trim. Ex. | Formé dans les postes. | Tarif : de 5 fr. à 52 fr. 50 l'hectolitre en volume suivant la richesse acétique : à l'état solide 62 fr. 50 les 0/0 kil. : cir. 161 du 1er août 1875. Franchise pour l'armée : let. com. 42 du 30 décembre 1876. Règlement : cir. 403 du 16 août 1834. |
| 64 A vinaigres. | Laissez-passer. 5, 10, 25 feuilles. 6 T. | Tenu par les fabricants et les marchands en gros et débitants entrepositaires. | Voir au chap. IV et l'instruction du registre. |
| P. 327 vinaigres. | Proposition de décharge pour délicit de rendement. | Envoyé par les chefs locaux au s.-dir. ou dir. Avant le 15 février au dir.; le 1er mars à la 2e div. 2e bur. | Création : let. autog. 21803 du 28 novembre 1891. Tenue des comptes : voir le 26 A. |
| Vinaigres. | État des frais d'exercice dus par les industriels. Annuel. | Envoyé par les chefs locaux au s.-dir. ou dir. Le 15 février à la 2e div. 2e bur. | Exécution de la loi du 17 juillet 1875 : cir. 161 du 1er août 1875. Exercice : let. com. 49 du 1er décembre 1875. Mode de calcul : cir. 147 du 9 avril 1875. |
| Id. | Consistance des fabriques. Annuel. | Envoyé par les chefs locaux aux s.-dir. ou dir. qui conserve l'état. | Prescription : let. com. 33 du 5 décembre 1888. |
| 18 bougies vinaigres. | Déclaration descriptive des fabriques. Tit. int. 4 T. | Tenu par les buralistes. | Bougies, règlement : cir. 109 du 11 janvier 1871. Vinaigres, règlement : cir. 403 du 16 août 1834. Voir chap. X. |
| 49 bougies vinaigres. | Registre de décharge des acquits. 25 et 50 feuilles. 8 T. | Tenu dans les postes. | Voir chap. IV. |
| 52 C bougies allumettes, vinaigres. | Engagement cautionné. Tit. int. 8 T. | Tenu par les receveurs. | Allumettes : cir. 575 du 30 décembre 1889 et 623 du 10 février 1891. Bougies : cir. 109 du 11 janvier 1871. Vinaigres : cir. 403 du 16 août 1834. Voir chap. IV. |
| 52 D bougies allumettes, vinaigres. | Déclaration de cautionnement pour les acquits. Tit. int. 8 T. | Tenu par les receveurs. | Créé : cir. 332 du 20 octobre 1882. Voir chap. IV. |

# Chapitre XV. — Octrois.

| | | | |
|---|---|---|---|
| A<br>1re part. | Déclaration et perception. Tit. int. 10 T. | Tenu dans les bureaux d'octroi. Dépouillé à la 2e partie. | Inscription des droits fraudés d'octroi : cir. 14 du 17 septembre 1816 ; 10 C⁴ du 15 décembre 1828 et cir. 119-25 du 7 janvier 1837. Emploi : cir. 24 du 4 septembre 1819. Registres communs : cir. 459 du 2 avril 1857. Tarif général : cir. 19 du 30 avril 1870. Tarif des vins, cidres et alcools : cir. 291 du 26 juillet 1880. Médicaments : let. com. 4 du 12 janvier 1831. On peut ouvrir plusieurs registres à la fois : instruction du reg. A. |
| A<br>2e partie | Dépouillement du registre de perception. Tit. int. | Tenu dans les bureaux d'octroi. Sert à former le bordereau H. | Emploi : cir. 24 du 4 septembre 1819. On peut ouvrir autant de registres A 2e partie qu'il y a de registres A 1re partie : instruction de l'A 2e partie. |
| B | Passe-debout. Tit. int. 6 T. | Tenu dans les bureaux d'octroi. Dépouillé au BB. | Emploi : cir. 24 du 4 septembre 1819. Vérifications : cir. 289 du 8 mai 1835. |
| BB | Recette et dépense des consignations. Tit. int. | Tenu dans les bureaux d'octroi. Sert à remplir les G ter et G quater (n° 33 A de la Régie). | Emploi : cir. 10 C⁴ du 15 décembre 1828. |
| C | Transit. Tit. int. 8 T. | Tenu dans les bureaux d'octroi (n° 12 de la Régie). | Emploi : cir. 24 du 4 septembre 1819. |
| D | Déclaration d'entrepôt. Tit. int. 8 T. | Tenu dans le bureau d'octroi désigné ad hoc (n° 13 de la Régie). | Emploi : cir. 24 du 4 septembre 1819. Fruits secs : cir. 562 du 23 juillet 1889. |
| DD | Déclaration d'enlèvement des entrepôts pour l'extérieur. Tit. int. 8 T. | Tenu dans les bureaux d'octroi ou déposé chez les entrepositaires. Le bulletin est laissé au bureau de sortie. | Créé : cir. 89 du 29 août 1834. Emploi du DD pour les huiles : cir. 107 du 31 décembre 1873. Annulation du timbre : cir. 449 du 24 mars 1836. |
| E | Déclaration de sortie. Tit. int. | Tenu dans les bureaux d'octroi. Sert à apurer les B et les DD (n° 15 de la Régie). | Formation : cir. 24 du 4 septembre 1819. |
| F | Relevé des entrées journalières. Objets soumis au droit d'entrée. Ex. | Formé dans les bureaux d'octroi et envoyé aux chefs locaux de la Régie. | Rapprochements : cir. 20 du 15 octobre 1817. Formation et classement : cir. 24 du 4 septembre 1819 ; § 63 et 98 de l'instruction du 15 février 1827 et cir. 504 du 29 décembre 1851. Rappel : cir. 9 du 5 mars 1823. Feuilles de sortie : cir. 504 précitée. |
| F bis | Certificat négatif. Ex. | Formé dans les bureaux d'octroi et envoyé aux chefs locaux de la Régie. | Formation et classement : § 63 et 98 de l'instruction du 15 février 1827. |
| G | Bulletin de versement à la caisse centrale de l'octroi. Ex. | Remis par les receveurs d'octroi au receveur central. | Formation : cir. 24 du 4 septembre 1819. |

| | | | |
|---|---|---|---|
| G bis | Bulletin de versement à la caisse municipale. Ex. | Formé par les receveurs d'octroi ou de Régie et remis au receveur municipal. | Versement tous les cinq jours : cir. 2 du 17 décembre 1814. Création : cir. 2 du 25 janvier 1827. Emploi : cir. 13 du 18 janvier et 10 C⁴ du 15 décembre 1828. |
| G ter | Relevé des recettes et dépenses (consignation¹, de celles versées au receveur municipal et de celles restant aux buralistes. Mensuel. Ex. | Formé dans les bureaux d'octroi avec le BB par le préposé en chef et remis au receveur municipal (80 ter de la Régie). | Emploi : cir. 10 C⁴ du 15 décembre 1828. Arrêté Min. du 20 juin 1859. |
| G quat. | Bordereau des consignations reçues par les receveurs d'octroi et remises au receveur municipal. Ex. | Formé dans les bureaux d'octroi par le préposé en chef et remis au receveur municipal (80 quater de la Régie). | Emploi : cir. 10 C⁴ du 15 décembre 1828. Arrêté Min. du 20 juin 1859. |
| H | Bordereau des receveurs d'octroi et des receveurs de la Régie qui font des perceptions d'octroi. Ex. Mensuel. | Dressé par bureau par les receveurs et remis au préposé en chef. Dépouillé sur le reg. N (80 A de la Régie). | Formation : cir. 24 du 4 septembre 1819 et 2 du 25 janvier 1827. Consignations : cir. 10 C⁴ du 15 décembre 1828. Bordereau annuel : cir. 13 du 18 janvier 1828. Imputation des droits sur les huiles végétales : let. com. 7 du 27 mars 1879. |
| I | Feuille de contrôle. Ex. | Formé par le préposé en chef. | Formation : cir. 24 du 4 septembre 1819. |
| K | Journal des recettes et des dépenses. Tit. int. | Tenu dans les bureaux d'octroi (74 D et 87 A de la Régie). | Tenue : cir. 24 du 4 septembre 1819. |
| K bis | Journal des recettes accessoires. Tit. int. 8 T. | Tenu au bureau central (74 B des receveurs principaux). | Tenue : cir. 2 du 25 janvier 1827. Timbre de 0,25 c.: cir. 1176-103 du 24 juin 1875. Etat 31 : cir. 80-22 du 18 décembre 1831. Versements de la Régie : cir. 1208-105 du 5 février 1876. |
| L | Sommier des comptes récapitulatifs des recettes et dépenses. Cahier. | Tenu par le receveur central. On y porte le n° du K (Reg. 76 et 88 de la Régie). | Emploi : cir. 24 du 4 septembre 1819 et 154 du 17 août 1837. |
| M | Reg. de développement du reg. L en ce qui concerne les avances et remboursements pour frais judiciaires. Tit. int. | Tenu par le receveur central (89 B de la Régie). | Tenue : cir. 2 du 25 janvier 1827. Création : cir. 154 du 17 août 1837. |
| N | Reg. de classification des recettes. Tit. int. | Tenu par le préposé en chef à l'aide du bordereau H; sert à former le bordereau Q (90 de la Régie). | Emploi : cir. 2 du 25 janvier 1827 et 24 du 4 septembre 1819. Perceptions par les receveurs de la Régie : cir. 525 du 24 décembre 1857. |
| O | Transactions. Ex. | Rempli par le maire, préposé en chef ou fermier (424 de la Régie). | Saisies communes: cir. 18 du 16 janvier 1817. Création ; simples rapports : cir. 89 du 29 août 1831. Prescription et compétence: cir. 119 du 28 décembre 1833. Comptabilité : arrêté Min. du 20 juin 1859. |
| P | Etat de répartition d'amendes. Ex. | Dressé par le préposé en chef ; remis pour le paiement au receveur central, puis au receveur municipal (99 de la Régie). | Répartitions: cir. 17 du 30 octobre 1816 ; 74 du 29 janvier 1831 ; 176 du 4 juin 1838 et 381 du 21 mai 1856. Formation : cir. 7 du 17 août 1827 et cir. 2 du 25 janvier 1827. Cas de ferme : cir. 73 du 5 novembre 1852. Formation par les receveurs de la Régie : cir. 525 du 24 décembre 1857. Comptabilité: arrêté Min. du 20 juin 1859. Saisies communes: cir. 83 du 19 février 1873. Timbres de 0,10 et 0,25 c.: cir. 1176-103 du 24 juin 1875. Paiements : let. com 9 du 7 juillet 1837. |

| | | | |
|---|---|---|---|
| P bis | Etat récapitulatif des consignations restituées ou réparties. Mensuel. Ex. | Formé avec les états P par le préposé en chef et remis au receveur municipal (100 A de la Régie). | Emploi : cir. 2 du 25 janvier 1827. |
| Q | Bordereau des recettes et dépenses; une minute; une expédition pour le maire; 2 pour la Régie. Trim. Cahier. | Formé par l'octroi; pour les recettes avec le reg. N; pour les dépenses avec l'état R. Au s.-dir. ou dir. avant le 10; à la 3e div. 2e bur. le 15 (102 de la Régie). | Formation : cir. 24 du 4 septembre 1819 et 2 du 25 janvier 1827. Etat à joindre ; taxes additionnelles : cir. 168 du 30 mars 1833 et let. com. du 3 décembre 1864. Compte annuel : cir. 13 du 18 janvier 1823. Perceptions par les receveurs des Cont. indirectes : cir. 525 du 24 décembre 1837. Comptabilité : arrêté Min. du 20 juin 1859. Tarif général : cir. 19 du 30 avril 1870. |
| R | Bordereau des dépenses à titre de frais de perception. Ex. Mensuel. | Formé par commune par le receveur municipal ; visé par le maire. | Emploi : cir. 24 du 4 septembre 1819 et 2 du 25 janvier 1827. Instruction : cir. du 1er juin 1823. |
| S | Extrait des registres et comptes d'octroi des communes. Ex. Annuel. | Un extrait par commune, signé par le maire, visé par le dir. Joint au 108 A 2e partie. | Emploi : cir. 10 C4 du 15 décembre 1823. |
| T | Reg. de petit comptant. Tit. int. | Tenu dans les bureaux d'octroi et postes d'observation. | Création : cir. 24 du 4 septembre 1819. Maximum de perception : cir. 317 du 24 mai 1831. |
| V | Grand règlement d'octroi. Cahier. | Sert pour les octrois ayant plusieurs bureaux. | Modèle : cir. 89 du 29 août 1834 et let. com. 12 du 12 juillet 1880 ; voir le dernier tirage. Tarif général : cir. 19 du 30 avril 1870. Alcools dénaturés : cir. 67 du 19 septembre 1872. Tarif maximum ; vins, cidres, alcools : cir. 291 du 26 juillet 1880. Emploi et rappel des règles : cir. 549 du 1er mars 1889. |
| V | Petit règlement d'octroi. Cahier. | Sert pour les octrois qui n'ont qu'un bureau. | Voir le modèle U. |
| X | Procès-verbal d'adjudication pour les baux à ferme. Cahier. | Signé par le s.-préfet ou le maire. | Recommandations : cir. 7 du 17 août 1827 et 525 du 24 décembre 1837. Modèle cir. 154 du 17 août 1837 et 73 du 5 novembre 1852. Voir le dernier tirage. |
| Y | Relevé des recettes des buralistes. Annuel. Ex. | Formé par bureau par le préposé en chef. Remis au s.-dir. avant le 10 janvier avec le bordereau Q du 4e trim.; le 15 à la 3e div. 1er bur. | Prescription : cir. 13 du 18 janvier 1828. |
| Z | Tableau des appointements. Ex. Mensuel. | Formé par le s.-dir. ou dir. pour les octrois abonnés avec la Régie; par le préposé en chef pour les autres (93 A de la Régie). | Formation : cir. 2 du 25 janvier 1827. Abonnements pour traitements : cir. 445 d 5 février 1857. |
| 34 | Etat des remises. Un par an (Compt. pub.). Ex. | Formé par les chefs locaux de la Régie à l'arrêté de décembre. | Règles : cir. 80-22 du 18 décembre 1831. Comptabilité : arrêté Min. du 20 juin 1859. Tarif : cir. 86 du 14 février 1894. Voir chap. VIII. |

| | | | |
|---|---|---|---|
| 51 E | Etat de produit : indemnité pour suite d'exercice. Trim. Ex. | Formé par le chef local chargé de la récapitulation et remis au receveur pour le recouvrement. Un état annuel est envoyé avant le 10 janvier au dir. Le 20 janvier à la 3e div., 2e bur. | Ordonnance du 9 décembre 1814. Base des décomptes : cir. 22 du 10 mai 1817 et 6 du 14 décembre 1824. Cas de gestion par l'Adm.: cir. 13 du 18 janvier 1823. Nouvelles instructions ; tarif : cir. 309 du 19 février 1831. |
| 51 J huiles | Redevance de l'octroi. Ex. Trim. | Dressé par l'octroi et remis au chef local de la Régie. | Règles : cir. 253 du 27 décembre 1813. Voir chap. xi. |
| 79 B | Etat de remboursement des impressions d'octroi. Annuel. Une minute, 2 expéditions. Ex. | Formé par les receveurs principaux. Avant le 5 octobre au dir. Le 15 au Ministre. On attend le retour pour recouvrer. | Mode de calcul : cir. 49 du 22 août 1832. Explications sur certains modèles : cir. 51 du 23 novembre 1832. Emploi des registres communs : cir. 115 du 29 octobre 1835. Tarif : cir. 154 du 17 août 1837. Voir le dernier tirage. Revision pour certains registres communs: cir. 459 du 2 avril 1857. |
| 178 | Tableau des communes soumises à des perceptions locales. Annuel. Une minute, une expédition. Ex. | Envoyé par le s.-dir. au dir. avant le 20 janvier. A la 3e div. 1er bur. le 30. | Créé : cir. 178 du 7 juin 1838. Modifications : cir. 493 du 17 octobre 1837. |
| 197 | Projet d'organisation ou de réorganisation du service. Ex. Se demande à l'Admin. | Formé par les s.-dir. ou dir. et envoyé à la 3e div. 2e bur. | Projet : cir. 523 du 24 décembre 1837. |
| 197 | Etat de répartition des fonds de gestion disponibles en cas d'abonnement, quand la répartition est fixée d'avance. Annuel. Ex. | Formé par les s.-dir. ou dir. Au dir. avant le 10 janvier ; à la 3e div. 1er bur. le 15. | Instruction : cir. 523 du 24 décembre 1837. On ne répartit que les fonds disponibles. |
| 197 | Proposition de répartition du fonds de gestion disponible. Annuel. Ex. | Formé par les s.-dir. ou dir. Au dir. avant le 10 janvier ; à la 3e div. 1er bur. le 15. | Instruction : cir. 323 du 24 décembre 1837. Il peut y avoir deux états de proposition si, tout n'étant pas recouvré en fin d'année, on n'a pu faire qu'une proposition partielle. |
| 198 | Traité primitif de gestion. Ex. Se demande à l'Adm. | Signé par le maire et le directeur. | Emploi : cir. 523 du 24 décembre 1837. |
| 199 | Traité supplémentaire de gestion. Se demande à l'Adm. Ex. | Signé par le maire et le directeur. | Emploi : cir. 523 du 24 décembre 1837. |
| 200 | Etat de proposition d'indemnité. Se demande à l'Adm. Ex. | Dressé par le s.-dir. ou dir. Remis au préfet qui le fait parvenir à l'Adm. | Emploi : cir. 523 du 24 décembre 1837. |
| | Tableau de consistance au 31 mars. Annuel. | Formé par le s.-dir. ou dir. A la 3e div. 2e bur. le 10 avril. Au dir. avant le 5. | Modèle : cir. 7 du 17 août 1827. Rappel : let. com. 1547 du 26 novembre 1874. |
| | Rapport des préposés en chef. Annuel. | Envoyé annoté par les s.-dir. au dir. avant le 30 janvier. A la 3e div. 2e bur. le 10 février. | Formation : cir. 3 du 26 juin 1823 et 443 du 1er mars 1850. |

| | | |
|---|---|---|
| Etat de produit du droit d'octroi sur les manquants. Trimestriel. | Extrait des portatifs des employés de Régie et mis en recouvrement par le receveur central. | Prescription : cir. 2 du 17 décembre 1814. |
| Etat du produit des octrois par département. Annuel. | Formé par les dir. Le 15 janvier à la 3e div. 2e bur. avec le bordereau Q. | Modèle : let. com. du 3 décembre 1864. |
| Etat des octrois dont le règlement expire au 31 décembre. Annuel. | Formé par les dir. A la 3e div. 2e bur. le 15 mai. | Modèle n° 1 : cir. 393 du 15 avril 1884. Rappel : let. com. 10 du 15 juillet 1887. |
| Registre présentant par octroi les décrets, lois et délibérations des conseils généraux. | Tenu dans les s.-dir. et dir. | Créé : cir. 243 du 12 août 1873. |
| Relevé des délibérations des conseils généraux. | Envoyé par le dir. à la 3e div. 2e bur. 5 jours après la session ou après les décisions de la commission départementale. | Prescriptions : let. com. 331 du 28 février 1873. Modèle n° 2 : cir. 393 du 15 avril 1884. Plan : let. com. 9 du 7 juillet 1887 et 31 du 21 novembre 1888. Rappel des règles : cir. 549 du 1er mars 1889. |
| Liste des objets non compris dans la nomenclature. | Joint par le dir. au dossier ; envoyé à la Préfecture. | Modèle : cir. 243 du 12 août 1873. Rappel : cir. 393 du 15 avril 1884. |
| Liste des objets imposés au delà du tarif. | Joint par le dir. au dossier ; envoyé à la Préfecture. | Modèle : cir. 243 du 12 août 1873. Rappel : cir. 393 du 15 avril 1884. |
| Bordereau des pièces jointes aux demandes de modifications. | Joint par le dir. au dossier en le renvoyant à la Préfecture. | Modèle : cir. 549 du 1er mars 1889. |

*Circulaires d'intérêt général applicables au présent chapitre.*

Cir. 2 du 17 décembre 1814 : un seul compte pour la Régie et l'octroi.
Ordonnance du 9 décembre 1814 : règlement coordonnant les instructions antérieures.
Loi du 28 avril 1816, art. 147 à 159 : prescriptions générales. Perception des droits du Trésor par les préposés d'octroi. Traités d'abonnement, cautionnements.
Cir. 2-1 du 25 janvier 1827 et instruction générale du 20 juin 1850 : comptabilité des octrois.
Cir. 525 du 24 décembre 1857 : traités de gestion. Cas et limites de la coopération des employés de la Régie. Modes de gestion.
Cir. 19 du 30 avril 1870 : loi du 24 juillet 1867 ; tarif général.
Cir. 331 du 28 février 1873 : loi organique sur les conseils généraux.
Cir. 243 du 12 août 1873 : exécution de la loi du 24 juillet 1867 sur les conseils municipaux ; de celle du 10 août 1871 sur les conseils généraux et du décret du 12 février 1870 qui comprend le tarif maximum. Règles générales pour toutes les matières imposables.
Cir. 393 du 15 avril 1884 : loi du 5 avril 1884 sur l'organisation municipale.
Cir. 549 du 1er mars 1889. Instruction des affaires d'octroi.

| | | | |
|---|---|---|---|
| 130 | Conditions d'examen au surnumérariat. Ex. | Remis par le s.-dir. ou dir. aux postulants. | Nomination par les Préfets : cir. 769 du 22 juin 1861. Candidats majeurs et mineurs : cir. 773 du 29 juin 1861 et let. com. 69 du 6 janvier 1861. Conditions d'admission : cir. 206 du 29 janvier 1877. Substitutions : let. com. 2 du 6 février 1878. Nombre de points : let. com. 31 du 23 octobre 1880. Coefficients : let. com. du 8 décembre 1884. Titres universitaires, candidats militaires, rappel : let. com. 74 du 13 novembre 1893. |
| 132 A | Rapport sur les surnuméraires, à la fin du stage. Ex. | Formé par les s.-dir. et dir. et envoyé au personnel. | Création : cir. 222 du 31 janvier 1840. Recommandations : cir. 214 du 28 septembre 1839. Joindre aux rapports 132 les feuilles de l'examen subi par les surnuméraires après leur stage dans les recettes buralistes : let. com. 28 du 5 septembre 1876. Rapport sur les matières spéciales : cir. 96 du 2 juillet 1894. |
| 132 B | Rapport sur les surnuméraires après 3 mois et un an. Ex. | Idem. | |
| 133 | Reg. matricule des buralistes et débitants de tabac et de poudre. Tit. int. | Tenu dans les s.-d. et dir. | Tenue : cir. 17 du 16 mars 1870. |
| 133 | Reg. spécial des candidatures des buralistes. Tit. int. | Tenu dans les dir. | Création : let. com. 9 du 25 avril 1881. |
| 34 | Etat des nominations et mutations par le Préfet à des débits de 2e classe et par le directeur à des recettes débits. 8 par dir. Trim. Tit. int. | Formé par le dir. Le 10. au personnel, débits. | Formation : cir. 39 du 17 mai, 48 du 16 juillet 1852 et let. com. du 24 août 1872. Règles : let. com. du 4 mars 1872 et 120 du 30 avril 1874. |
| 135 | Avis de continuation de maladie. Ex. | Formé par les s.-dir. et dir. Envoyé au personnel tous les 20 jours. | Instruction : cir. 205 du 11 mai 1854. |
| 136 | Reg. matricule du personnel. De 25, 50 75, 100, 150 et 200 feuilles. | Tenu dans les s.-dir. et dir. | Serment : cir. 396 du 16 août 1848. Voir les renvois du Catalogue méthodique. Tenue : cir. 17 du 16 mars 1870. |
| 136 A | Feuille individuelle. Ex. | Dressé par les s.-dir. ou dir. lors de la première nomination. Suit l'employé. | Création : let. lithog. du 23 août 1833. |
| 137 A | Feuille individuelle de signalement. Annuelle. Ex. | Formé par les dir., s.-dir. inspecteurs sédentaires, contrôleurs, commis principaux de 1re cl. du service général, inspecteurs et contrôleurs spéciaux. Le 30 mai au personnel. | Employés détachés : let. com. 43 du 21 juillet 1892. Créé : cir. 612 du 28 mai 1860. Formation : cir. 17 du 16 mars 1870, 72 du 19 décembre 1872 et 212 du 7 juillet 1877. Fusion de tous les services : let. com. 52 du 24 décembre 1875. |

| | | | |
|---|---|---|---|
| 137 B | Feuille de signalement. Ex. accidentelle. | Formée par les inspecteurs après une vérification et jointe au 86 A et par les contrôleurs et commis principaux chefs de poste en avril et en octobre. | Formation : cir. 72 du 19 décembre 1872 et 212 du 7 juillet 1877. Fusion de tous les services : let. com. 52 du 24 décembre 1875. |
| 137 C | Etat des employés aptes à l'avancement. Annuel. Tit. int. | Formé par les dir., s.-dir. et inspecteurs. Le 5 novembre au dir. ; le 30 au personnel. | Créé : cir. 76 du 22 novembre 1852. Choix, ancienneté ou maintien : cir. 72 du 19 décembre 1872. Fusion de tous les services : let. com. 52 du 24 décembre 1875. Classification des emplois : cadre supérieur, cadre secondaire : cir. 84 du 31 mars 1873 et 212 du 7 juillet 1877. Mention des intérims : cir. 238 du 29 avril 1878. Employés à porter au 137 C : let. com. 24 du 21 novembre 1890. |
| 138 | Etat des congés, vacances et intérims. 24 par an. Ex. Mensuel. | Envoyé par les dir. au personnel du 5 au 10 du 2e mois. | Création : cir. 205 du 11 mai 1854. Règles : let. com. 3 avril 1872 et 2 du 14 janvier 1879. Retenues : cir. 17 du 16 mars 1870. Concordance avec l'état 155 bis : let. com. 2 du 14 janvier 1879. |
| 139 | Avis de départ. Ex. | Formé par le s.-dir. ou dir. et envoyé au personnel. | Instruction : cir. 205 du 11 mai 1854. Cas de cessation de fonctions : let. com. du 29 février 1872 et 206 du 29 janvier 1877. |
| 140 | Avis d'installation. Ex. | Formé par le s.-dir. ou dir. et envoyé au personnel. | Instruction : cir. 205 du 11 mai 1854. Recommandations : cir. 63 du 26 septembre 1872. |
| 140 bis | Avis de congé. Ex. | Formé par le s.-dir. ou dir. Remis à l'agent qui le rapporte à son retour. | Instruction : cir. 205 du 11 mai 1854. Recommandations : cir. 63 du 26 septembre 1872. Congés lors de la présence des inspecteurs des finances : let. Min. du 20 mai 1876. Durée des congés dans une année : cir. douane 833 du 10 avril 1886. Congés lors des averages : cir. 563 du 6 août 1889. |
| 141 | Avis de départ par congé. Ex. | Formé par les s.-dir. ou dir. et envoyé au personnel. | Voir le 140 bis. |
| 142 | Avis d'interruption pour cause de maladie. Ex. | Formé par le s.-dir. ou dir. et envoyé au personnel avec le certificat de médecin. | Instruction : cir. 205 du 11 mai 1854. Comptables sédentaires : cir. 239 du 23 janvier 1879. Voir le 143. |
| 143 | Avis d'intérim. Ex. | Formé par le s.-dir. ou dir. et envoyé au personnel. | Instruction : cir. 205 du 11 mai 1854. Intérim de s.-dir. : cir. 17 du 16 mars 1870. Recommandations. Intérim des buralistes : cir. 63 du 26 septembre 1872. Dispositions diverses. Taux des indemnités : cir. 239 du 23 janvier 1879. |
| 144 | Avis de retour d'un employé. Ex. | Formé par les s.-dir. ou dir. et envoyé au personnel avec le congé. | Instruction : cir. 205 du 11 mai 1854. |
| 145 | Avis de rétablissement. Ex. | Formé par les s.-dir. ou dir. et envoyé au personnel. | Instruction : cir. 205 du 11 mai 1854. |
| 161 | Etat des receveurs buralistes et débitants de tabac à nommer. Ex. | Formé par les dir. et envoyé au personnel 2e bur. pour la 1re classe et au Préfet pour la 2e. | Décret du 23 mars 1852 : cir. 39 du 17 mai et 43 du 16 juillet 1852. Classement des débits : let. com. 4 mars 1872. Commission centrale : cir. 111 du 14 janvier 1874. Commission départementale : cir. 120 du 30 avril 1874. |

| | | |
|---|---|---|
| 164 bis | Etat des vacances de débits de tabac. Ex. | Formé par les s.-dir. et dir. et envoyé au personnel 2e bur. pour la 1re cl. et au Préfet pour la 2e. | Avis de vacances de 1re cl. Survivances : let. com. 28 octobre 1863 ; 24 août 1872 et 45 du 29 octobre 1875. Avis de vacances de 2e cl. : let. com. 16 janvier 1875. |
| 164 A | Enquête sur demande d'un débit de tabac ou une survivance. Ex. | Formé par les s.-dir. ou dir. et envoyé au personnel 2e bur. pour la 1re cl. ; remis à la commission pour la 2e. | Instruction : cir. 39 du 17 mai 1852 ; let. com. 28 octobre 1863 et cir. 120 du 30 avril 1871. Commission centrale et création du modèle : cir. 111 du 14 janvier 1874. Pièces : cir. 111 du 14 janvier 1874 et let. com. 1 du 15 janvier 1878. |
| 164 B | Enquête sur demande de transport d'un débit de tabac du vivant du titulaire et autorisation de conserver après mariage. Ex. | Formé par les s.-dir. et dir. et envoyé au personnel 2e bureau pour la 1re cl. et au Préfet pour la 2e. | Instruction : cir. 39 du 17 mai 1852 et let. com. 28 octobre 1863. Création du modèle : cir. 111 du 14 janvier 1874. Commission centrale et pièces : cir. 111 du 14 janvier 1874 et let. com. 1 du 15 janvier 1878. Transport du vivant du titulaire : cir. 120 du 30 avril 1871. |
| 164 C | Déclaration de ressources par un postulant à un débit de tabac. Ex. | Rempli par le postulant, visé par le maire et joint au dossier 164 A. | Créé : cir. 111 du 14 janvier 1874. Rappel : let. com. 1 du 15 janvier 1878. |
| | Décompte par recette et branche d'impôt des remises sur obligations. Annuel. | Envoyé par le dir. au personnel le 15 avril. | Créé : let. com. 12 avril 1872. |
| | Retraites. Certificat de non-débet. | Délivré par le dir. pour la liquidation de la retraite. Envoyé au personnel 2e bureau. | Prescrit : cir. 228 du 23 septembre 1854. |
| | Cautionnements. Certificat de bonne gestion. | Délivré par le dir. pour le remboursement du cautionnement. Envoyé au personnel 2e bureau. | Prescrit : let. com. 11 du 21 juin 1865. |
| | Etat des intérêts de cautionnement. Annuel. | Formé par les s.-dir. et dir. Envoyé le 1er juillet à la dette inscrite. | Instructions : cir. 190 du 6 septembre 1838; 232 du 8 mai 1840 ; 261 du 20 décembre 1841 et let. com. 2263 du 25 septembre 1849. Intérêt de 3 p. 0|0 : art. 7 loi du 4 août 1844. Modèle : cir. 510 du 9 novembre 1857. Fixation des cautionnements : cir. 239 du 23 janvier 1879. |
| | Etat supplémentaire des intérêts de cautionnement. Annuel. | Formé par les s.-dir. et dir. Envoyé le 1er janvier à la dette inscrite. | Voir le modèle précédent. |
| | Etat des honoraires des médecins qui ont visité des employés en instance de pension. Annuel. | Formé par les s.-dir. et dir. Au dir. avant le 10 janvier. Au personnel-débits le 15. | Instructions : cir. 432 du 30 novembre 1859. Prestation du serment : cir. 188 du 11 février 1855. Inscription au 89 B : cir. 43 du 7 octobre 1892. |
| | Etat des changements dans la Légion d'honneur, la médaille militaire, etc. Semestriel. | Formé par les s.-dir. et dir. Comprend les buralistes, débitants de tabac et de poudre. Au personnel les 10 janvier et 10 juillet. | Modèle : let. com. du 3 février 1870. Instructions : let. com. 10 décembre 1873 et 22 septembre 1874. |

| | | |
|---|---|---|
| Liste des débitants de tabac autorisés à faire gérer. Annuel. | Fourni avec les certificats de vie par les chefs locaux au s.-dir. ou dir. Sert pour l'état n° 165. | Modèle : cir. 130 du 21 septembre 1936. |
| Proposition de nomination de débitants de poudre. | Envoyé par les dir. aux Préfets sur des feuilles n° 464. | Nomination par les Préfets ; présentations ; incompatibilités : cir. 39 du 17 mai et 43 du 16 juillet 1852. |
| Liste des buralistes et débitants de tabac ayant des pensions militaires. Trim. | Envoyé par les dir. au personnel-débits du 5 au 4er du mois qui suit le trimestre de nomination. | Création et modèle : let. com. 10 du 15 mai 1884. |
| Etat des franchises sur les chemins de fer. Annuel. | Envoyé par les dir. à la 1re div. 1er bur. le 1er janvier. | Prescrit : let. com. du 10 novembre 1867. |
| Etat des dépenses imputables au chapitre du personnel. Mensuel. | Envoyé par les dir. au personnel 1er bur. le 8. | Prescriptions : notes com. autog. des 18 octobre 1881 et 23 février 1891. |
| Liste des agents spéciaux disponibles. Bi-mensuel. | Formé par les s.-dir. et dir. Les 1er et 15 à la 2e div. 2e bur. pendant les chômages. | Modèle : let. com. 13 du 23 juillet et note autog. du 8 décembre 1891, n° 22472. |
| Registre de contrôle des non-disponibles. Recrutement. | Tenu à jour dans les s.-dir. et dir. | Modèle : cir. 224 du 9 novembre 1877. Situation des employés au point de vue militaire : let. com. 9 du 11 avril 1888. Modifications : let. com. 7 du 20 mai 1891 |
| Bulletin des mutations parmi les non-disponibles. Mensuel. | Formé par les s.-dir. et dir. et envoyé le 5 au commandant de recrutement. | Modèle : cir. 224 du 9 novembre 1877. |
| Liste des candidats à l'emploi de préposé. Imprimé P. 121 envoyé d'office par l'Adm. | Etat envoyé au personnel avant le concours sans les dossiers, qui sont ensuite transmis avec les épreuves sans état de classement. | Règles : cir. 206 du 29 janvier 1877 et let. com. 14 du 12 mai 1882. Nouvelles mesures : let. com. 82 du 18 mai 1894. |
| Liste des préposés aspirant à l'emploi de commis. Imprimé P 121 envoyé d'office par l'Adm. | Même annotation. | Règles : cir. 239 du 25 janvier, let. com. 16 du 23 juin 1879 et let. com. 7 du 3 avril 1890. Nouvelles mesures : let. com. 79 du 14 avril 1894. |
| Liste des candidats pour le contrôle. | Envoyée avant l'examen à l'Adm. avec une notice individuelle. | Création : cir. 238 du 29 avril 1878. Instructions : let. com. 17 du 16 juillet 1878; 20 du 12 août 1879 ; cir. 361 du 22 janvier 1883 ; let. com. 3 du 23 janvier 1883 et let. com. 24 du 21 novembre 1890. |
| Liste des candidats pour l'Adm. centrale. | Envoyé avant l'examen à l'Adm. | Création : cir. 347 du 14 août 1882. Modifications : let. com. 10 du 12 mai 1885 et 14 du 22 juillet 1890. |
| Liste des candidats au surnumérariat. Imprimé P 121 envoyé d'office par l'Adm. | Etat envoyé au personnel avant le concours sans les dossiers, qui sont ensuite transmis avec les épreuves sans état de classement. | Arrêté ministériel sur les conditions d'admission ; cir. 206 du 29 janvier 1877. Pièces à fournir ; programme ; rappel des règles : let. com. 94 du 2 janvier 1895. |

*Circulaires d'intérêt général applicables au présent chapitre.*

Cir. 39 du 17 mai 1852 : nomination des débitants de tabac par les Préfets ; gérances ; incompatibilités ; placement des débits.

Cir. 171 du 30 décembre 1853 : organisation ; commis ; commis principaux ; contrôleurs.

Cir. 205 du 11 mai 1854 ; 17 du 16 mars 1870 et 68 du 26 septembre 1872 : congés ; maladies ; intérim.

Cir. 13 du 27 novembre 1869 et 494 du 21 octobre 1887 : organisation : inspecteurs ; sous-directeurs ; directions régionales. (Le territoire de 5 sous-directions a été cédé à la Prusse et 22 ont été supprimées.)

Cir. 163 du 14 novembre 1863 et 12 du 31 août 1869 : instructions sur les obligations des débitants de tabac et l'exercice des débits.

Service militaire : let. com. 39 du 4 septembre 1875 et les renvois du *Catalogue méthodique*.

Traitements : voir au 93 A, chap. VIII.

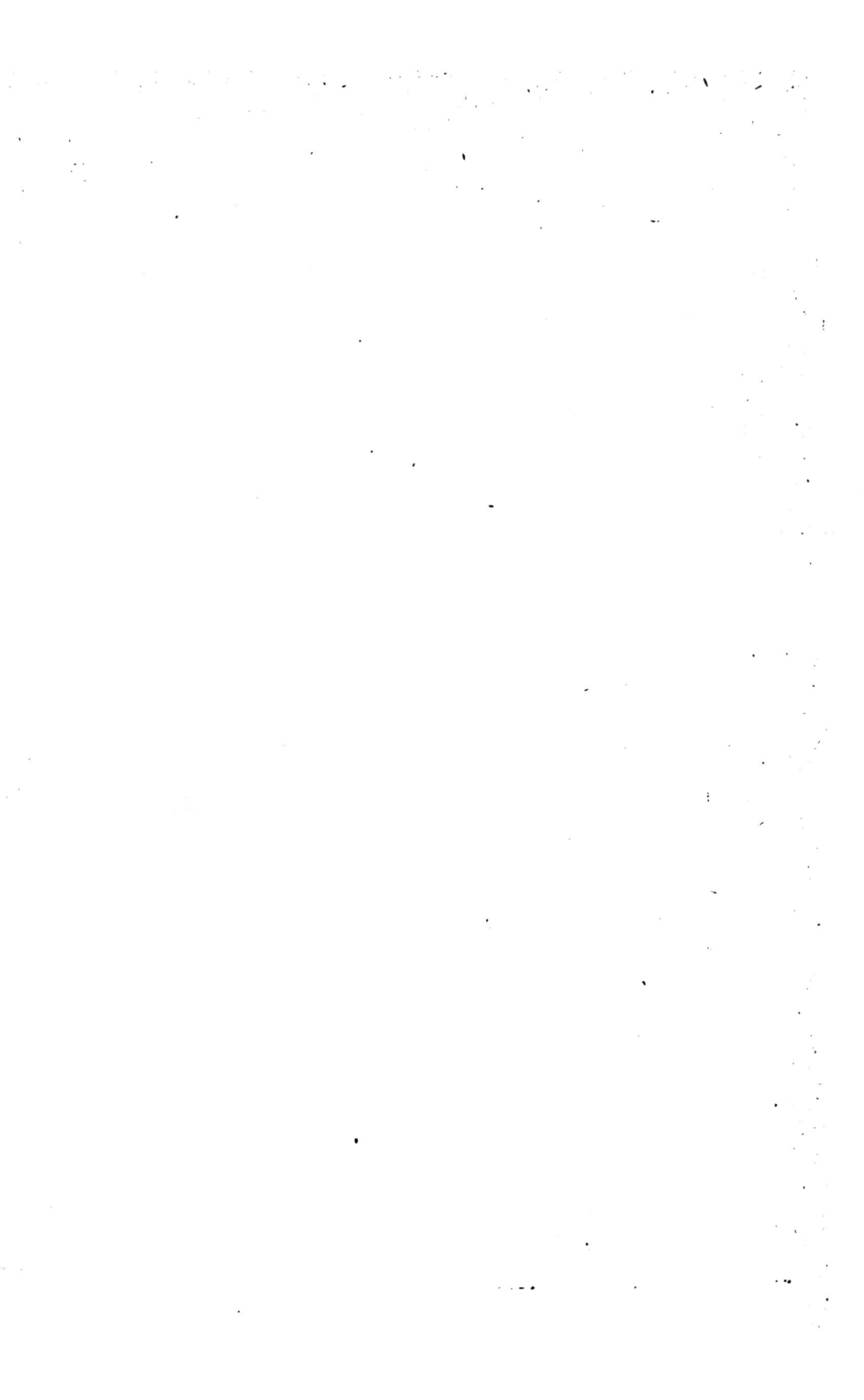

# Chapitre XVII. — Sels.

| | | | |
|---|---|---|---|
| 6 D Rouge | Avis de transit. Ex. | Envoyé par les chefs locaux aux dir. ou s.-dir., puis au lieu de départ. | Prescription : cir. 352 du 14 janvier 1847. Voir chap. iv. |
| 12 | Reg. de déclaration de transit. 5, 10, 25, 50 feuilles. 8 T. | Tenu par les buralistes. | Prescription : cir. 352 du 14 janvier 1847. Voir chap. iv. |
| 35 | Déclaration pour la fabrication des produits salifères. 8 T. Tit. int. | Tenu par les buralistes. Souche signée par le fabricant. | Création et règlement : cir. 258 du 25 septembre 1841. Modèle : cir. 265 du 7 février 1842. Exercice des fabriques de soude : cir. 872 du 22 décembre 1862. |
| 36 | Reg. de congés. 10, 25 et 50 feuilles. 8 T. | Tenu par les buralistes. | Création : cir. 258 du 25 septembre 1841. Reg. spécial : cir. 333 du 1er avril 1846. Raffineries : cir. 18 du 22 mars 1852. Sels impurs provenant des fabriques de produits chimiques : cir. 374 du 15 février 1849. |
| 37 | Reg. de passavants pour les matières libérées. 10 et 25 feuilles. 4 T. | Libellés par les concessionnaires de dépôts ou les buralistes. Quantités au-dessous de 1000 kilog. | Création : cir. 258 du 25 septembre 1841. Circulation : cir. 333 du 1er avril 1846. Raffineries : cir. 18 du 22 mars 1852. Délivrance pour les usages agricoles : cir. 173 du 9 septembre 1875 ; 187 du 3 avril 1876 et 409 du 17 novembre 1884. |
| 38 | Reg. d'acquits-à-caution pour les sels ou matières salifères soumis à l'impôt, ou dont l'enlèvement est subordonné à des formalités. 10, 25 feuilles. 4 T. | Délivrés par les buralistes. | Création : cir. 258 du 25 septembre 1841. Raffineries : cir. 18 du 22 mars 1852. Sels pour les entrepôts : cir. 93 du 7 février 1853. Délivrance : cir. 173 du 9 septembre 1875 et 187 du 3 avril 1876. Sels pour le pays de Gex : cir. 315 du 30 avril 1881. Sels pour l'agriculture : cir. 409 du 17 novembre 1884. Sels en franchise pour l'industrie et divers ; voir au modèle n° 40. |
| 38 B | Reg. Acquits destinés aux usages agricoles. 10, 25 feuilles. 2 T. | Délivrés par les buralistes. | Nouveau modèle : note 15 du 24 mai 1876. Délivrance : cir. 160 du 29 juillet et 173 du 9 septembre 1875 ; 187 du 3 avril 1876 et 409 du 17 novembre 1884. Envois aux dépôts : cir. 333 du 1er avril 1846. |
| 39 | Relevé des acquits-à-caution. Tit. int. Mensuel. | Formé par les buralistes. Remis au versement. | Création : cir. 258 du 25 septembre 1841. Sels neufs : let. com. du 4 septembre 1874. Qualité du destinataire : cir. 173 du 9 septembre 1875. |
| 40 | Reg. de décharge des acquits. 10, 25 feuilles. 8 T. | Tenu dans les postes. | Création : cir. 258 du 25 septembre 1841. Déchet : cir. 293 du 16 décembre 1843 et let. com. 2473 du 17 décembre 1841. Boni de poids : cir. 912 du 5 mai 1845 et let. com. 2660 du 5 décembre 1856. Fa- |

briques de soude et de produits chimiques : cir. 18 du 22 mars 1852 et cir. 872 du 22 décembre 1862. Ni transit ni échange pour les acquits de douane ; leur renvoi après décharge : cir. 66 du 17 septembre 1872. Certificats de dénaturation ; formules ; acquits en franchise pour l'agriculture, l'industrie, etc.; voir, chap. xxiii du *Catalogue méthodique*, les cir. n°° 66 de 1872 ; 160 de 1875 ; 6, 333, 336 et 348 de 1882 ; 367, 371, 375 et 380 de 1883 ; 399, 405 et 412 de 1884 ; 419, 423 et 428 de 1885 ; 445 et 459 de 1886 ; 517 de 1888 ; 537 et 548 de 1889. Sels pour les manufactures des tabacs : let. com. 63 du 21 avril 1893.

| | | | |
|---|---|---|---|
| 41 | Portatif pour les fabriques de sel. 25 et 50 feuilles. Trim. | Tenu dans les postes. | Création : cir. 258 du 25 septembre 1841. |

| 42 | Etat de produit. Trim. Ex. | Formé dans les postes. | Création : cir. 258 du 25 septembre 1841. Tarif : cir. 111 du 30 décembre 1848 ; 155 du 5 juin 1875 et 205 du 28 décembre 1876. |
|---|---|---|---|
| 44 | Reg. de dépouillement des acquits non rentrés. Tit. int. | Tenu à la s.-dir. ou dir. | Création : cir. 258 du 25 septembre 1841. |
| 45 | Reg. de dépouill... ent des acquits n. entrés. Tit. int. | Tenu dans les recettes particulières. | Création : cir. 258 du 25 septembre 1841. |
| 45 Sucres | Journal des contrôleurs et des commis principaux de 1re classe. 2 par mois. Cahier. | Envoyé au dir. avant le 10. A la 2e div. 2e bur. le 20. | Suite du service : cir. 2 du 16 avril 1821 ; 258 du 25 septembre 1841 et 18 du 22 mars 1852. Voir chap. XIX. |
| 46 | Portatif pour les dépôts de sels mélangés. De 40 feuilles. Annuel. | Tenu dans les postes. | Créé : cir. 333 du 1er avril 1816. Enlèvements pour un autre dépôt : let. com 1402 du 22 juin 1816. Sels provenant des entrepôts de douane ; boni et déchet : let. com. 2014 du 23 septembre 1816. Dépôts, exercices, manquants : cir. 14 du 30 novembre 1869 et 187 du 3 avril 1876. Abolition du droit pour l'agriculture : cir. 14 précitée. |
| 47 | Déclaration d'introduction dans les raffineries. 5, 10 feuilles. 8 T. | Tenu par les buralistes. | Créé : cir. 18 du 22 mars 1852. Introductions et sorties des raffineries ; déficits : let. lithog. du 5 avril 1852. |
| 48 | Portatif pour les raffineries. 40 feuillets. Annuel. | Tenu dans les postes. | Créé : cir. 18 du 22 mars 1852. Recommandations : let. lithog. du 5 avril 1852. |
| 71 A | Registre d'ordres. Annuel. De 61, 71, 91, 111, 123 feuilles. | Tenu dans les postes. | Prescrit : cir. 258 du 25 septembre 1841. Voir chap. XVIII. |
| 77 série S | Bulletins avisant de la délivrance d'acquits ou passavants. Douane. | Formés par le bureau de départ pour être envoyés au lieu d'arrivée. | Délivrance : let. com. du 4 septembre 1874 ; cir. 173 du 9 septembre 1875 et 187 du 3 avril 1876. |
|  | Etat général des salpêtriers. Annuel. | Formé par les s.-dir. et dir. Au dir. avant le 10 janvier. A la 2e div. 2e bur. le 20. | Modèle : cir. 47 du 11 juillet 1821. Voir let. com. n° 914 du 25 février 1824. |
|  | Etat de situation des fabricants de soude, des fabricants de savon, des fabricants de produits chimiques, etc., recevant des sels neufs en franchise. Mensuel. | Formé par les chefs de poste. Au dir. avant le 4. Le 5 à la 2e div. 2e bur. | Créé : cir. 187 du 3 avril 1876. |
|  | Tableau des quantités fabriquées et expédiées. Mensuel. | Formé par les chefs locaux. Au dir. avant le 4 ; à la 2e div. 2e bur. le 5. | Créé : cir. 187 du 3 avril 1876. |
|  | Carnet pour les acquits. | Tenu par les employés. | Modèle : cir. 66 du 17 septembre 1872. |
|  | Relevé des sels neufs dénaturés livrés à l'agriculture. Mensuel. | Formé dans les postes. Au dir. avant le 5. A la 2e div. 2e bur. le 5. | Modèle : cir. 14 du 30 novembre 1869. Il s'agit des sels neufs dénaturés avant l'enlèvement : let. com. 20 du 11 janvier 1872. |
|  | Frais d'exercice dans les fabriques de soude ou de produits chimiques. Trim. | Etat dressé par le chef local et remis au receveur pour la perception. | Règles : cir. 872 du 22 décembre 1862. |

# Chapitre XVIII. — Service général.

| | | | |
|---|---|---|---|
| 66 | Rapport d'enquête. Cahier. | Formé par l'employé vérificateur et envoyé à la 1re div. | Création : cir. 282 du 12 décembre 1879. |
| 69 | Reg. des ordres généraux. 25 feuilles. | Tenu dans les postes, contrôles, recettes particulières, principales et entrepôts. | Création : cir. 410 du 21 décembre 1818. Prescriptions : cir. 310 du 1er août 1835. Extrait inséré dans le 86 A ; modèle 69. cir. 282 du 12 décembre 1879. |
| 70 A-B | Reg. d'ordre pour les recettes ambulantes. De 32 et 42 feuilles. Annuel. | Tenu dans les recettes ambulantes. | Création : cir. 3 du 9 janvier 1815. Travail journalier : cir. 107 du 1er décembre 1806. Ensemble du service : cir. 410 du 21 décembre 1818 ; 310 du 1er août 1835 ; 17 du 16 mars 1870 et 282 du 12 décembre 1879. Libellé des ordres : let. com. 2 du 11 avril 1883. |
| 70 C | Rapport sommaire des receveurs ambulants. Annuel. Ex. | Formé en simple par les chefs locaux et remis au s.-dir. ou dir. le 10 janvier. | Création : cir. 76 du 22 novembre 1852. Prescriptions : cir. 282 du 12 décembre 1879. |
| 71 A-B | Reg. d'ordre pour les contrôleurs. 61, 71, 91, 111, 123 feuilles. Annuel. | Tenu par les chefs de poste. | Cadres à remplir : cir. 282 du 12 décembre 1879. Voir le 70 A-B. |
| 72 A | Rapport sommaire des contrôleurs et des commis principaux de 1re et 2e classe. Trim. Cahier. 24 par an. | Envoyé au dir. avant le 10. A la 1re div. le 20 | Nouveau modèle : cir. 282 du 12 décembre 1879. Employés qui le fournissent : cir. 480 du 17 juin 1887. Questions de service : let. com. 18 du 15 juin 1889. |
| 84 | Bulletin de situation du compte d'un redevable remplacé ou décédé. Trim. Ex. | Formé par les chefs locaux ; remis au dir. qui l'envoie à l'enregistrement. | Création : cir. 168 du 30 août 1875. Renseignements demandés par l'enregistrement : cir. 323 du 13 octobre 1855. Prescriptions : cir. 429 du 24 juin 1885. Modifications : cir. 518 du 16 juin 1888. |
| 86 A | Rapport des inspecteurs. Cahier. 80 par inspecteur. | Envoyé en double au dir. cinq jours après la vérification et à la 1re div. dix jours après. | Création : cir. 282 du 12 décembre 1879. Action de l'inspecteur : cir. 443 du 1er mars 1850 ; 488 du 19 juillet 1851 ; 17 du 16 mars 1870 ; 61 du 23 août 1872 et 554 du 1er avril 1889. Questions de service : let. com. 18 du 15 juin 1889. |
| 86 B | Reg. de travail pour les inspecteurs ou les contrôleurs ayant des chefs de poste. Sert jusqu'à la fin. 60 feuilles. | Rempli par ces employés. | Nouveau modèle : cir. 282 du 12 décembre 1879. Création : cir. 61 du 23 août 1872. Contrôleurs : cir. 357 du 21 décembre 1882. |
| 86 C | Reg. de visa des employés. Sert jusqu'à la fin. 36 feuilles. | Déposé dans les recettes bur. ou débits de tabac. | Créé : cir. 83 du 13 avril 1834. Abus : cir. 114 du 28 octobre 1835. Renseignements à inscrire : cir. 122 du 13 janvier 1836. Coopération de l'Adm. des postes : cir. 155 du 28 août 1837. Rappel : cir. 17 du 16 mars 1870. Pas de visa des inspecteurs : cir. 282 du 12 décembre 1879. |
| 86 E | Résumé du travail des inspecteurs. 8 par an. Trim. Ex. | Au dir. avant le 10 ; à la 1re div. avant le 15. | Création : cir. 282 du 12 décembre 1879. |

| | | |
|---|---|---|
| 105 | Rapport des directeurs. 2 par an. Ex. | Formé par les s.-dir. et dir. Avant le 5 mars au dir. Le 15 à la 1re div. | Ordre de discussion : cir. 1 du 24 mars 1824 et cir. 87 du 11 avril 1813. Travail des receveurs principaux et particuliers entreposeurs : let. com. 13 du 15 mai 1866. État des avances à joindre au 105 : let. com. 4 du 28 février 1918. Production en fin d'année : cir. 282 du 12 décembre 1879. Extrait aux bureaux compétents : cir. 17 du 16 mars 1870. |
| 105 B | Rapport de tournée. Ex. | Formé par les s.-dir. et dir. Envoyé 10 jours après à la 1re div. | Création : cir. 282 du 12 décembre 1879. Recommandations : cir. 11 du 17 mars 1825 et 110 du 21 décembre 1848. Époque des tournées : let. com. 15 du 13 juin 1850. Rappel : cir. 310 du 1er août 1855. |
| 107 | Résultat de la vérification des portatifs. Tit. int. | Formés par les vérificateurs et joints aux 72 A ou 86 A. | Création : cir. 282 du 12 décembre 1879. Vérification du 105 B : let. com. 59 du 9 février 1893. |
| 117 E | Tableau général des tarifs. Se demande à l'Adm. Brochure. | Contenant les tarifs Trésor et octroi ; les prix pour les monopoles et divers tableaux. | Coté : cir. 304 du 9 décembre 1880. Voir la dernière édition. |
| 117 F | Tableau des tarifs pour les recev's buralistes. Se demande à l'Adm. Ex. | Extrait du 117 E. A déposer dans les bureaux. | Idem. |
| 177 | Tableau de consistance par recette principale. Cahier. Annuel. 2 par dir. 3 par s.-dir. | Envoyé par le s.-dir. au dir. avant le 10 janvier ; à la 1re div. le 15. | Création : cir. 178 du 7 juin 1838. Formation : let. com. 2319 du 21 décembre 1841. Communiquer les états des recettes part. à l'inspecteur : cir. 310 du 1er août 1855. |
| 179 | Tableau de consistance par direction. 2 par dir. Annuel. Ex. | Formé avec le 177. A la 3e div. 1er bur. le 30 janvier. | Idem. |
| 180 A | Tableau des recettes buralistes. Cahier. 2 par dir. 3 par s.-dir. Annuel. | Envoyé par le s.-dir. au dir. avant le 1er février ; à la 1re div. le 10. | Modèle : let. com. 9 du 28 octobre 1826. Transmission : cir. 40 du 19 mars 1832. |
| | Etat nominatif des employés qui désirent acheter des vélocipèdes. | Formé par les s.-dir. ou dir. et envoyé à la 3e div. 1er bur. | Création : let. com. 32 du 25 avril 1892. Exemption de l'impôt : cir. 97 du 6 août 1894. |
| | Bordereau des sommes retenues aux employés à compte sur le prix des vélocipèdes. Mensuel. | Formé par les receveurs principaux. Envoyé par les dir. le 30 à la 3e div. 1er bur. | Création : let. autog. n° 6204 du 3 août 1892. |
| | Etat des agents munis de vélocipèdes et rapport du directeur. Annuel. | Envoyé en novembre par le dir. à la 3e div. 1er bur. | Création : cir. 97 du 6 août 1894. |
| | Etat des déclarations de commencer et de cesser. Imprimés fournis par les contributions directes. Trim. | Formé par les chefs locaux et remis au versement. | Formation : cir. 134 du 16 décembre 1836. |
| | Carnet des instructions. | Tenu dans les postes ou bureaux. | Création : cir. 21 du 6 octobre 1831. Table des let. com. de 1871 à 1880 : let. com. 12 du 1er juin 1881. De 1381 à 1887 : let. com. 5 du 24 février 1888. De 1888 à 1891 : let. com. 18 du 10 octobre 1891. |
| | Bulletin des instructions et mouvements. Bi-mensuel. | Publié par l'Adm. | Création : cir. 627 du 9 mars 1891. |

| | | |
|---|---|---|
| Etat des changements au bulletin. Bi-mensuel. | Envoyé le 10 et le 25 de chaque mois à la 3e div. 3e bur. par le dir. | Création : cir. 627 du 9 mars 1891. |
| Feuille d'enveloppe du 86 O. | Tenue dans les s.-dir. et dir. | Création et modèle : cir. 17 du 16 mars 1870. |
| Feuille d'observations sur les 86 O. | Tenue dans les s.-dir. et dir. | Création : let. com. du 22 septembre 1871. Rapprochements : cir. 100 du 5 septembre 1873. |
| Reg. des lettres-timbre des boîtes aux lettres. | Tenu dans les s.-dir. ou dir. | Création : cir. 153 du 28 août 1831. Relevé des bulletins : cir. 83 du 13 juin 1834. |
| Reg. des timbres mobiles. | Tenu dans les entrepôts. | Création : let. com. 6366 du 12 décembre 1872. |
| Reg. des timbres mobiles chez les débitants de tabac. | Entrées inscrites par l'entreposeur. | Création : let. com. 6366 du 12 décembre 1872 et let. com. 533 du 11 février 1871. Vente chez tous les débitants de tabac : let. com. 533 du 11 février 1871. Timbres de 0,10 c. à 2 fr. : cir. 1363-109 du 19 juillet 1881. Débitants qui prennent les timbres à l'entrepôt : let. com. 8 du 3 juin 1887. Remises : cir. 564 du 2 août 1889. |
| Proposition de création de recettes buralistes, recettes débits ou débits simples. | Envoyé par le dir. à la 1re div. | Modèle : cir. 12 du 31 août 1869. Remplacé par celui de la let. com. n° 10 du 9 mai 1889 Réunion des recettes buralistes et des débits de tabac : cir. 191 du 29 janvier 1811 et 25 du 13 juin 1817. Nombre et placement des débits : cir. 61 du 18 février 1811 ; let. com. 3634 du 7 décembre 1818 et cir. 12 du 31 août 1869. Création de débits dans les maisons centrales : cir. 82 du 7 juin 1834. |
| Reg. de dépouillement des journaux des inspecteurs. | Tenu à la dir. | Modèle : cir. 61 du 23 août 1872. Prescriptions : cir. 282 du 12 décembre 1879. |
| Proposition de fixation de frais de commis. | A former par les s.-dir. ou dir. | Création et modèle : let. com. 27 du 12 janvier 1892. |

## Circulaires d'intérêt général applicables au présent chapitre.

Loi du 5 ventôse an XII : établissement de la Régie.
Cir. 19 du 30 fructidor an XII ; 58 du 27 mars et 68 du 18 juin 1806 : attributions des employés.
Loi du 6 prairial an VII ; cir. 301 du 10 juillet 1835 et 103 du 2 janvier 1874 : décimes et demi-décime.
Cir. 3 bis du 3 mai 1816 ; 104 du 8 avril 1835 et 126 du 16 mai 1836 : loi du 28 avril 1816 ; instructions.
Cir. 310 du 1er août 1855 : organisation : voir l'analyse chap. XXIV du *Catalogue méthodique*.
Cir. 17 du 16 mars 1870 : organisation : voir l'analyse chap. XXIV du *Catalogue méthodique*.
Cir. 304 du 9 décembre 1830 ; nomenclature de toutes les taxes et des tarifs de la Régie.
Cir. 463 du 15 janvier 1887 ; 506 du 2 mars 1898 et 582 du 17 mars 1899 : organisation de l'Adm. centrale ; rapports des directeurs avec elle.
Cir. 17 du 27 janvier 1892 : nouveau régime douanier.
Cir. 26 du 4 mars 1892 : tableau des productions périodiques.
Vérification des écritures : voir à la fin du chap. VII aux cir. d'intérêt général.
Organisation du personnel : voir à la fin du chap. XVI aux cir. d'intérêt général.

# Chapitre XIX. — Sucres.

| | | | |
|---|---|---|---|
| 1 | Reg. de déclaration de fabrication, de cessation, etc. 8 T. 5 et 10 feuilles. | Tenu dans les recettes buralistes. | Emploi : § 19, 20, 23, 30 et 84 de l'instruction du 15 décembre 1853. Option : cir. 404 du 17 août 1884 ; 10 du 1er juillet et let. com. 12 du 11 juillet 1891. Pesage ; déclarations : cir. 482 du 15 juillet 1887. Déclaration des osmogènes : cir. 486 du 29 août 1887. |
| 2 | Reg. des défécations (pour les usines qui se servent des presses). 102 feuillets. | Tenu par le fabricant. | Emploi : § 31 et 33 de l'instruction du 15 décembre 1853. Rétabli ; sert à remplir les feuilles 3 A : cir. 486 du 29 août 1887. Tenue du carnet n° 8 modifié à la main : cir. 486 précitée et let. com. autog. 8901 du 24 avril 1889. |
| 2 A | Reg. d'inscription des pesées de betteraves. 50 feuillets. | Tenu dans les postes. | Enonce le folio du n° 7 ; création : let. com. 21 du 11 septembre 1884. Tenue : cir. 404 du 17 août 1884. Instruction générale : cir. 482 du 15 juillet 1887. |
| 2 B | Reg. de chargement des diffuseurs. 102 feuillets. | Tenu par le fabricant. | § 33 de l'instruction du 15 décembre 1853. Créé : cir. 486 du 29 août 1887 ; sert à remplir les feuilles 3 A. Récapitulation sur un carnet n° 8 modifié à la main : let. com. autog. 8901 du 24 avril 1889. |
| 3 | Relevé des défécations par fabrique. Un par jour par fabrique. Ex. | Formé dans les postes et envoyé à l'inspecteur ou au s.-dir. | § 37 de l'instruction du 15 décembre 1853. |
| 3 A ancien 75 | Feuille de contrôle du pesage des betteraves. Décadaire. Ex. | Formé dans les postes et envoyé à l'inspecteur ou au s.-dir. | Créé : cir. 486 du 29 août 1887. Remplies à l'aide des reg. 2 et 2 B. |
| 4 | Reg. de déclaration de mise en cristallisation ou carnet d'emploi. 22 feuillets. | Tenu par le fabricant et dans les sucraleries. | Emploi : § 21, 42 à 45, 48, 49 et 72 de l'instruction du 15 décembre 1853 et cir. 404 du 17 août 1884. Rétabli : cir. 486 du 29 août 1887. |
| 4 A | Déclaration de turbinage. 42 feuillets. | Tenu par le fabricant et dans les sucraleries. | Créé : let. com. 20 du 30 août 1884. Emploi : cir. 404 du 17 août 1884. Enonce le folio du n° 7. |
| 5 | Reg. des déclarations diverses ; refontes, pertes, etc. 10 feuilles. | Tenu dans les postes. | § 21, 23, 50, 54, 57, 62 et 109 de l'instruction du 15 décembre 1853. Déclarations : cir. 404 du 17 août 1884. Enonce le f° du n° 6. |
| 6 A B O etc. | Carnet portatif ou Résultat des vérifications. Un par employé. 104 feuillets. | Tenu dans les postes. | § 24, 52, 53, 59, 62, 81 et 103 de l'instruction du 15 décembre 1853. Instruction générale sur les glucoses : let. com. 3 du 23 février 1818. Reconnaissance des densités : cir. 486 du 29 août 1887. Densimètres : cir. 566 du 14 août 1889. Raffinés : cir. 609 du 31 octobre 1890 et 67 du 31 août 1893. Carnet des turbines ; créé : let. com. 88 du 25 juillet 1894. Résultats des inventaires : let. com. 81 du 30 avril 1894. |
| 7 | Portatif pour les fabriques-distilleries. 230 feuillets. | Tenu dans les postes. | 31, 40, 55 et 193 de l'instruction du 15 décembre 1853. Manquants : décret du 7 janvier 1860. Minimum de 1200 grammes de raffiné pour 100 lit. de jus : art. 21 loi du 19 juillet 1880. Maintien de l'ancien régime : cir. 483 du 20 juillet 1887. Déchet de 15 p. % : cir. 10 du 1er juillet 1891. Modèle modifié : let con. 12 du 11 juillet 1891. |

7 A    Portatif pour les fa-    Tenu dans les postes.    § 103 de l'instruction du 15 décembre 1853.
briques simples et                                       Création : let. com. 30 du 30 août 1881;
les sucrateries. 130                                     modifié : let. com. 12 du 11 juillet 1891.
feuillets. 1re partie :                                  l'égime : cir. 404 du 17 août 1884 et 10
compte de fabrica-                                       du 1er juillet 1891. Produits en raffiné au
tion. 2e partie :                                        compte général : art. 21 loi du 19 juillet
compte de maga-                                          1880 (cir. 297 du 25 août 1880). Inven-
sin.                                                     taires, excédents et manquants : art. 8
                                                         loi du 31 mai 1846 (cir. 339 du 5 juin
                                                         1846) ; art. 19 décret du 1er septembre

1852 (cir. 59 du 3 septembre 1852) ; art. 10 et 13 du décret du 31 juillet 1884 (cir. 404 du 17 août 1884) et art 1er
loi du 29 juin 1891 (cir. 10 du 1er juillet 1891). Introductions : art. 8 décret du 31 juillet 1884 (cir. 403 du 30 juillet et 404 du 17 août 1884). Sorties : art. 4 ord. du 7 août 1813 ; art. 26 et 36 du décret du 1er septembre 1852
précité ; cir. 641 du 23 mai 1860 et 931 du 31 mai 1864. Décharge des sorties : art. 3 du décret du 31 juillet
1884 (cir. 404 précitée) et 3 loi du 29 juin 1893 précitée. Cassation : art. 10 loi du 31 mai 1846 précitée et 24 du
décret du 1er septembre 1852 précité. Régime des sucrateries : § 15 et 33 de l'instruction du 15 décembre 1853
et art. 13 du décret du 31 juillet 1884 précité. Compte auxiliaire : art. 11 décret du 31 juillet 1884 précité. Pertes
matérielles : art. 18 décret du 1er septembre 1852 précité et cir. 404 précitée. Compte particulier des transferts :
let. com. 35 du 22 novembre 1876. Poids des sacs : let. com. 35 du 11 janvier 1875 ; art. 27 et 38 du décret du
1er septembre 1852 précité et let. com. 3 du 7 février 1881. Sucres libérés de la taxe du sucrage et réintégrés :
cir. 433 du 30 juillet 1885.
*Mélasses.* Envoi aux distilleries : art. 11 loi du 31 mai 1846 précitée ; art. 6 loi du 4 juillet 1887 (cir. 483 du
20 juillet 1887). Envoi aux fabriques et sucrateries : let. com. 3 du 9 février 1877 ; art. 8 et 13 du décret du
31 juillet 1884 précité ; art. 14 du décret du 25 août 1887 (cir. 486 du 29 août 1887) et 3 loi du 29 juin 1891
précitée. Envoi à l'étranger : art. 6 loi du 4 juillet 1887 précitée. Décharge des mélasses : art. 6 loi du 4 juillet
1887, 14 du décret du 25 août 1887 et art. 3 loi du 29 juin 1891 précités. Inventaire des mélasses : art 15 du décret du 25 août 1887 précité. Réserve de 10 p. 96 : art. 15 du décret du 25 août 1887 précité : let. com. 22 du
31 juillet 1883 ; let. com. 11 du 10 mai 1889 et let. com. 47 du 22 août 1893. Transfert des mélasses : let. com.
3 du 21 mai 1877.

7 B    Portatif pour les fabri-    Tenu dans les postes.    § 104 à 120 de l'instruction du 15 décembre
ques raffineries. 296                                      1853. Création : let. com. 12 du 11 juillet
feuillets. 2 comptes                                       1891. Régime : cir. 404 du 17 août 1884.
principaux : 1° fabri-                                     Voir le 7 A. Déclaration de mise à l'étuve
cation ; 2° un compte                                      et de la sortie des pains : § 50 à 55, 112
auxiliaire de sucres                                       et 113 de ladite instruction et cir. 404
achevés, divisé en                                         précitée. Sucres candis : § 112 de l'instruc-
trois parties : 1°                                         tion. Réception de sucres libérés : art. 2
compte de magasin                                          du décret du 17 avril 1858 (cir. 535 du
des sucres en pou-                                         22 avril 1858) et 8 du décret du 31 juil-
dre ; 2° compte de                                         let 1884 (cir. 404 précitée). Prise en
mise à l'étuve ; 3°                                        charge de sucres bruts placés en admis-
compte de magasin                                          sion temporaire : cir. 297 du 25 août 1880.
des raffinés.                                              Admissions temporaires : cir. 931 du
                                                           31 mai 1864 et let. com. 30 du 27 dé-
                                                           cembre 1878. Enlèvement de mélasses :
                                                           art. 13 du décret du 31 juillet 1884 (cir.

404 précitée) et art. 3 loi du 29 juin 1891 (cir. 10 du 1er juillet 1891). Sorties : cir. 297 précitée. Recensements : § 69 et 70 de l'instruction. Excédents saisissables : § 70 de l'instruction. Manquants saisissables :
§ 73, 76 et 78 de l'instruction.

8    Carnet présentant le    Tenu dans les postes.    Création et emploi : let. com. 24 du 10 sep-
détail par degré                                     tembre 1880.
des quantités expé-
diées. Tit. 1 t.

9    Acquits-à-caution    Tenu par les bura-    *Règles communes aux acquits de sucre.*
pour le transport         listes ou dans les    Les acquits nos 9 et 9 A sont rattachés à
des mélasses et des       postes.               la souche après décharge : cir. 983 du
glucoses libérées.                              28 décembre 1864. Renvoi des acquits
10 et 25 feuilles. 4 T.                         déchargés en douane : let. com. 30 du
                                                27 décembre 1878. Règles communes :

§ 97, 98, 126, 152, 154, 155, 161 à 163 de l'instruction du 15 décembre 1853. Régime : art. 19 loi du 31 mai
1846 (cir. 314 du 1er septembre 1846). Déclarations de sorties : § 90, 91 et 156 de l'instruction : cautions : § 99 de
l'instruction. (Voir au 52 D, chap. IV.) Plombage : § 95 ; prix 03 c. : cir. 280 du 25 novembre 1879. Changement
de route : cir. 933 du 28 décembre 1864. Exhibition des expéditions : art. 18 loi du 31 mai 1846 (cir. 341 du
1er septembre 1846). Cantons soumis aux formalités à la circulation : art. 15 loi du 31 mai 1846 précitée et cir.
604 du 1er septembre 1890. Calcul du rendement : let. com. 6 du 19 février 1881. Apurement : § 169, 171 et 172
de l'instruction ; ordonnance du 11 juin 1816 ; art. 19 loi du 31 mai 1846 ; let. com. 29 du 6 septembre 1876 ;
6 du 14 février 1889 et 1er du 11 avril 1891. Cas où on doit délivrer des acquits n° 9 ou 9 A : let. com. 25 du
11 décembre 1884. Annotation des résultats des analyses aux nos 9 et 9 A : let. com. 18 du 25 août 1890. Voir
au chap. IV.
*Acquit n° 9.* — Envoi par des non exercés : § 156 de l'instruction de 1853. Mélasses enlevées d'une raffinerie
à destination d'un établissement exercé autre qu'une distillerie ou pour celles de plus de 100 kil. expédiées à
toute autre destination ; il faut un acquit noir : art. 8 du décret du 30 août 1893 (cir. 67 du 31 août 1893). Mélasses
dénaturées au départ : cir. 68 du 22 septembre 1893. Justification du paiement antérieur pour les sucres indigènes :
§ 155 de l'instruction de 1853.

| 9 A rouge | Acquits-à-caution pour les sucres et les glucoses non libérés. 25 feuilles. 4 T. | Tenu par les buralistes ou dans les postes. | Modèle nouveau : let. com. 26 du 21 septembre 1880. Envois de fabrique à fabrique : art. 8 du décret du 31 juillet 1881 (cir. 401 du 17 août 1791), et art. 3 de la loi du 29 juin 1891 (cir. 10 du 1er juillet 1891). Franchise pour l'exportation : cir. 611 du 23 mai 1860. Mise en entre- |

pôt ou exportation de glucoses : cir. 311 du 4 avril 1881 et 3 du 23 février 1878. Sucres circulant avec un permis, classement réservé : let. com. 26 du 21 septembre 1883 et 25 du 14 décembre 1881. Acquittement en cours de route : cir. 801 du 10 octobre 1861. Usage du 9 A. Contestations sur le degré : let. com. 17 du 12 novembre 1875. Entrepôts réels : let. com. 18 du 10 août 1880 ; cir. 576 du 2 janvier et 608 du 23 octobre 1890 ; 615 du 12 janvier 1891 ; 41 du 11 novembre 1892 et décret du 9 février 1891. Confection des sacs de sucre : let. com. 35 du 14 janvier 1875.

| 9 B bleu | Acquits pour le surorage. 25 feuilles. 4 T. | Tenu par les buralistes. | Voir les instructions au chap. IV. |
| 9 C roses | Acquits pour les sucres imposables au droit réduit. 25 feuilles. 4 T. | Tenu par les buralistes. | Création : cir. 600 du 8 août 1890. |
| 10 | Etat de contrôle de la fabrication (ancien 16 qui a remplacé le 43 B). Mensuel. Ex. | Fourni tous les 10 jours par les chefs de poste. Envoyé par l'inspecteur des sucres ou le s.-dir. au dir. le 16. A la 2e div. 2e bur. avant le 20. | Création : cir. 486 du 29 août 1887. Rappel : let. com. 19 du 19 octobre 1891. |
| 11 | Laissez-passer pour les sucres libérés à 98 degrés jusqu'à 1000 k. 10, 25, 50 feuilles. 4 T. | Tenu par les buralistes et les négociants en gros autorisés. | Envois jusqu'à 1000 kil. : § 126 et 152 ; jus pour les distilleries : § 40. Déclaration d'enlèvement : § 151 ; justification du paiement antérieur des droits : § 153 ; vérification au départ : § 156 de l'instruction du 15 décembre 1853. Nouveau modèle : let com. 24 du 10 septembre |

1880. Envois de sacs de 25 kil. net : let. com. 3 du 7 février 1881. Glucoses : cir. 310 du 20 février 1881. Poudres blanches à 98 expédiées après paiement : let. com. 21 du 11 septembre 1881. Rappel des règles : let. com. 25 du 11 décembre 1881. Cantons soumis aux formalités à la circulation : cir. 601 du 1er septembre 1890.

| 11 A | Laissez-passer pour les sucres libérés à destination des raffineries. 25 feuilles. 4 T. | Tenu par les buralistes. | Création : cir. 609 du 31 octobre 1890. Nouveau régime des raffineries ; vergeoises et bas produits solides allant d'une raffinerie à l'autre : cir. 67 du 31 août 1893. |
| 12 | Reg. de décharge des acquits. 10 et 25 feuilles. 4 T. | Tenu dans les postes. | Vérifications ; conditions de décharge : § 81, 103, 168 et 169 de l'instruction de 1853. Suite de l'apurement : let. com. 29 du 6 septembre 1876. Contrôle de la décharge : let. com. 21 du 10 septembre 1880. Acquits de glucoses : cir. 318 du 27 mai 1881. |
| 13 | Relevé des acquits délivrés. Noir rouge, bleu et rose. Tit. Int. | Formé chez les buralistes ou dans les postes, et envoyé au s.-dir. ou dir. | Nouveau modèle et contrôle de la décharge : let. com. 21 du 10 septembre 1880. Formation : § 269 de l'instruction de 1853. Apurement des acquits dans les usines : cir. 983 du 28 décembre 1861. Tenue des reg. n° 13 : let. com. 29 du 6 septembre 1876. Relevés spéciaux pour l'adm. concernant les mélasses pour l'agriculture et la viticulture : cir. 68 du 22 septembre 1893. |
| 14 | Reg. de dépouillement des acquits non rentrés. Les 4 couleurs. Tit. Int. | Tenu à la s.-dir. ou dir. | Nouveau modèle : let com. 21 du 10 septembre 1880. Tenue : let. com. 29 du 6 septembre 1876. Voir le n° 13. |
| 15 | Le même registre. | Tenu dans les recettes part. | Nouveau modèle : let. com. 21 du 10 septembre 1880. Tenue : let. com. 29 du 6 septembre 1876. Apurement : voir au 166, chap. VII. Voir le n° 13. |

| | | | |
|---|---|---|---|
| 16 | Carnet de situation du compte des sirops en cristallisation. 50 feuillets. | Tenu dans les postes. | § 102 de l'instruction de 1853. Création et usage : cir. 401 du 17 août 1884. |
| 17 | Carnet de situation des vaisseaux de grande dimension. 50 feuillets. | Tenu dans les postes. | § 103 de l'instruction de 1853. Emploi : let. com. 24 du 20 août 1888. Raisins secs : cir. 606 du 13 octobre 1890. |
| 19 | *Raffineries*. Déclaration d'enlèvement au bordereau des pesées. Ex. | Formé en double par le raffineur qui en conserve un. | Règles : cir. 609 du 31 octobre 1890. Modèle modifié : cir. 67 du 31 août 1893. |
| 19 A | *Raffineries*. Bulletin d'expédition ou de sortie. Ex. | Formé par les employés et classé dans les archives après la sortie. | Règles : cir. 609 du 31 octobre 1890. Modèle modifié : cir. 67 du 31 août 1893. |
| 20 | *Raffineries* : carnet d'analyse et de vérification des sucres et bas produits entrés ou sortis. 100 feuilles. | Tenu dans les postes des raffineries. | § 106 et 107 de l'instruction de 1853. Création : cir. 609 du 31 octobre 1890. Nouveau modèle : cir. 67 du 31 août 1893. |
| 20 A | *Raffineries*. Carnet pour l'inscription des certificats 7 C d'exportation ou d'entrée en entrepôt présentés par les raffineurs. 100 feuillets. | Tenu dans les postes des raffineries. | Création : cir. 609 du 31 octobre 1890. Nouveau modèle : cir. 67 du 31 août 1893. |
| 21 | *Raffineries*. Portatif. 200 feuillets. | Tenu dans les postes. | § 104 et 120 de l'instruction de 1853. Créé : cir. 609 du 31 octobre 1890. Modèle modifié : cir. 67 du 31 août 1893. |
| 22 | État de produit. Ex. | Formé dans les postes. | § 207 de l'instruction. Obligations d'admission temporaire apurées en argent ; imputation d'exercice : cir. 801-75 du 23 novembre 1863. Glucoses ; instruction : let. com. 3 du 23 février 1878. Tarif au degré : cir. 297 du 25 août 1880. Calcul du degré : let. com. 6 du 19 février 1881. Tarifs : candis 64 fr. 20 et chocolat 98 fr. 40 les 96 kilos ; cir. 477 du 28 mai 1887. Mélasses, 18 à 48 fr. les 96 kil.: cir. 477 précitée ; 524 du 4 août 1888 et 17 du 21 janvier 1892. Sucrage, 24 fr. les % kilos : cir. 477 précitée et 600 du 8 août 1890. Sucres 60 fr. : cir. 524 du 4 août 1888. Glucoses 13 fr. 50 ; excédents 30 fr. : cir. 600 du 8 août 1890. Mélasses pour les usages agricoles et viticoles, 5 fr. 20 ou 8 fr. 40 les 96 kilos : cir. 68 du 22 septembre 1893. |
| 22 A | *Raffineries*. État de produit de la taxe de 4 cent. par 0\|0 kil. Trim. Ex. | Formé dans les postes. | Création : cir. 609 du 31 octobre 1890. Modèle : cir. 67 du 31 août 1893. |
| 24 | Reg. des engagements des principaux intéressés et des cautions indiquant la limite des crédits pour les bières, allumettes, sucres, glucoses, etc. 50 feuillets. | Tenu par les receveurs. Ce modèle sert pour tous les droits qui peuvent être acquittés en obligations. | § 132 et 133 de l'instruction de 1853. Indiquer le crédit d'enlèvement par somme ; lett. com. 35 du 4 mai 1892. Voir le modèle n° 147. |
| 25 | Tableau des redevables proposés pour le crédit. Trim. Ex. | Envoyé par le receveur principal à l'inspecteur des sucres ou au dir. ou s.-dir. Le dir. renvoie un exemplaire avec sa décision. | § 138 de l'instruction de 1853. Règles : cir. 59 du 3 septembre 1852. Nouveau modèle : let. com. 24 du 10 septembre 1880. |

| | | | |
|---|---|---|---|
| 26 | Reg. de bulletins d'avertissement pour le recouvrement. 50 feuillets. | Formé dans les postes ou entrepôts et envoyé au receveur qui retourne le volant. | § 131 et 133 de l'instruction de 1853. Déclassement des sucres à 30 fr. et surclassements : let. com. 47 du 12 novembre 1875. Rappel : let. com. 30 du 27 décembre 1878. Réfactions calcul de la déduction de 1 1/2 p. %. Minimum d'imposition : art. 18 loi du 19 juillet 1880 (cir. 297 du 25 août 1880) et let. com. 6 du 19 février 1881. |
| 26 A | Reg. de bulletins d'avertissement pour les pesées de betteraves dans les râperies. 50 feuillets. | Formé chaque jour dans les postes de râperies et envoyé au chef de poste de la fabrique qui retourne le volant. | Créé : let. com. 20 du 30 août 1884. Rapprochement : cir. 404 du 17 août 1884. |
| 26 B | Relevé des pesées de betteraves dans les râperies. Tit. int. | Formé dans les râperies ; rapproché par le contrôleur des 26 A. | Créé : let. com. 20 du 30 août 1884. |
| 27 | Registre d'ordres des employés. 25 feuilles. | Rempli par le chef de poste. | § 176 de l'instruction de 1853. Temps de travail : let. com. 43 du 21 juillet 1892. |
| 28 | Etiquettes pour les vaisseaux. 150 à la feuille. | Apposé par les employés sur les vaisseaux de grande dimension. | § 47 de l'instruction de 1853. |
| 29 | Etiquettes pour les séries de vaisseaux. 80 à la feuille. | Apposé sur chaque empli par les employés. | § 47 de l'instruction de 1853 |
| 30 | Reg. d'inscription des obligations. 22 feuillets. | Tenu dans les recettes part. ou principales. | § 144 et 146 de l'instruction de 1853. |
| 30 A | Comptes ouverts pour les crédits de droits : souscriptions et apurements. 22 feuillets. | Tenu dans les recettes part. ou principales. | Inscription des obligations : let. lith. du 4 mai 1857. |
| 30 B | Relevé des crédits soumissionnés. Mensuel. Ex. | Envoyé par les recev. principaux au s.-dir. ou dir. Au dir. le 5 ; à la 2e div. 2e bur. le 10. | Extrait du reg. 30 A : let. lithog. du 4 mai 1857. |
| 31 | Reg. des obligations souscrites par les redevables pour les sucres et glucoses. 22 feuillets. | Tenu dans les recettes part. et principales. | § 99, 132, 135, 138 et 144 de l'instruction de 1853. Suppression de l'escompte : loi du 15 février 1875 ; cir. 144 du 20 février et 1168-102 du 20 mars 1875. Voir chap. vii le modèle n° 147. |
| 32 | Relevé mensuel des quantités sorties, par fabrique ; sucres et glucoses. Ex. 2 par fabrique ou entrepôt. | Formé dans les postes et entrepôts et remis au s.-dir. et dir. Cadre avec l'état 41. | § 137 et 206 de l'instruction de 1853. Formation et rapprochement avec l'état 22 : let. com. 30 du 27 décembre 1878. Nouveau modèle : let. com. 24 du 10 septembre 1880. |
| 33 | Extrait de bulletin d'avertissement. 6 à la feuille. | Formé dans les postes et entrepôts et envoyé au s.-dir. ou dir., puis au receveur principal qui retourne le volant. | § 131, 133 et 136 de l'instruction de 1853. Surclassements : let. com. 47 du 12 novembre 1875. Envoi au s.-dir. ou dir. : let. com. 81 du 30 avril 1894. |
| 34 | *Entrepôts.* Bulletin d'entrée ou de transfert. 50 feuilles. 6 T. | Rempli dans les entrepôts. | § 127 à 210 de l'instruction de 1853. Nouveau modèle : let. com. 24 du 10 septembre 1880. Admissions temporaires : cir. 931 du 31 mai 1864. Transfert des sucres : let. com. 1393 du 31 mai 1870 et |

33 du 22 novembre 1876. Transfert des mélasses épuisées : let. com. 13 du 21 mai 1877. Permis de circulation : let. com. 26 du 21 septembre 1880. Glucoses : cir. 311 du 4 avril 1871. Transfert des alcools : cir. 333 du 27 mars 1892. Sucres rentrant en entrepôt après acquittement de la taxe du sucrage : cir. 433 du 30 juillet 1835. Sucres au tarif réduit : cir. 600 du 8 août 1890.

| 35 | *Entrepôts*. Bulletin de sortie. 50 feuilles. 6 T. | Rempli dans les entrepôts. | § 127 de l'instruction de 1853. Nouveau modèle : let. com. 24 du 10 septembre 1830. Voir le n° 31. |
| 36 | *Entrepôts*. Comptes ouverts aux entrepositaires. 200 feuillets. | Tenu par le chef de service près des entrepôts. | § 121 à 127 de l'instruction de 1853. Sucres admis en entrepôt : art. 5 loi du 7 mai 1864 (cir. 954 du 31 mai 1864) ; art. 6 loi du 29 juillet 1884 (cir. 403 du 30 juillet et 404 du 17 août 1884) ; art. 10 du décret du 23 juillet 1835 (cir. 433 du |

30 juillet 1835, sucrage) ; art. 5 loi du 4 juillet 1887 (cir. 493 du 20 juillet 1887), art. 1er loi du 5 août 1890 (cir. 600 du 8 août 1890). Indications à inscrire : let. com 18 du 23 août 1890. Quantités de sucre livrées à la consommation après délivrance de certificats n° 7 : cir. 609 du 31 octobre 1890. Voir le n° 31.

| 37 ancien 143 D | *Entrepôts*. Situation des comptes ouverts aux déposants. Mensuel. Ex. | Envoyé par le chef de service au s.-dir. ou dir. Au dir. le 5. A la 2e div. 2e bur. avant le 8. | § 203 de l'instruction de 1853. Changements en route : cir. 983 du 23 décembre 1861. Formation : let. com. 462 du 18 octobre 1871. Voir le n° 31. |
| 38 ancien 142 E | *Entrepôts*. Relevé des sucres bruts dont la destination a été changée en cours de transport. Mensuel. 42 titres par entrepôt. Ex. | Formé par les dir. A la 2e div. 2e bur. avant le 8. | § 210 de l'instruction de 1853. Paiement sans entrée à l'entrepôt : cir. 801 du 10 octobre 1861. Modifications : let. com. 463 du 18 octobre 1871. |
| 39 | Subdivision d'acquits-à-caution. Feuilles. | Délivré par les buralistes. | Spécial à Paris. |
| 41 ancien 245 | Renseignements sur les sucres et glucoses soumis aux droits ou exportés. Mensuel. Ex. 24 par an, par recette, entrepôt, sous-dir. ou direction. | Envoyé par les receveurs aux s.-dir. ou dir. A la dir. le 5. A la 2e div. 2e bur. avant le 8. | Créé sous le n° 245 par la let. com. 221 du 2 mars 1872 et sous le n° 41 par la let. com. 27 du 6 octobre 1880. Jusqu'au 1er avril on fournit un état 41 présentant les recettes applicables à l'exercice expiré : let. com. 42 du 15 janvier 1874. Glucoses : let. com. 3 du 23 février 1878 et cir. 310 du 20 février 1881. Sucres à 30 fr. déclassés : let. com. 47 du 22 août 1892. |
| 42 A ancien 142 A | Relevé présentant la situation du compte général des fabriques. Mensuel. Tit. int. | Envoyé par les chefs locaux aux s.-dir., inspecteur ou dir. A la dir. le 1er. A la 2e div. 2e bur. avant le 8. | § 194 de l'instruction de 1853. Prescription : note du 25 juillet 1892. Création : let. com. 462 du 18 octobre 1871 ; modifié : let. com. 12 du 11 juillet 1891. Distinguer les deux modes : cir. 10 du 1er juillet 1891. |
| 42 B | Relevé présentant le développement des sorties par degré. Mensuel. Tit int. | Envoyé par les chefs locaux aux s.-dir., inspecteur ou dir. Au dir. le 1er. A la 2e div. 2e bur. avant le 8. | Formation : let. com. 462 du 18 octobre 1871 et 24 du 10 septembre 1880. Distinguer les deux modes : cir. 10 du 1er juillet 1891. Prescription : let. com. 12 du 11 juillet 1891. |
| 42 C | Relevé présentant le rendement des jus et des sirops. Mensuel. Tit et int. | Envoyé par les chefs locaux aux s.-dir., inspecteur ou dir. Le 16 au dir. Avant le 20 à la 2e div. 2e bur. | Rétabli : let. com. 19 du 19 octobre 1891. |
| 43 ancien 142 B | Relevé présentant, par régime, la situation du compte général pour chaque circonscription administrative. Mensuel. Ex. | Envoyé par les chefs locaux aux s.-dir., inspecteur ou dir. Au dir. le 1er ; avant le 8 à la 2e div. 2e bur. Résumé des 42 A et 42 B. | § 195 et 210 de l'instruction de 1853. Création : let. com. 462 du 18 octobre 1871 ; modifications : let. com. 20 du 30 août 1884 et 12 du 11 juillet 1891. Distinguer les deux modes : cir. 10 du 1er juillet 1891. Prescription : note du 23 juillet 1892. |

| | | | |
|---|---|---|---|
| 45 | Journal de travail des contrôleurs. Mensuel. Cahier. | Envoyé en simple au dir. le 10. Renvoyé après annotation. | § 179 et 183 de l'instruction de 1853. Modifications : cir. 249 du 28 octobre 1878. Ne sont plus envoyés à l'adm : let. com. 1 du 5 janvier 1859. Annulation d'une case au 2 A lors des visites : let. com. 70 du 23 juillet 1893. |
| 45 A | Journal de travail des inspecteurs. 24 par an. Mensuel. Cahier. | En double le 10 au dir. Avant le 20 à la 2ᵉ div. 2ᵉ bur. Le 25 en avril et octobre. | § 180 de l'instruction de 1853. Création : cir. 249 du 28 octobre 1878. Annulation d'une case au 2 A lors des visites : let. com. 70 du 23 juillet 1893. |
| 46 | Travaux dans les fabriques par les agents supérieurs du service général. 24 par agent. Ex. | En double au dir. le 10. Une expédition renvoyée au receveur ou contrôleur par le dir. après annotation. Celles de l'inspecteur sont envoyées avant le 20 à la 2ᵉ div. 2ᵉ bur. | § 183 de l'instruction de 1853. Envoi des feuilles 46 : let. com. 1 du 5 janvier 1859. Modifications : cir. 249 du 28 octobre 1878. |
| 48 | Avis de rédaction de procès-verbal. Ex. | Envoyé par les chefs locaux au s.-dir. ou dir., puis à la 2ᵉ div. 2ᵉ bur. | § 217 de l'instruction de 1853. |
| 49 | Renseignements statistiques sur les fabriques de sucre. Annuel. Ex. | Envoyé par les contrôleurs à l'inspecteur spécial, au s.-dir. ou dir. Au dir. le 12 septembre. Avant le 25 septembre à la 2ᵉ div. 2ᵉ bur. | § 196 de l'instruction de 1853. Nouveau modèle : let. com. 15 du 5 juin 1882. |
| 50 | *Glucoses.* Reg. de déclaration d'introduction de matières premières. 10 et 25 feuilles. 6 timbres. | Tenu dans les postes. | Instruction : let. com 3 du 23 février 1878. |
| 51 | *Glucoses.* Reg. des opérations journalières. 20 feuillets. | Tenu par les fabricants. | Instruction : let. com. 3 du 23 février 1878. |
| 52 | *Glucoses.* Portatif pour les fabriques. 200 feuillets. | Tenu dans les postes. | Instruction : let. com. 3 du 23 février 1878. |
| 53 | *Glucoses.* Laissez-passer. 10 et 25 feuilles. 6 T. | Tenu dans les postes. | Emploi : cir. 339 du 5 juin 1846. |
| 54 | *Glucoses.* Résultat des comptes des fabricants. Mensuel. 24 par an. Ex. | Envoyé par le cont. au s.-dir., inspecteur ou dir. Au dir. le 5. A la 2ᵉ div. 2ᵉ bur. avant le 8. | Rappel : let. com. 3 du 23 février 1878. |
| 55 A blanc 55 B bleu 55 C rose | Étiquettes pour les mélasses libérées. 32 à la feuille. | Sert dans les postes. | Création : let. com. 24 du 20 août 1888. |
| 56 jaune | *Laboratoires.* Analyse des sucres. Dosage du sucre cristallisable. Ex. | Rempli et conservé dans les laboratoires. | Classement : let. com. 29 du 6 septembre 1876. |
| 57 vert | *Laboratoires.* Analyse des sucres. Dosage des glucoses. Ex. | Idem. | Idem. |

| | | | |
|---|---|---|---|
| 58 blanc | *Laboratoires.* Analyse des sucres. Dosage de l'eau et des cendres. Ex. | Rempli et conservé dans les laboratoires. | Classement : let. com. 29 du 6 septembre, 1876. |
| 58 bis rose | *Laboratoires.* Analyse des sucres. Essais à recommencer. Ex. | Idem. | Idem. |
| 59 | Procès-verbal de prélèvement d'échantillons. Ex. | Rempli en double dans les postes et conservé provisoirement. | Nouveau modèle : let. com. 26 du 21 septembre 1880. Envoi : let. com. 29 du 6 septembre et 41 du 28 décembre 1876. Permis de circulation : let. com. 26 du 21 septembre 1880. Raffineries : cir. 609 du 31 octobre 1890. |
| 60 | Etiquettes pour les échantillons dans les fabriques. Feuilles. | Apposées sur les échantillons dans les fabriques. | Emploi : let. com. 29 du 6 septembre et 41 du 28 décembre 1876. Mélasses : let. com. 20 du 13 juillet 1889 et 88 du 23 juillet 1891. Formalité au départ : cir. 76 du 7 décembre 1893. |
| 61 | Etiquettes pour les échantillons dans la s.-dir. ou dir. Feuilles. | Apposées à la s.-dir. ou dir. sur l'étiquette n° 60 pour l'échantillon envoyé au laboratoire. | Emploi : let. com. 29 du 6 septembre et 41 du 28 décembre 1876. |
| 61 B rouge | Etiquettes pour les échantillons de contrôle. Feuilles. | Apposées au lieu d'arrivée sur les échantillons prélevés à titre de contrôle. | Sucres à 98 et au-dessus : cir. 600 du 8 août 1890. Analyses pour l'exportation : let. com. 21 du 10 octobre 1890. |
| 62 | *Laboratoires.* Reg. d'analyses. 100 feuillets. | Tenu dans les laboratoires. Ampliation envoyée au s.-dir. ou dir. Sert à remplir la feuille 63. | Emploi : let. com. 29 du 6 septembre et 41 du 28 décembre 1876. Réfactions : calcul de la déduction : cir. 297 du 25 août 1880 et let. com. 6 du 19 février 1881. Analyses : let. com. 21 du 10 octobre 1890. Raffineries : cir. 609 du 31 octobre 1890 et 67 du 31 août 1893. Mélasses : let. com. 28 du 16 mars 1892. |
| 62 B rouge | *Laboratoires.* Reg. d'analyses pour contrôle. 100 feuillets. | Tenu dans les laboratoires pour les échantillons prélevés pour contrôler une première analyse. | Emploi : let. com. 29 du 6 septembre 1876. |
| 63 | Feuille de dépouillement du reg. d'analyses. Ex. Formée avec l'ampliation du reg. 62. | Formée par les chefs de poste dépendant du laboratoire central. Envoyée aux s.-dir. ou dir., puis à la 2e div. 2e bur. | Formules 63 extraites des 61 pour le dir. : let. com. 22 du 14 octobre 1885. Création : let. com. 29 du 6 septembre 1876. |
| 63 B rouge | Feuille de dépouillement du reg. des analyses pour contrôle. Ex. | Formée par les s.-dir. et dir. à l'aide de la formule 64 après analyse au laboratoire central et envoyée au chef de poste de la fabrique. | Emploi : let. com. 29 du 6 septembre 1876. |
| 63 C bleu | Relevé des échantillons de contrôle prélevés à destination. Ex. | Formés par les chefs de poste et envoyés par les s.-dir. et dir. à la 2e div. 2e bur. | Emploi : let. com. 29 du 6 septembre 1876. |

| | | | |
|---|---|---|---|
| 61 | Avis de classement. Ex. | Envoyé par la 2ᵉ div. 2ᵉ bur. en simple au s.-dir. ou dir., et en double au chef de poste. Une expédition est remise par lui au fabricant. | Retard dans l'arrivée des avis : let. com. 4 du 15 janvier 1876. Emploi : let. com. 41 du 28 décembre 1876 et 24 du 10 septembre 1887. Déclassement : let. com. 38 du 30 novembre 1876 ; Modifications pour le laboratoire central : let. com. 22 du 14 octobre 1886. Recommandations : let. com. 29 du 6 septembre 1876. Raffineries : cir. 609 du 31 octobre 1890 et 67 du 31 août 1893. |
| 70 | Avis de classement définitif après expertise. Ex. | Envoyé en double par le chef de poste de la fabrique au s.-dir. ou dir. et par ce dernier au lieu de destination, si les sucres sont partis. | Recommandations : let. com. 4 du 15 janvier ; 29 du 6 septembre ; 41 du 28 décembre 1876 et 10 du 26 avril 1878. Permis de circulation et nouveau modèle : let. com. 26 du 21 septembre 1880. Rappel : cir. 609 du 31 octobre 1890. |
| 74 | *Laboratoires.* Situation journalière du service des laboratoires. Ex. | Envoyé chaque jour au dir. par le chef du laboratoire. | Voir le modèle. |
| 72 | Avis d'envoi d'échantillons de sucre ou de mélasses. Ex. | Envoyé par le chef de poste au s.-dir., dir. ou à l'Adm. en même temps que les échantillons. | Créé : let. com. 41 du 28 décembre 1876. Raffineries : cir. 609 du 31 octobre 1890 et 67 du 31 août 1893. Mélasses : let. com 88 du 25 juillet 1891. |
| 72 B | Avis d'envoi d'échantillons de betteraves. Ex. | Envoyé par le chef de poste au s.-dir., dir. ou à l'Adm. en même temps que les échantillons, volant renvoyé à l'inspecteur ou dir. | Prescriptions : cir. 404 du 17 août 1884 et let. com. 17 du 11 août 1886. Formalité au départ : cir. 76 du 7 décembre 1893. |
| P 138 | Proposition d'organisation du service près des fabriques de sucre. Annuel. | Envoyé par les s.-dir. ou inspecteurs au dir. avant le 20 mai. A la 2ᵉ div. 2ᵉ bur. avant le 1ᵉʳ juin. | Formation : let. com. 25 du 27 mai 1875. |

### Modèles du service général.

| | | | |
|---|---|---|---|
| 6 A | Bulletin d'avis d'envoi de mélasses. Ex. | Dressé par les employés actifs et envoyé au s.-dir. ou dir. | § 100 et 156 de l'instruction de 1853. Envoi de mélasses : let. com. 11 du 9 juin 1890. Voir chap. IV. |
| 6 C | Bulletin de circulation. Ex. | Dressé par les employés actifs et envoyé au s.-dir. ou dir. | § 166 de l'instruction de 1853. Voir chap IV. |
| 18 | Déclaration de vaisseaux. Tit. int. 4 T. | Tenu par les buralistes. | § 15, 16 et 18 de l'instruction de 1853. Voir chap. X. |
| 52 C | Déclaration de cautionnement. Tit. int. 8 T. | Tenu par les receveurs. | Cautionnement sur la quotité disponible : cir. 486 du 29 août 1887. Voir chap. IV. |
| 52 D | Déclaration de cautionnement pour les acquits. Tit. int. 8 T. | Tenu par les receveurs. | § 99 de l'instruction de 1853. Voir chap. IV. |
| 57 | Procès-verbaux d'épalement. Tit. int. 2 T. | Tenu par les chefs locaux. | § 17 et 18 de l'instruction de 1853. Voir chap. III. |

| | | |
|---|---|---|
| Etat par fabrique de la reprise au 1er septembre. Annuel. | Envoyé par les contrôleurs à l'inspecteur spécial ou au dir. le 10 septembre. A la 2e div. 2e bur. avant le 20. | § 199 et 200 de l'instruction de 1853. Règles : cir. 404 du 17 août 1884. |
| Inventaire avant les défécations. Annuel. | Envoyé par les chefs de poste au s.-dir. ou dir. ; conservé à la direction. | Rappel : cir. 404 du 17 août 1884 et 122 du 23 février 1885. N'est plus envoyé à l'Adm. : let. com. 81 du 30 avril 1894. |
| Inventaire après les défécations. Annuel. | Idem. | Idem. |
| Inventaire en fin de campagne. Annuel. | Idem. | Idem. |
| Etat de produit des 30 cent. par 1000 kilos de betteraves mises en œuvre chez les fabricants. | Formé les 31 décembre, 31 mars et 31 mai par les chefs de poste ; remis au receveur. | Création : cir. 483 du 20 juillet 1837. |
| Etiquette sur les échantillons de mélasses. | Apposée par les chefs de poste. | Voir au modèle n° 60 qui peut être employé. |
| Rapport des dir. qui ont des inspecteurs des sucres. Semestriel. | Avant les 25 mars et 25 septembre à la 2e div. 2e bur. | § 182 de l'instruction de 1863. Rappel : cir. 219 du 28 octobre 1878. |
| Rapport général des contrôleurs à la fin de chaque période de la campagne. Semestriel. | Envoyé par les contrôleurs ou l'inspecteur des sucres au dir. Avant les 20 mars et 20 septembre à la 2e div. 2e bur. | Création : let. com. 1 du 5 janvier 1889. |
| Rapport du dir. sur les agents des sucres et distilleries détachés hors de leur résidence. Annuel. | Avant le 1er novembre à la 2e div. 2e bur. | Création : let. com. 405 du 13 avril 1874. Voir let. autog. du 7 décembre 1891, n° 22119. |
| Reg. d'inscription des échantillons. | Tenu à la s.-dir. ou dir. | Création : let. com. 29 du 6 septembre 1876. |
| Carnet d'inscription des boîtes d'échantillons. | Tenu dans les postes. | Création : note n° 46 du 12 novembre 1875. |

*Admissions temporaires.*

| | | | |
|---|---|---|---|
| | Reg. des obligations. 100 feuillets. Timbre à 75 cent. 1 T. | Tenu dans les recettes part. ou principales. L'obligation reste à la recette principale. | Création : cir. 934 du 31 mai et 712-72 du 4 août 1864. Délai de 2 mois : cir. 1010 du 8 septembre 1865. Nouveau modèle : cir. 297 du 25 août 1880. |
| 2 | Sommier des obligations présentant l'apurement. 100 feuillets. | Tenu par le receveur principal. | Création : cir. 934 du 31 mai 1864. Nouveau modèle : cir. 297 du 25 août 1880. |
| 3 | Avis d'obligation. Ex. | Envoyé directement par le receveur principal à la 2e div. 2e bur. | Création : cir. 934 du 31 mai 1864. Nouveau modèle : cir. 297 du 25 août 1880. |
| 4 | Reg. de récépissés d'obligations. 50 feuillets. | Tenu à la recette principale. Volant envoyé au receveur qui a transmis une obligation. | Création : cir. 934 du 31 mai 1864. Nouveau modèle : cir. 297 du 25 août 1880. |

| | | | |
|---|---|---|---|
| 5 | Avis d'apurement d'obligation. Ex. | Envoyé par le receveur principal directement à la 2ᵉ div. 2ᵉ bur. | Création : cir. 954 du 31 mai 1864. Nouveau modèle : cir. 297 du 25 août 1880. Apurement en cas de déclassement des sucres: let. com. 38 du 30 novembre 1876. |
| 6 | Déclaration d'exportation ou d'entrée en entrepôt. Ex. | Formé par les employés du point de sortie ou de l'entrepôt et envoyé au receveur principal. | Création : cir. 954 du 31 mai 1864. Nouveau modèle : cir. 297 du 25 août 1880. |
| 6 B | *Entrepôt.* Déclaration d'entrée en entrepôt pour les sucres destinés au sucrage. Ex. | Formé à l'entrepôt et envoyé au receveur principal. | Création : cir. 433 du 30 juillet 1885. Rappel : cir. 609 du 31 octobre 1890. |
| 7 chamois foncé | Reg. de certificats d'exportation ou d'entrée en entrepôt. 100 feuillets. | Tenu par le receveur principal. Volant remis au négociant au vu du passavant d'exportation n° 8 ou du n° 6. | Création : cir. 954 du 31 mai 1864. Nouveau modèle : cir. 297 du 25 août 1880. Sucres admis à la décharge des obligations : cir. 297 précitée ; 404 du 17 août 1884 et 483 du 10 juillet 1887. Analyse : let. com. 22 du 14 octobre 1886. Déduction de 1 1/2 p. % : cir. 510 du 1ᵉʳ avril 1888. |
| 7 A bleu | Reg. de certificat d'exportation ou d'entrée en entrepôt de fruits confits, confitures, bonbons, etc. 100 feuilles. | Délivré par le receveur principal au vu du n° 6 ou 8. Volant remis au négociant. | Création : cir. 248 du 22 octobre 1878. |
| 7 B chamois clair | Reg. de certificats d'entrée en entrepôt de sucres pour le sucrage. 100 feuillets. | Délivré par le receveur principal au vu du n° 6. Volant remis au négociant. | Emploi : cir. 433 du 30 juillet 1885 et 609 du 31 octobre 1890. |
| 7 C rose | Reg. de certificats entrée en entrepôt ou d'exportation de sucres raffinés. 100 feuillets. | Délivré par le receveur principal au vu des n° 6 ou 8. Volant remis au négociant. | Création : cir. 609 du 31 octobre 1890. |
| 7 D | Reg. de certificats d'exportation pour les sucres passibles de la taxe spéciale. Rose avec double diagonale rouge. 100 feuillets. | Délivré par le receveur principal au vu du n° 6 ou d'exportation. Volant remis au négociant. | Création : cir. 30 du 30 avril 1892. |
| 8 | Reg. de passavants d'exportation ou certificats de reconnaissances et de sortie. 100 feuillets. Timbre à 05 cent. 1 T. | Tenu dans les bureaux d'exportation. | Création. Délivré dans le cas où la déclaration n° 6 n'a pas été signée au bureau de sortie définitif : cir. 954 du 31 mai 1864. Modèle : cir 297 du 25 août 1880. |
| 9 | Avis de délivrance d'un certificat n° 7. Ex. | Formé pour chaque n° 7 par le receveur principal et envoyé directement à la 2ᵉ div. 2ᵉ bur. avec le n° 18. | Créé : cir. 954 du 31 mai 1864. Modèle : cir. 297 du 25 août 1880. |
| 9 A bleu | Avis de délivrance d'un certificat n° 7 A fruits confits. Ex. | Formé pour chaque n° 7 A par le receveur principal et envoyé directement à la 2ᵉ div. 2ᵉ bur. avec le n° 18 A. | Emploi : cir. 954 du 31 mai 1864 et 248 du 22 octobre 1878. |

| | | | |
|---|---|---|---|
| 9 B chamois | Résumé des certificats d'emploi pour le sucrage n° 7 B. Ex. | Formé pour chaque n° 7 B par le receveur principal et envoyé directement à la 2e div. 2e bur. avec le 18 B. | Emploi : cir. 954 du 31 mai 1864 ; 248 du 22 octobre 1878 et 433 du 30 juillet 1885. |
| 10 | Avis d'imputation à l'apurement d'une obligation. Ex. | Envoyé par le receveur principal détenteur de l'obligation à son collègue signataire du n° 7. | Création : cir. 954 du 31 mai 1864. Rappel : let. com. 10 du 26 avril 1878 ; modèle : cir. 297 du 25 août 1880. |
| 10 B | Avis d'imputation à l'apurement d'une obligation pour le sucrage. | Envoyé par le receveur principal détenteur de l'obligation à son collègue signataire du n° 7. | Modèle : let. com. 27 du 27 décembre 1885. |
| 11 | Extrait du certificat d'exportation ou d'entrée en entrepôt. 100 feuillets. | Délivré par le receveur principal quand les certificats n° 7 dépassent l'obligation. | Création : cir. 954 du 31 mai 1864. Modèle : cir. 297 du 25 août 1880. |
| 11 bis | Carnet pour la tenue du compte des sucres déclarés. 50 feuillets. | Tenu dans les fabriques-raffineries. Ancien n° 12. | Emploi : cir. 954 du 31 mai 1864 et 297 du 25 août 1880. |
| 11 C | Extrait du certificat d'exportation ou d'entrée en entrepôt. 60 feuillets. | Délivré par le receveur principal quand les certificats 7 C dépassent l'obligation. | Emploi : cir. 954 du 31 mai 1864 ; 297 du 25 août 1880 et 509 du 31 octobre 1890. |
| 18 | Relevé des certificats n° 9 adressés à l'Adm. Journalier. Tit. int. | Envoyé directement par le receveur principal à la 2e div. 2e bur. avec les n° 9 de la journée. | Modèle : cir. 297 du 25 août 1880. |
| 18 A bleu | Relevé des certificats n° 9 A adressés à l'Adm. Journalier. Tit. int. | Envoyé directement par le receveur principal à la 2e div. 2e bur. avec les 9 A de la journée. | Emploi : cir. 954 du 31 mai 1864 et 248 du 22 octobre 1878. |
| 18 B chamois | Relevé des certificats 9 B adressés à l'Adm. Journalier. Tit. int. | Envoyé directement par le receveur principal à la 2e div. 2e bur. avec les 9 B de la journée. | Emploi : cir. 954 du 31 mai 1864 ; 248 du 22 octobre 1878 et 433 du 30 juillet 1885. |
| 46 D série M | Douane. Acquits pour les sucres destinés à la fabrication du chocolat pour l'exportation et placés en admission temporaire. | Délivrés dans les entrepôts de douane ou de Régie. | Règles et modèle : cir. 85 du 22 juin 1872 ; 104 du 24 novembre 1873 et 23 du 8 septembre 1880. |

*Circulaires d'intérêt général applicables au présent chapitre.*

Cir. 314 du 1er septembre et loi du 31 mai 1846 : régime des sucres.
Cir. 59 du 3 septembre 1852 et 172 du 31 décembre 1853 : instruction générale du 15 décembre 1853 sur le règlement du 1er septembre 1852.
Cir. 954 du 31 mai et loi du 7 mai 1864 : admissions temporaires.
Cir. 297 du 25 août et loi du 19 juillet 1880 : taxe au degré.
Cir. 402 du 30 juillet et 404 du 17 août 1884 ; loi du 29 juillet 1884 : abonnement au degré ; acquits à caution pesage.

Cir. 477 du 28 mai et loi du 27 mai 1837 : mélasses, candis, chocolats, sucrage.
Cir. 482 du 15 juillet et let. com. 11 du 16 juillet 1836 ; cir. 486 du 29 août et décret du 25 août 1837 : pesage.
Cir. 493 du 20 juillet et loi du 4 juillet 1837 : voir chap. xxv du *Catalogue méthodique*.
Cir. 524 du 4 août et loi du 24 juillet 1838 : mélasses ; sucres à 60 fr.
Cir. 600 du 8 août et loi du 5 août 1890 : sucrage ; glucoses ; excédents.
Cir. 609 du 31 octobre 1890 et 67 du 31 août 1893 : régime des raffineries.
Cir. 10 du 1er juillet et loi du 29 juin 1891 : rendements ; tarifs ; régimes.
Cir. 68 du 22 septembre 1893 : mélasses pour usages agricoles et viticoles.

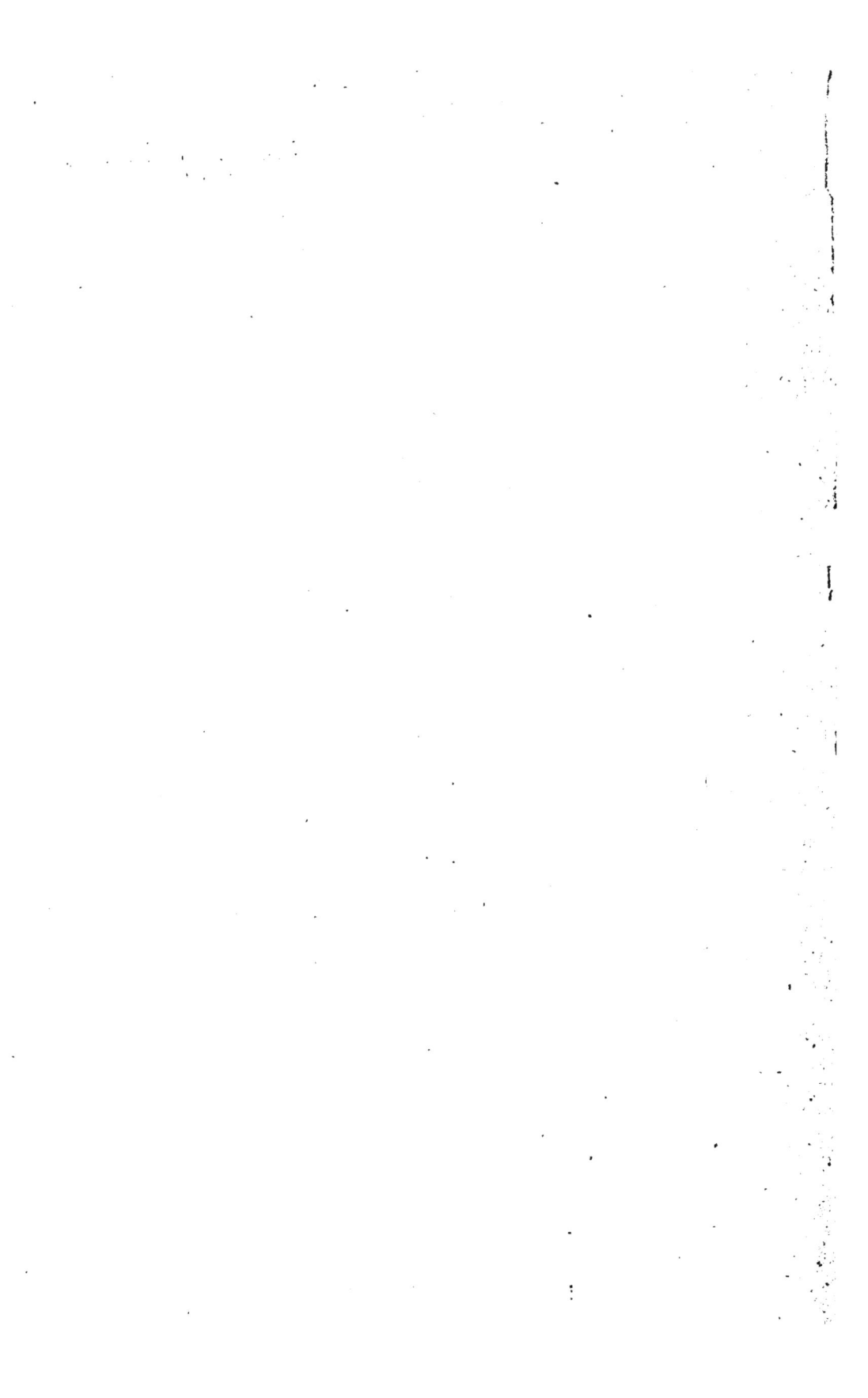

# Chapitre XX. — Tabacs et Poudres.

**9**   Reg. de laissez-passer pour les planteurs. Tit. int. 40 T.    Tenu par les buralistes.    Emploi : cir. 437 du 16 juillet 1851.

**21 A**   Acquits-à-caution tabacs et barillages de tabacs. Tit. int.    Délivrés par les entreposeurs ou les manufactures.    Echantillons : cir. 7 du 31 mars 1826 ; 414 du 6 mars 1849 ; 163 du 14 novembre 1853 ; 164 du 2 août 1875 et 184 du 1er mars 1876. Leur envoi : let. com. 42 du 8 mars 1866 et cir. 1083 du 23 décembre 1867. Tabac de cantine : cir. 231 du 6 mai 1840. Jus : cir. 397 du 20 mai 1844. Avaries : cir. 23 du 15 juillet 1825, 325 du 18 octobre 1845 ; 917 du 14 juillet 1863 et 1203-103 du 5 février 1876. Tabacs de saisie : cir. 117 du 3 décembre 1835. Envois d'entrepôt à entrepôt : let. com. 10 octobre 1454. Timbre des acquits : cir. 1489-111 du 21 décembre 1834 et 1507-116 du 2 septembre 1895. Droit d'enregistrement de 10 cent. : let. com. 5 du 19 fév. 1886. Mandatement : cir. 738 du 28 février 1861. Traité des transports : cir. 412 du 15 janvier 1836 ; let. com. 30 du 1er avril et 56 du 30 décembre 1892. Paiement du transport : cir. 341 du 2 juillet 1846. Envoi des acquits à l'Adm. : cir. 420 du 16 avril 1849 ; 80 du 28 décembre 1893 et 94 du 15 juin 1894. Renvoi de tabacs ; rappel : cir. 94 du 15 juin 1894.

Barillages. Mention sur les acquits : let. com. 27 du 15 mai 1865. Livraisons aux domaines. Colis de tabac de cantine : let. com. 70 du 21 septembre 1863. Avis de renvoi : voir le n° 33. Poids des barillages : cir. 64 du 30 août 1872. Rappel des instructions : let com. du 1er décembre 1873. Colis ayant présenté des avaries ou des manquants : let. com. 12 du 9 mai 1877.

**21 B**   Acquits-à-caution poudres. Tit. int.    Délivrés par les entrepôts ou les poudreries.    Quantité pour laquelle les particuliers doivent prendre un acquit : cir. 402 du 31 août 1848. Envois d'entrepôt à entrepôt : let. lithog. du 10 octobre 1854 et cir. 122 du 11 juin 1874. Renvois de poudre ou de matériel aux poudreries : voir le 84. Envois par les poudreries aux entrepôts ; frais de transport : cir. 122 du 11 juin 1874. Vérifications à l'arrivée : cir. 521 du 11 décembre 1837. Déchet de route : cir 25 du 23 septembre 1818. Timbre et droit d'enregistrement : voir au 21 A. Envoi des acquits à l'Adm. : cir. 55 du 31 décembre 1832 ; 321 du 19 juin 1845 ; 80 du 28 décembre 1893 et 94 du 15 juin 1894.

**24 A**   Reg. de factures ; tabacs exportés. Tit. int. 4 T.    Délivrées à l'exportateur par l'entreposeur en même temps que l'acquit 24 B.    Révision du 24 A : let. comm. 3200 du 23 mars 1861. Formalités pour l'exportation : cir. 734 du 14 février 1861 ; 899 du 13 mai 1863 et cir. 12 (Tabacs) du 17 mars 1875. Prix pour l'exportation : cir. 508 du 15 mars 1888. Vignettes pour l'exportation : let. com. 24 novembre 1873. Ventes dans les dépôts à l'étranger : cir. 973 du 14 novembre 1864. Vente aux navires de l'Etat et du commerce au long cours : cir. 129 du 4 novembre 1875 et 508 du 15 mars 1888. Recouvrement des frais de paquetage pour l'exportation : let. com. 14 du 14 août 1891.

**24 B**   Reg. d'acquits ; tabacs exportés. Tit. int. 8 T.    Délivré à l'exportateur par l'entreposeur en même temps que la facture 24 A.    Délivrance : cir. 738 du 28 février 1861. Apurement : cir. 80 du 28 décembre 1893. Etats 25 mensuels et état annuel : let. com. 87 du 12 juillet 1894. Voir le 24 A.

**24 AA**   Reg. de factures ; poudres exportées. Tit. int. 4 T.    Délivré à l'exportateur par l'entreposeur en même temps que l'acquit 24 BB.    Conditions et formalités : cir. 452 du 6 juin 1886. Notice, bureaux de sortie et prix : cir. 112 du 27 février 1895. Marques sur les colis : let. com. 29 du 28 mars 1892. Essai des armes : cir. 1046 du 22 novembre 1866 : 452 du 6 juin 1886 : let com. du 28 mars 1892 et cir. 80 du 28 décembre 1893. Armateurs et exportateurs : let. com. 29 du 28 mars 1892. Poudres de guerre à l'état d'artifices exportées : cir. 992 du 17 avril 1865 et cir. 580 du 1er février 1890. Cartouches chargées : cir. 833 du 4 septembre 1862 et 470 du 2 mars 1881. Livraisons aux gouvernements des colonie et aux pays de protectorat : let. com. 92 du 20 novembre 1894 et cir. 112 du 27 février 1895.

**24 BB**   Reg. d'acquits ; poudres exportées. Tit. int. 4 T.    Délivré à l'exportateur par l'entreposeur en même temps que la facture 24 AA.    Munitions vendues dans les arsenaux : let. com. 5 du 11 février 1889. Acquits de dynamite : cir. 179 du 28 décembre 1875. Apurement des acquits : cir. 80 du 28 décembre 1893. Etats 23 B mensuels et état annuel : let. com. 87 du 12 juillet 1894. Voir le 24 AA.

| | | |
|---|---|---|
| 24 C | Acquits-à-caution pour les tabacs rejetés sur les livraisons faites par suite d'adjudication. Tit. int. 2 T. | Délivrés à la manufacture à destination des entrepôts de douane pour l'exportation. | Règles : cir. 738 du 28 février 1861. |
| 25 | Lettre d'envoi des acquits 24 B, tabacs exportés. Mensuel. Ex. | Formée par les entreposeurs pour le s.-dir. ou dir. Au dir. avant le 5. A la 3e div. 3e bur. le 10. | Règles : cir. 487 du 16 juillet 1851. Modifications à l'état : let. com. 87 du 12 juillet 1894. |
| 25 B | Lettre d'envoi des acquits 24 BB, poudres exportées. Mensuel. Ex. | Formée par les entreposeurs pour le s.-dir. ou dir. Au dir. avant le 5. A la 3e div. 3e bur. le 10. | Règles : cir. 29 du 12 octobre 1829. Modifications à l'état : let. com. 87 du 12 juillet 1894. |
| 26 | Reg. de décharge des acquits de tabacs et poudres. 10 et 25 feuilles. | Tenu par les employés actifs. | Règles : cir. 31 du 26 septembre 1820 et 26 du 14 septembre 1825. Résidus : décharge par les entreposeurs : cir. 993 du 12 mai 1865. Vérification des tabacs, à l'arrivée : let. com. 34 du 30 avril 1829 et 917 du 14 juillet 1863. Avaries de route, |

tabacs : cir. 23 du 15 juillet 1825 : 325 du 18 octobre 1845 et 917 du 14 juillet 1863. Avaries de route, poudres : cir. 271 du 21 juin 1842. Numéros sur les colis de poudre : cir. 26 du 14 septembre 1825. Poudres : vérifications l'arrivée ; manquant : let. com. 7 décembre 1853. Frais de transport de poudre : cir. 122 du 11 juin 1876. Traité des transports : cir. 442 du 15 janvier, let. com. 13 du 16 juin 1886 et let. com. 56 du 30 décembre 1892.

| | | |
|---|---|---|
| 27 | Avis de non-paiement des frais de transport. Ex. | Formé par l'entreposeur, envoyé par le dir. à la 3e div., 3e bur. | Instruction : cir. 917 du 14 juillet 1863. |
| 28 | Bulletin de vente et de destination, tabacs. Feuilles. | Délivré par les débitants de tabac pour le tabac en poudre en quantités de 1 à 5 kilog. | Exécution du 2e §, art. 215 de la loi du 28 avril 1816. |
| 31 A | Formule de demande, tabacs de vente courante et de vente restreinte. Ex. | Envoyé par l'entreposeur aux manufactures par l'intermédiaire des s.-dir. et dir. En ce qui concerne les circonscriptions, des notes spéciales de l'Adm. ou des manufactures ont pu modifier les instructions générales. | Nouvel usage du 31 A : cir. 94 du 15 juin 1894. Envoi des demandes : cir. 1083 du 23 décembre 1867 et 17 du 16 mars 1879. Demandes en fin d'année : cir. 77 du 12 mars 1831 ; 464 du 7 octobre 1850 et let. com. 23 du 17 novembre 1891. Observations sur les demandes : let. com. 42 du 8 mars 1866. Limites d'approvisionnement : cir. 759 du 21 mai 1861 et 94 du 15 juin 1894. *Circonscriptions* : Manufactures diverses ; scaferlati ordinaire et rôles : let. com. 14 juillet 1871. Poudre ordinaire et d'hospice : let. com. 6 du 3 mars 1883. Scaferlati de troupe et carottes à fumer : let. com. |

1163 du 12 mars 1872 et let. lithog. 7643 du 21 août 1886. Scaferlati d'hospice : cir. 64 du 30 août 1872. Cigares à 05 c., 07 1/2 et 10 c. : let. com. 17 juillet 1871 et cir. 57 du 6 juillet 1872. Cigarettes à 40 c. en tabac supérieur : let. com. 427 du 4 février 1874. Plombs : let. com. 38 du 18 décembre 1886 et 57 du 10 janvier 1893. Jus : cir. 514 du 21 avril 1838. Poudre d'hospice en barils de 60 kilos : let. com. 11700 du 10 septembre 1862. Accusés de réception des demandes : cir. 759 du 21 mai 1861. Tabacs pour l'exportation : voir le 24 A.

| | | |
|---|---|---|
| 31 A bis | Formules de demande de tabacs pour les manufactures de la Seine. Ex. | Envoyé par l'entreposeur aux manufactures par l'intermédiaire des s.-dir. et dir. | Création et modèle : annexe n° 6 cir. 94 du 15 juin 1894. Manufacture du Gros-Caillou ; cigarettes élégantes et hongroises en scaferlati ordinaire et supérieur de 50 à 80 c. : cir. 264 du 26 février 1879. Tabac à priser supérieur : note com. du 30 mars 1872. Cigarettes à 40 c. en tabac étranger et de 50 et 60 c. le paquet : |

ger et de 50 et 60 c. le paquet : let. com. 427 du 4 février 1874. Cigarettes façon russe : cir. 4 du 13 mai 1869. Scaferlati supérieur vizir et levant supérieur et cigarettes élégantes et hongroises en provenant : cir. 438 du 10 novembre 1886. Cigarettes de 30 à 60 c. : cir. 57 du 6 juillet 1872. Cigares de 1 fr. 40 à 2 fr. 70 le paquet de 5 :

et. com. 93 du 21 décembre 1871. Cigarettes dites *hygiéniques* et *pur Havane* : cir. 103 du 23 décembre 1891. Manufacture de Reuilly ; cigares : cir. 18 du 23 janvier 1892. Cigarettes Senoritas et Damitas : cir. 396 du 7 mai 1891. Manufacture de Pantin ; cigarettes Ninas : cir. 396 précitée. Approvisionnements : cir. 94 précitée.

| | | | |
|---|---|---|---|
| 31 A ter. | Formule de demande pour les tabacs exceptionnels fournis par le service de l'expertise au Gros-Caillou. Ex. | Envoyé par l'entreposeur à la manufacture par l'intermédiaire des s.-dir. et dir. | Création et modèle : annexe n° 7 cir. 94 du 15 juin 1891. Catégories, prix et limites d'approvisionnement : annexe n° 4 cir. 94 précitée. |
| 31 B | Formule de demande. Poudre. Ex. | Envoyé par l'entreposeur aux poudreries par l'intermédiaire des s.-dir. et dir. | Transmission des demandes : cir. 474 rT 18 décembre 1850. Demandes en fin d'année : let. com. 4745 du 26 novembre 1821 et cir. 464 du 7 octobre 1850. Pas d'observations sur les demandes : cir. 36 du 23 février 1822. Circonscriptions : cir. 78 |

du 13 décembre 1893. Entrepôts principaux : cir. 134 du 17 décembre 1874 et 78 précitée. Envois de 5000 kilos et plus : cir. 364 du 23 juillet 1817. Approvisionnement en poudre de commerce extérieur : let. com. 8 du 23 avril 1863. Caisses de poudre de chasse : let. com. 7 du 17 mars 1832 et cir. 613 du 16 décembre 1890. Nouveaux types de poudre de chasse : cir. 476 du 13 mai 1887. Approvisionnement limité à 3 mois : let. com. 23 du 15 novembre 1889. Accusé de réception des poudreries : cir. 759 du 21 mai 1861. Poudres pour l'exportation : voir le 24 AA.

| | | | |
|---|---|---|---|
| 32 B | Avis d'envoi de poudres. Ex. | Envoyé par l'expéditeur des poudres au destinataire. | Règles : cir. 310 du 1er août 1855. |
| 33 | Avis de renvoi de barillages tabacs et poudres. Ex. | Envoyé par l'entreposeur à la manufacture ou à la raffinerie. | Créé : cir. 12 du 31 août 1869. |
| 34 | Ordre d'enlèvement. Ex. | Remis par l'agent expéditeur aux transporteurs. | Sert pour les envois de matériel, tabacs, etc. |
| 35 | Reg. des comptes récapitulatifs pour tous les cas de charge et de décharge : 1re partie : tabacs ; 2e partie : poudres. Tit. et feuilles. Tabacs B à G ; poudres H à J. | Tenu par les entreposeurs. Un compte par manufacture comprenant toutes les espèces ; chaque espèce et chaque cas ayant sa colonne. Est utilisé pour les colis vides ; remplace les reg. 61 et 61 bis. | Règles tabacs et poudres : cir. 26 du 14 septembre 1823. Frais de paquetage des tabacs pour l'exportation : let. com. du 14 août 1891. Manquants en tabacs saisis : cir. 31 du 26 septembre 1820. Résidus de tabac : cir. 1016 du 15 novembre 1867. Compte d'ordre des cartouches : cir. 139 du 17 février 1875 et 425 du 2 mars 1883. Compte des colis de poudre : cir. 32 du 9 décembre 1820 et 20 du 5 janvier 1820. |
| 62 | Journal des entrées et des sorties, 1re partie : tabacs ; 2e partie : poudres. 25, 40, 50, 60 et 100 feuilles. | Tenu par les entreposeurs. | Règles tabacs et poudres : cir. 26 du 14 septembre 1825 et 34 du 15 janvier 1826. Résidus : cir. 1016 du 15 novembre 1867. |
| 63 A | Reg. des pesées journalières tabacs. Tit. Int. | Rempli par les agents actifs. | Création : cir. 26 du 14 septembre 1823. Rappel : let. com 21 du 21 juillet 1848. Recommandations : note 11169 du 24 août 1891. Tabac de troupe : let. com. du 31 juillet 1851 et 186 du 1er mars 1876. |

Excédents et manquants de tabacs ; propositions de décharge ; excédents et manquants : cir. 34 du 15 janvier 1826 ; 34 du 30 avril 1829 ; 43 du 6 septembre 1830 ; 72 du 10 janvier 1836 : let. com. 1169 du 5 juillet 1845 ; 759 du 21 mai 1861 ; let. com. 12 du 9 mai 1877 et cir. 83 du 7 février 1894. Pesées : cir. 31 du 26 septembre 1820 ; 63 du 30 juillet 1833 ; 474 du 18 décembre 1850 et 917 du 14 juillet 1863.

| | | | |
|---|---|---|---|
| 63 B | Reg. des comptes ouverts aux tabacs et poudres, entrées et sorties par espèce et qualité. B à J tabacs ; K poudres. Tit. et feuilles. | Tenu par les entreposeurs. Toutes les manufactures et tous les cas sont réunis dans le même compte, chaque cas ayant sa colonne à part. | Rappel des instructions : cir. 488 du 19 juillet 1851. |

| | | | |
|---|---|---|---|
| 64 A | Reg. des ventes tabacs. Inscription par facture, par jour et par espèce. De 100, 120, 140, 160, 180, 200 feuillets. | Tenu par les entreposeurs. Reporté sur les n°s 35,62 et 63 B. | Nouveau modèle : cir. 104 du 8 avril 1835. Rapprochements : cir. 34 du 30 avril 1829 et 468 du 5 novembre 1850. Résidus : cir. 1076 du 15 novembre 1867. |
| 64 B | Reg. de factures tabacs de 50 feuillets. 6 T. | Délivrées par l'entreposeur. | Nouveau modèle : cir. 104 du 8 avril 1835. Rôles; réfactions : let. lithog. du 29 juillet 1885, n° 7018. Tabacs en feuilles : let. com. du 23 avril 1874. Tabacs hospita- |

liers : cir. 833 du 31 mars 1862. Résidus : cir. 993 du 12 mai 1865 et 1076 du 15 novembre 1867. Jus : cir. 984 du 29 décembre 1864 ; 63 du 27 août 1872 ; 397 du 20 mai 1884 ; 514 du 21 avril 1888 et let. com. 67 du 1er juillet 1893. Zones : cir. 44 du 3 mars 1872 et 257 du 18 janvier 1879. Tabac à prix réduit ; circulation : cir. 231 du 6 mai 1810. Timbre : cir. 484 du 1er août 1887. Livraisons au-dessous de 10 kilog. Sacs en peau : cir. 163 du 14 novembre 1853. Barillages : cir. 943 du 8 mars 1864. Prix des tabacs : cir. 94 du 15 juin 1894. Rapprochements : cir. 34 du 30 avril 1829 ; 468 du 5 novembre 1850 et let. com. 21 du 21 juillet 1888. Factures manquantes : cir. 83 du 13 juin 1834. Modèle de demande de tabacs de luxe par les consommateurs et écritures : let. com. 13 du 23 août 1887 et 94 du 15 juin 1894.

| | | | |
|---|---|---|---|
| 64 C | Reg. des ventes de poudre par facture, par jour et par espèce. Tit. int. | Tenu par les entreposeurs. Reporté sur les 35, 62 et 63 B. | Modifications au modèle : cir. 104 du 8 avril 1835. Tenue : cir. 83 du 13 juin 1834. Rapprochements : cir. 468 du 5 novembre 1850. |
| 64 D | Reg. des factures de poudre, 10, 25, 50 feuilles. 6 T. | Délivrées par les enterposeurs. | Modifications au modèle : cir. 104 du 8 avril 1835. Usage du registre : cir. 402 du 31 août 1849. Timbre des factures : cir. 484 du 1er août 1887. Factures manquantes : cir. 83 du 13 juin 1834. Maxi- |

mum du prix de la poudre de mine : loi du 16 mars 1819. Retour aux anciens prix pour la poudre de chasse : cir. 99 du 31 juillet 1873. Augmentation de 2 décimes 1|2 sur la poudre de chasse (total : 11 fr. 25, 14 fr. 40 et 18 fr. 75) : cir. 156 du 8 juin 1875. Prix des emballages pour l'intérieur : cir. 452 du 6 juin 1886. Prix des poudres de mine et cartouches : cir. 591 du 24 juin 1890 et 619 du 28 janvier 1891. Poudre de mine même prix consommateurs et débitants : cir. 29 du 10 avril 1820 Marine militaire ; poudre de chasse : cir. 85 du 27 juillet 1831. Consignations sur barils vides : cir. 93 du 12 juin 1873. Echange de barils : cir. 325 du 18 octobre 1845 Rapprochement des factures : cir. 468 du 5 novembre 1850 et let. com. 21 du 21 juillet 1888. Maximum de 2 kilos transportable sans facture : cir. 402 du 31 août 1849. Fêtes publiques : cir. 415 du 24 mars 1849. Vente des poudres de guerre : cir. 25 du 23 septembre 1818. Vente de cartouches ; reg. 64 D. remis aux commerçants : cir. 833 du 4 septembre 1862 et 936 du 8 décembre 1863. Sociétés de tir : let. com. du 5 juin, let. com. 7 août 1813 ; let. com. 19 du 26 juin 1832 ; cir. 425 du 2 mars 1883 ; cir. 559 du 12 juillet 1889 et cir. 591 du 24 juin 1890. Mine lente et forte : cir. 591 du 24 juin 1890 et 619 du 28 janvier 1891. Mine fin grain pour mèches ; let. com. 2 du 2 février 1881. Mine au nitrate d'ammoniaque et au nitrate de soude : cir. 561 du 22 août 1889 et 591 du 24 juin 1890. Cartouches comprimées au coton-poudre et au nitrate d'ammoniaque : cir. 591 du 24 juin et 593 du 4 juillet 1890. Poudre-coton : cir. 351 du 25 janvier 1847. Coton azotique : cir. 106 du 20 novembre 1894. Importation de cartouches : cir. 139 du 17 février 1815 ; 489 du 30 septembre 1887 ; 17 du 27 janvier et 29 du 23 mars 1892. Dynamite : cir. 355 du 9 décembre 1832. Poudre pyroxilée : cir. 376 du 8 août 1883 ; 595 du 11 juillet 1890 ; 33 du 16 juin 1892 et 83 du 13 janvier 1894. Prix des caisses de poudre pyroxilée : let. com. 14 du 27 octobre 1883. Pulvérin : cir. 431 du 18 juillet 1835 et 457 du 6 octobre 1836 ; prix de ses emballages : cir. 436 du 18 septembre 1883 et 87 du 19 février 1894.

| | | | |
|---|---|---|---|
| 65 A | Situation des entrepôts de tabacs. 36 par entrepôt. Mensuel. Ex. | Formé par les entreposeurs. Envoyé en double au s.-dir. ou dir. Au dir. le 5 ; à la 3e div. 3e bur. le 10 en simple. | Modifications au modèle : cir. 321 du 19 juin 1845 et 94 du 15 juin 1894. Tableau des ventes directes par les entrepôts à joindre : let. com. 13 du 23 août 1887. Mutation d'entreposeur : cir. 321 du 19 juin 1845. Règles : cir. 474 du 18 décembre 1850. Envoi et pièces à joindre : cir. 55 du 31 décembre 1832 ; 321 du 19 juin 1845 et 94 du 15 juin 1894. Frais de paquetage pour l'exportation : let. com. 14 du 14 août 1891. Excédents et déchets : let. com. 1469 du 5 juillet 1845. Voir le 64 B. |
| 65 B | Situation des entrepôts de poudre. 36 par entrepôt. Mensuel. Ex. | Formé par les entreposeurs. Envoyé en double au s.-dir. ou dir. Au dir. le 5. A la 3e div. 3e bur., le 10 en simple. | Modifications au modèle : cir. 321 du 19 juin 1845. Envoi et pièces à joindre : cir. 55 du 31 décembre 1832 ; 321 du 19 juin 1845 et cir. 94 du 15 juin 1894. Mutation d'entreposeur : cir. 321 précitée. Poudres en dépôt : cir. 72 du 10 janvier 1831. Excédents et déchets : let. com. 1469 du 5 juillet 1845. Manquants en poudres saisies : cir. 31 du 26 septembre 1820. |

| | | | |
|---|---|---|---|
| 65 C | Etat récapitulatif des ventes de tabacs et poudres. Mensuel. 12 par direction. Ex. | Formé par les dir. avec les 65 A et B. A la 3e div. 3e bur. avant le 10 avec les 65 A et B. | Création : cir. 414 du 6 mars 1849. Envoi : cir. 94 du 15 juin 1894. Voir les 65 A et B. |
| 66 A | Reg. récapitulatif des ventes de tabac ou compte ouvert aux débitants, de 60, 80, 100, 120, 140, 160 et 200 feuilles. | Tenu par les entreposeurs. | Règles générales : cir. 26 du 14 septembre 1823. Voir le 61 B. |
| 66 B | Reg. récapitulatif des ventes de poudre ou compte ouvert aux débitants. Tit. int. | Tenu par les entreposeurs. | Règles générales : cir. 26 du 14 septembre 1823. Voir le 61 D. |
| 67 A | Tableau des ventes de tabacs. 10 pour le chef-lieu ; 15 pour les autres divisions. Trim. Cahier. Un tableau comprend l'année. | Dressé par les entreposeurs. Le 15 janvier au dir. N'est généralement formé qu'en fin d'année. Il suffit d'additionner le 66 A par trim. en reportant les antérieurs. | N'est plus envoyé à l'Adm. : cir. 186 du 28 mars 1876. |
| 67 B. | Tableau des ventes de poudres. 10 pour le chef-lieu ; 15 pour les autres divisions. Trim. Cahier. Un tableau comprend l'année. | Dressé par les entreposeurs. Mêmes observation que ci-dessus. | N'est plus envoyé à l'Adm. : cir. 186 du 28 mars 1876. |
| 69 | Reg. de classement des tabacs saisis ; sert jusqu'à la fin. Tit. int. | Rempli par la commission d'expertise. | Création : cir. 20 du 9 février 1818. Classement ; primes ; prix : cir. 138 du 31 mai 1813 ; 6 du 2 janvier et 14 du 17 septembre 1816 ; 140 du 11 février et 151 du 21 mars 1831 ; 410 du 21 décembre 1848 ; 71 du 4 novembre 1872 et let. com. 32 du 22 novembre 1888. Comité d'expertise : cir. 20 du 9 février 1818 et 410 du 21 décembre 1848. Dépôt des tabacs saisis : cir. 34 du 19 janvier et 39 du 17 mars 1832. Destination des tabacs saisis : cir. 12 du 31 août 1869 ; 451 du 21 mai 1886 et let. com. 32 du 22 novembre 1888. Vente à charge d'exportation : cir. 21 du 12 août 1828 et 27 du 2 novembre 1831. |
| 69 bis | Reg. de classement des poudres saisies. Sert jusqu'à la fin. Tit. int. | Rempli par la commission d'expertise. | Nouveau modèle: cir. 72 du 10 janvier 1834. Règles, prix et primes : cir. 30 du 2 mai 1829 et 280 du 12 janvier 1843. |
| 70 A | Relevé du reg. de classement des tabacs saisis. Annuel. Ex. | Formé par l'entreposeur. Le 15 janvier au dir. Le 25 à la 3e div. 3e bur. | Création : cir. 20 du 9 février 1818. Voir le reg. 69. |
| 70 bis | Relevé du reg. de classement des poudres saisies. Annuel. Ex. | Formé par l'entreposeur. Le 15 janvier au dir. Le 25 à la 3e div., 3e bur. | Voir le reg. 69 bis. |
| 71 A | Extrait du reg. 69 et répartition. Ex. | Formé par les s.-dir. ou dir. | Création : cir. 20 du 9 février 1818. Répartition : cir. 29 du 16 mars 1818 ; 410 du 26 août 1835 ; 185 du 7 août 1838 et 71 du 4 novembre 1872. Imputation d'exercice : cir. 1453-112 du 26 décembre 1883 et 1489-114 du 24 décembre 1884. |
| 71 bis | Extrait du reg. 69 bis et répartition. Ex. | Formé par les s.-dir. ou dir. | Modèle : cir. 280 du 12 janvier 1843. Répartition : cir. 25 du 25 juin 1829. |

| 71 C | Etat de répartition de la valeur des allumettes saisies. Ex. | Formé par les s.-dir. ou dir. | Voir chap. xiv. |
|---|---|---|---|
| 72 A | Procès-verbal d'inventaire dans les entrepôts de tabacs. Ex. | Dressé par les employés qui ont fait l'inventaire. En fin d'année en triple ; un à la 3e div. 3e bur. le 5 janvier ; un avec le 73 et un à la direction. Dans le cours de l'année, un à la 3e div. 3e bur. et un au dir. En cas de mutation, 3 expéditions à l'appui des 3 comptes 73. | Règles : cir. 474 du 18 décembre 1850. Devenu annuel : cir. 282 du 12 décembre 1879. |
| 72 B | Procès-verbal d'inventaire dans les entrepôts de poudre. Ex. | Même observation que ci-dessus. | Poudres en dépôt : cir. 72 du 10 janvier 1831. Voir au 72 A. |
| 72 C | Résultat de la vérification des entrepôts tabacs et poudres. Ex. | Formé par les inspecteurs, s.-dir. ou dir. et envoyé à la 1re div. | Création : cir. 282 du 12 décembre 1879. Vérifications, nombre d'inventaires : cir. 468 du 5 novembre 1850 ; let. com. 21 du 21 juillet 1888, et note du 24 août 1891. Ouverture des entrepôts de tabacs : let. com. 20 du 9 juillet 1888. Installation des |

entrepôts ; soins : cir. 308 du 14 octobre 1844 ; 325 du 18 octobre 1845 ; 414 du 6 mars 1849 ; 476 du 21 décembre 1850 et 750 du 21 mai 1861. Balances à fléau : cir. 56 du 23 mai 1893. Surveillance et tenue des entrepôts de poudre : cir. 26 du 14 septembre 1823 ; 340 du 25 juin 1846 ; 521 du 11 décembre 1857 et let com. 21 du 21 juillet 1888.

| 73 | Compte annuel des entrepôts tabacs et poudres. 3 par entrepôt. Cahier. | Formé par les entreposeurs. En triple au dir. du 10 au 15 janvier ; en double à la 3e div. 3e bur. le 25. | Notice des pièces tabacs et poudres : cir. 474 du 18 décembre 1850, réimprimée avec modifications en octobre 1874. Trois expéditions dont une seule avec les pièces : cir. lithog. n° 7560 du 24 novembre 1859. Modifications aux comptes tabacs et poudres : cir. 80 du 28 décembre 1893, et au compte |

des tabacs : cir. 94 du 15 juin 1894. Nomenclature des espèces de tabacs : cir. 94 précitée. Contrôle de la Cour des comptes : art. 14 loi du 6 juin 1843. Restes à justifier en fin d'année et concordance des écritures : let. com. 3 décembre 1872 et 23 du 17 novembre 1891. Comptes de clerc à maître : cir. 30 du 12 décembre 1831 ; 474 du 18 décembre 1850 ; 628-64 du 10 décembre 1857 et let. com. 7560 du 24 novembre 1859.

| 74 | Relevé par manufacture des tabacs reçus. Mensuel et annuel. Ex. | Envoyé mensuellement en simple et annuellement en double par l'entreposeur, à l'établissement expéditeur qui en renvoie un. | Création : cir. 464 du 7 octobre 1860. Concordance des écritures : let. com. du 3 décembre 1872 et n° 23 du 17 novembre 1891. |
| 74 bis | Relevé des tabacs fabriqués reçus. Mensuel et annuel. Ex. | Envoyé mensuellement en simple et annuellement en double à l'établissement expéditeur qui en renvoie un. | Sert exclusivement pour la manufacture du Gros-Caillou. |
| 75 A | Livret des débitants de tabac. Sert jusqu'à la fin. Cahier. | Tenu dans les débits ; rempli par les employés. | Règles : cir. 83 du 13 juin 1836 et 104 du 8 avril 1833. Obligations générales des débitants : cir. 94 du 8 août 1811 ; cir. 163 du 14 novembre 1853 et let. com. 21 du 21 juillet 1888. Rapprochements : 468 du |

5 novembre 1850. Ventes aux établissements hospitaliers : cir. 813 du 31 mars 1862. Remise des plombs : cir. 65 du 30 juillet 1833. Traités de gérance : let. com. 83 du 26 mai 1891. Débitant remplacé ou débit supprimé : instruction 39 du 7 juin 1811 et cir. 163 précitée. Nomination des débitants de tabac : voir chap. xvi. Tabacs mélangés ou factices : cir. 20 du 24 août 1831 ; 56 du 12 janvier 1833 ; 370 du 30 octobre 1847 et 164 du 2 août 1875.

| | | | |
|---|---|---|---|
| 75 B | Livret de débitant de poudre. Sert jusqu'à la fin. Cahier. | Tenu dans les débits: rempli par les employés. | Surveillance de la vente : cir. 45 du 30 août 1843 et 242 du 21 novembre 1840. Infractions des débitants : cir. 4 du 11 mars 1831. Cumul : cir. 397 du 30 mai 1848. Répression de la fraude : cir. 48 du 16 juillet 1852. Armuriers : let. com. 5 juin 1873 et cir. 559 du 12 juillet 1889. Nomination des débitants de poudre : voir chap. XVI. Retrait des factures : cir. 83 du 13 juin 1834. |
| 75 C | Carnet pour l'inscription des factures. Sert jusqu'à la fin. Cahier. | Tenu dans les postes. | Création : cir. 83 du 13 juin 1834. |
| 75 D | Carnet de distribution et de retrait des bons de tabac de troupe. Cahier. | Tenu dans les postes, un par poste. Sert jusqu'à la fin. | Nouveau modèle ; nouvelles règles : cir. 51 du 16 mars 1893. Règles primitives : cir. 184 du 1ᵉʳ mars 1876. |
| 75 E | Carnet d'exercice des débitants chargés de la vente des tabacs de troupe. 10 et 20 feuilles. | Tenu dans les postes ; un par section. | Création : cir. 51 du 16 mars 1893. |
| 76 A | Tableau des prix de vente tabacs. Ex. | Affiché dans les débits. | Règles : instruction n° 39 du 7 juin 1811 et cir. 163 du 14 novembre 1853. Prix et calibres : cir. 94 du 15 juin 1891. Voir le dernier tirage du 76 A. |
| 76 B | Tableau des prix de vente poudres. Ex. | Affiché dans les débits. | Règles : cir. 22 du 14 mai 1818. Prix : voir le 64 D. |
| 76 D | Tableau des prix de vente tabacs à prix réduits. Ex. | Affiché dans les débits. | Voir le 76 A. Tabacs de zone : cir. 237 du 18 janvier 1879. Voir le dernier tirage. |
| 77 B | Bordereau récapitulatif des recettes et dépenses tabacs. 3 par dir. Annuel. Cahier. | Récapitulation des comptes 73. Formé par le dir. A la 3ᵉ div. 3ᵉ bur. le 25 janvier, en double. | Modifications au modèle : cir. 55 du 31 décembre 1832 et 80 du 23 décembre 1893. Envoi : cir. 94 du 15 juin 1894. Voir le 73. |
| 77 C | Bordereau récapitulatif des recettes et dépenses poudres. 3 par dir. Annuel. Cahier. | Même annotation. | Envoi : cir. 94 du 15 juin 1894. Voir le 73. |
| 78 | Réquisition d'escorte. Ex. | Remis par l'entreposeur la poudrerie où les comptables au voiturier. | Précautions en route pour la poudre : cir. 16 du 15 avril 1828 et 364 du 23 juillet 1847. Mention sur l'acquit : cir. 72 du 10 janvier 1834. Gendarmes : let. com. 4174 du 21 juillet 1839. Dynamite : cir. 179 du 28 décembre 1875 et 335 du 9 décembre 1882. Transport de fonds : cir. 159 du 6 octobre 1809. Frais de garde : cir. 523 du 24 juillet 1838. Envoi du 78 : cir. 321 du 19 juin 1843. |
| 81 | Relevé par poudrerie des poudres reçues. Mensuel et annuel. Ex. | Envoyé mensuellement en simple et annuellement en double, par l'entreposeur à l'établissement expéditeur qui en renvoie un. | Création : cir. 464 du 7 octobre 1850. Concordance des écritures : let. com. 3 décembre 1872. |
| 82 | Registre magasinier tabacs. 22, 34, 50 et 102 feuillets. Annuel. | Tenu par les employés actifs. | Création : cir. 474 du 13 décembre 1850. Ordre de mise en vente : cir. 122 du 8 juillet 1812. Rapprochements : let. com. 24 du 21 juillet 1838. |
| 83 | Bons de livraison de tabac de troupe. 150 bons à la feuille. | Livrés par le receveur principal au s.-dir. ou dir. sur demande. 83 ter. | Création : cir. 179 du 21 janvier 1834. Marques : cir. lithog. 24 février 1854 ; cir. 184 du 1ᵉʳ mars 1876, et 51 du 16 mars 1893. Délivrance des bons ; manœuvres |

illicites: let. com. 22 du 29 août 1818: cir. 269 du 24 juin; 278 du 14 octobre 1879: let. com. 6 du 27 mars 1886 et cir. 51 précitée. Manquants: let. com. 31 juillet 1854 et cir. 184 et 51 précitées. Comptabilité: cir. 184 et 51 précitées. Nouvelles règles: cir. 51 du 16 mars 1893. Troupes en route: let. com. 2 juin 1854 et cir. 237 du 23 avril 1878. Sous-officiers et soldats des armées de terre et de mer: cir. 119 précitée; 1066 du 6 juillet et 1079 du 21 novembre 1867. Agents de la marine: cir. 1038 du 22 août 1866 et 142 du 4 mars 1875. Douaniers: cir. 184 précitée. Préposés forestiers: cir. 199 du 20 octobre 1876. Hôpitaux: cir. 364 du 13 février 1883. Anciens militaires en traitement: cir. 456 du 10 septembre 1886. Territoriale: cir. 237 précitée. Désignation des agents et corps qui reçoivent du tabac de troupe: cir. 1038 du 22 août 1866.

| 83 bis | Autorisation de délivrance de bons de tabac. Ex. | Formé par les s.-dir. et dir. Partie supérieure pour le chef de corps qui la remet au chef local en échange des bons; partie inférieure au chef local qui conserve le tout. | Création: cir. 269 du 24 juin 1879. Carnet pour l'inscription des autorisations et rappel des instructions: cir. 51 du 16 mars 1893. |
| 83 ter | Récépissé à talon pour la livraison des bons nº 83. | Formé par les receveurs et envoyé au receveur principal qui adresse le récépissé avec les bons au dir. Ce dernier transmet les bons marqués et le récépissé au receveur qui retourne cette pièce au receveur principal après prise en charge. | Création et règles: cir. 51 du 16 mars 1893. |
| 84 | Acquits-à-caution pour le renvoi de barillages vides poudre, impressions et matériel. Tit. int. | Employés par les receveurs principaux pour les envois d'impressions et d'objets du matériel. | Nouveau mode de renvoi des barillages de poudre et formalités: cir. 122 du 11 juin et 133 du 14 décembre 1874 et let com. 2 du 4 mars 1891. Poids des barillages vides: cir. 74 du 9 février 1869. Avis des renvois: cir. 254 du 25 juin 1841. Circonscription des raffineries: let. com. |

26 juin 1874. Renvoi des colis; soins: let. com. 51 du 14 décembre 1866. Ouverture et refonçage des colis: let. com. 19 novembre 1818; cir. 36 du 28 février 1822; let. com. 2264 du 26 septembre 1848; 1 du 1er mai 1869 et let. com. 33 du 4 août 1875. Par suite des dispositions de la cir. 122 précitée, le modèle nº 84 paraît ne devoir servir que pour les transports d'impressions et de matériel. Voir chap. XIII.

| 85 | Bulletin de vente. Ex. | Délivré dans les bureaux de vente directe. | |
| 86 | Situation de la vente des cigares exceptionnels. Mensuel. | Formé par les dir. d'après les états des entreposeurs. Avant le 10 à la 3e div., 3e bur. | Modèle spécial aux bureaux de vente directe. |
| 87 | Reg. des autorisations pour les importations de tabac de santé. 25, 50 et 100 feuilles. | Tenu par le s.-dir. ou dir. Volant remis à l'importation pour la Douane. | Règles: cir. 8 du 9 février 1852. Création: cir. 313 du 25 avril 1881. |
| 88 | Etat de renseignements sur la fabrication, l'importation et l'exportation de la dynamite et de la nitro-glycérine. Trim. 8 par dir. et par poste. | Envoyé par les chefs de poste au s.-dir. ou dir. avant le 5. A la 3e div. 1er bur. avant le 10. | Impôt à 1 fr. le kilog.: cir. 591 du 24 juin 1890. Loi; règlement: cir. 119 du 28 décembre 1875. Surveillance: let. com. 12 novembre 1872. Transport et escorte: cir. 355 du 9 décembre 1882. Indications sur les cartouches: cir. 621 du 30 janvier 1891. |

| B | Compte des bois d'emballage des tabacs. Annuel. | Formé par les entreposeurs. Au dir. avant le 1er février; à la 3e div. 3e bur. le 5. Les états B et C remplacent l'état 61 tabacs. | Création: cir. 37 du 1er mai 1852. Règles : cir. 32 du 9 décembre 1820; 55 du 31 décembre 1832 et 95 du 26 décembre 1834. Soins ; vieux cercles : cir. 72 du 10 janvier 1834 et let com. du 1er décembre 1873. Renvois ; rappel : cir. 483 du 7 août 1851 : let. com. 22 du 13 mai 1864 et 70 du 21 septembre 1868. Vente de colis par les Domaines : cir. 72 précitée. Voir le 21 A. |
|---|---|---|---|
| C | Relevé des comptes ouverts en ce qui concerne les colis reçus et expédiés. Annuel. | Mêmes indications. | Voir le B 1re partie. |
| D | Etat de situation des emballages de tabacs et des plombs. Annuel. | Mêmes indications. | Voir le B 1re partie et le 84. |
| 61 | Etat de situation des colis vides. Poudres. Annuel. | Formé par les entreposeurs. Au dir. avant le 1er février; à la 3e div. 3e bur. le 5. | Ancien 61 bis. Créé : cir. 32 du 9 décembre 1820. Voir l'état B tabacs. |

### Modèles du service général.

| 3 B | Reg. de passavants. 6 T. 5, 10, 25 et 50 feuilles. | Tenu par les buralistes. | Transfert d'un débit à l'entrepôt : instruction n° 39 du 7 juin 1811 et cir. 163 du 14 novembre 1853. |
|---|---|---|---|
| 50 A | Compte d'entrée et de sortie dynamite. 12, 25. 50. 100, 150 et 200 feuillets. | Tenu dans les postes. | Loi et règlement : cir. 179 du 28 décembre 1875. |
| 52 C | Engagement d'acquitter les frais d'exercice et d'escorte. Dynamite. Tit. int. 8 T. | Tenu par les chefs de poste ; signé par le fabricant. | Loi et règlement : cir. 179 du 28 décembre 1875. Voir chap. iv. |
| 52 D | Déclaration de cautionnement pour les acquits. Tit. int. 8 T. | Tenu par les receveurs | Créé : cir 352 du 20 octobre 1832. Voir chap. iv. |
| 165 | Tableau des ventes et bénéfices des débitants de tabacs et de poudres. Tit. int. Annuel. | Formé par les s.-dir. et dir. Au dir. avant le 10 janvier. Au personnel débits le 10 février. | Règles : cir. 39 du 17 mai 1852 et 17 du 16 mars 1870. Sous-débits : let. com. du 18 janvier 1862. Traités de gérance : let. com. 83 du 26 mai 1894. Calcul des bénéfices : cir. 94 du 15 juin 1894. |

### Comptabilité publique.

| 96 | Etat des acquits-à-caution transmis à l'Adm. Mensuel. Ex. | Formé par les entreposeurs. Joint avec les acquits sans coupon à l'état 65 A. Un état 96 est établi pour les acquits de poudre et joint au 65 B. | Règles : cir. 420 du 16 avril 1849 et 496-52 du 2 octobre 1852. Envoi : cir. 94 du 15 juin 1894. Voir chap. viii. |
|---|---|---|---|
| | Etat des tabacs vendus et restants. Semestriel. | Formé par les entreposeurs. Au dir. avant les 5 janvier et 5 juillet. A la 3e div. 3e bur. le 10. | Tabacs invendables : let. com. 47 du 16 août 1866 ; cir. 917 du 14 juillet 1863 et cir. 1033 du 23 décembre 1867. Création : let. com. 48 du 20 août 1866. |

| | | |
|---|---|---|
| État des poudres à feu vendues et restantes. Semestriel. | Formé par les entreposeurs. Au dir. avant les 5 janvier et 5 juillet. À la 3e div. 3e bur. le 10. | Création et modèle : let. com. 28 août 1874. L'approvisionnement des entrepôts est limité à une consommation de trois mois : let. com. 28 du 15 novembre 1889. |
| État du taux moyen. Annuel. | Formé par les s.-dir. et dir. Avant le 5 février au dir. ; le 10 à la 3e div. 1er bur. | Modèle : cir. 26 du 14 septembre 1825. Instruction : let. com. 9 du 8 mai 1885. |
| Demandes des débitants de tabacs. | Remis par les débitants à l'entreposeur. | Minimum : let. com. 13 du 27 septembre 1826 ; cir. 163 du 14 novembre 1853 et 917 du 14 juillet 1863. Rapprochements et modèles : cir. 468 du 5 novembre 1850 et let. com. 21 du 21 juillet 1888. Prix et conditions de vente : cir. 94 du 15 juin 1891. |
| Demandes de poudres. | Remises à l'entreposeur. | Pour les débitants, levées de 5 kilog. au moins : cir. 21 du 24 août 1818. Rapprochements : cir. 468 du 5 novembre 1850. Fabricants et éprouveurs d'armes : let. com. 29 du 28 mars 1893. Voir le 21 AA. |
| Demandes de tabacs de luxe par les consommateurs. | Remises à l'entrepôt. | Rappel des instructions ; prix ; conditions : cir. 94 du 15 juin 1891. |
| Reg. des débitants de poudre, dynamite, artificiers et fabricants de cartouches. | Tenu par l'assujéti. | Règles : cir. 21 du 21 août 1818 ; 39 du 4 août 1823 et 936 du 8 décembre 1863. Cartouches : cir. 853 du 4 septembre 1862. Exportation des pièces d'artifices : voir le 21 AA. Poudre de mine : cir. 242 du |

21 novembre 1840. Fabricants d'artifices : let. com. 60 du 18 février et cir. 559 du 12 juillet 1889. Fabriques d'artifices ; pulvérin : cir. 431 du 18 juillet 1885 : 457 du 6 octobre 1886 et let. com. 89 du 31 juillet 1891.

| | | |
|---|---|---|
| Carnet pour la vente du papier timbré et des timbres mobiles. | Tenu par le débitant. | Modèle : cir. 919 du 5 décembre 1861. Remises : cir. 564 du 2 août 1889. Levées à l'entrepôt ou à la poste : let. com. 8 du 3 juin 1837. Timbres mobiles jusqu'à 2 fr. : cir. 1368-109 du 19 juillet 1881. |
| Compte ouvert aux importateurs de tabac de santé. | Tenu à la s.-dir. ou dir. | Création : cir. 313 du 23 avril 1881. Voir 87 tabacs. |
| État des importations de tabac de santé. Mensuel. | Envoyé par les s.-dir. ou dir. qui le conservent. | Création : cir. 313 du 23 avril 1881. Voir le 87 tabacs. |
| Inventaire du matériel des tabacs. Annuel. | Dressé par les inspecteurs, s.-dir. ou dir. et joint aux états B, C. | Prescriptions et modèle : cir. 26 du 14 septembre 1825 et cir. 279 du 24 décembre 1839. Balances à fléau : cir. 55 du 31 décembre 1832 ; 232 du 10 octobre 1834 et 56 du 23 mai 1893. |
| Inventaire du matériel des poudres. Annuel. | Dressé par les inspecteurs, s.-dir. ou dir. et joint à l'état D. | Poids, balances et ustensiles : cir. 21 du 21 août 1818 ; 55 du 31 décembre 1832 ; 215 du 30 septembre, 219 du 21 décembre 1839 et let. com. 1230 du 20 juin 1841. |
| Reg. de démolition de colis vides. Tabacs. | Tenu dans les entrepôts ; sert à former l'état annuel. | Tenue et procès-verbal de démontage : cir. 32 du 9 décembre 1820 et 37 du 1er mai 1832. Voir au 21 A. |
| État des menus frais d'entrepôt avec émargement. (01 c. par plomb et 10 c. par colis démonté.) Annuel. | Formé par l'entreposeur et ordonnancé par le dir. | Fixation : let. com. 5 du 12 janvier 1826 ; cir. 20 du 5 janvier 1829 et let. com. 22 du 13 mai 1864. Ordonnancement : cir. 95 du 28 décembre 1831. Imputation : note 4 du 23 mars 1880. |
| État de renseignements pour la fixation de l'indemnité pour tabacs saisis et classés. Annuel. | Formé par les s.-dir. et dir. Au dir. avant le 10 janvier ; à la 3e div. 3e bur. le 15. | Indemnité de 25 c. par classement et 01 c. par kilog. si la remise atteint au moins 25 fr. Correspondance. |
| État de la remise de 1 et 1 1/2 p. 0/0 sur les ventes directes de tabacs avec émargement. Annuel. | État dressé par le s.-dir. ou dir. et joint à la comptabilité comme pièce de dépense. | Taux : décret du 27 avril 1877. Modèle : let. com. 13 du 23 août 1887. Rappel : cir. 94 du 15 juin 1891. |

| | | |
|---|---|---|
| Remises aux receveurs principaux pour écritures des tabacs. Trim. En double. | Formé par le receveur principal et envoyé au s.-dir. ou dir. Payé sur mandat de l'Adm. des tabacs. | Nouveau mode : let. com. 4216 du 4 septembre 1873. |
| Ventes dans les zones. Annuel. | Envoyé par les s.-dir. en double au dir. avant le 5 février ; à la 3ᵉ div. 1ᵉʳ bur. le 10. | Création du tabac de zone : cir. 9 du 23 novembre 1816. Règles : cir. 26 du 14 septembre 1825 et let. com. 6 du 28 février 1826. Suppléments accordés aux débitants : cir. 17 du 16 mars 1810. Trois zones : cir. 44 du 3 mars 1872. Résumé des instructions ; rapport annuel du dir. ; états nᵒˢ 1 et 2 : cir. 257 du 18 janvier 1819. Délimitation des zones : cir. 267 du 30 mai 1819 ; 326 du 11 et 316 du 12 août 1882. |
| Éléments relatifs à la fixation des contingents par débit. État nᵒ 1. Annuel. | Proposition en double des chefs locaux aux s.-dir. ou dir. avant le 5 février. Les dir. en envoient une à la 3ᵉ div. 1ᵉʳ bur. le 15. | Idem. |
| Éléments relatifs à la fixation des contingents par poste. État nᵒ 2. Annuel. | Envoyé en simple par les dir. à la 3ᵉ div. 4ᵉʳ bur. le 15 février sur la proposition des s.-dir. | Idem. |
| Rapport sur les contingents. Annuel. | Envoyé par le dir. à la 3ᵉ div. 1ᵉʳ bur. le 15 février avec les états nᵒˢ 1 et 2. | Idem. |
| Proposition de dépense pour la garde des convois de poudre. Trim. | Formé par les s.-dir. et dir. Avant le 10 au dir. ; le 15 à la 3ᵉ div. 3ᵉ bur. | Modèle : let. com. 55 du 20 février 1867. L'Adm. n'acquitte pas les frais quand les destinataires sont des particuliers : note du 4 mai 1869. Dynamite : cir. 335 du 9 décembre 1882. Frais de garde : cir. 523 du 24 juillet 1888. Inscription au 89 B : cir. 43 du 7 octobre 1892. Voir le 78. |
| Reg. des poudres et cartouches en dépôt. | Tenu par l'entreposeur. | Règles : cir. 24 du 24 août 1818. Modèle : cir. 72 du 10 janvier 1834. Cartouches : cir. 139 du 17 février 1875 ; 423 du 2 mars 1885 et 559 du 12 juillet 1889. |
| État des frais d'exercice et d'escorte pour la dynamite. Annuel. | Envoyé par les chefs de poste aux s.-dir. ou dir. Le 15 février à la 3ᵉ div. 1ᵉʳ bur. | Prescrit : cir. 179 du 28 décembre 1875. |
| Décompte des frais de refonçage de barils de poudre avec émargement. Accidentel. | Envoyé par l'entreposeur au receveur principal dont dépend la raffinerie. Ce dernier est remboursé par elle. | Indemnité de 10 ou 15 c. : let. com. 19 novembre 1818. Nouveau régime : cir. 422 du 11 juin 1874. Circonscription pour les renvois : let. com. 26 juin 1874. |
| Retenue de 5 p. 0/0 sur partie des remises des entreposeurs pour vente de tabacs de luxe. Annuel. | Formé par les s.-dir. et dir. Le 10 février à la 3ᵉ div. 3ᵉ bur. | Modèle : let. com. 52 du 10 novembre 1892. |
| État présentant, en ce qui concerne les entrepôts de vente directe, les quantités de tabac vendues, le produit des ventes, les remises et les frais divers. Annuel. | Formé par les entreposeurs. Envoyé par les dir. le 10 février à la 3ᵉ div. 3ᵉ bur. | Modèle : let. com. 13 du 23 août 1837. Rappel : let. com. 52 du 10 novembre 1892 et 94 du 15 juin 1894. |

| | | |
|---|---|---|
| Etat du mobilier des entrepôts de vente directe. Annuel. | Envoyé au dir. avant le 10 janvier ; à la 3ᵉ div. 3ᵉ bur. le 20. | Let. lithog. 7834 du 23 octobre 1891. |
| Tableau des approvisionnements des entrepôts. | Conservé dans les s.-dir. et dir. | Création : cir. 17 du 16 mars 1870. Limites ; cir. 94 du 15 juin 1894. |

*Circulaires d'intérêt général applicables au présent chapitre.*

Débits de tabac ; tenue ; vérifications : cir. 26 du 14 septembre 1825 ; 163 du 14 novembre 1853 et let. com. 21 du 21 juillet 1888.

Entrepôts de tabacs ; tenue ; vérifications : cir. 26 du 14 septembre 1825 ; let. com. 34 du 30 avril 1829 ; cir. 414 du 6 mars 1849 ; cir. 185 du 19 juillet 1851 ; let. com. 21 du 21 juillet 1888 et note autog. du 24 août 1891.

Tabac de zone ; entrepôts ; receveurs entreposeurs ; frais de transport ; tabacs saisis; débits de tabac ; tabac de troupe ; état 163 : cir. 17 du 16 mars 1870.

Attributions de la Régie et de l'Adm. des tabacs : cir. 738 du 28 février 1861.

Monopole des tabacs prorogé sans limitation : cir. 48 du 6 janvier 1893.

Espèces et prix des tabacs vendus en France : cir. 94 du 15 juin 1884.

Tenue des entrepôts de poudre : cir. 26 du 14 septembre 1825 ; 310 du 23 juin 1846 et let. com. 21 du 31 juillet 1888.

Poudreries et raffineries rattachées à la guerre : cir. 122 du 11 juin 1871.

# Chapitre XXI. — Voitures publiques.

| N° | Désignation | Tenue | Références |
|---|---|---|---|
| 21 | Déclaration et licence. 10, 25 et 50 feuillets. 4 T. | Tenu par les buralistes. | Selliers-carrossiers: cir. 20 du 12 vendémiaire an XIV. Création du reg.; droit de dixième; service d'occasion; licences (5 fr. par voiture de terre à 4 roues et d'eau; 2 fr. par voiture à 2 roues, sans décimes); estampille; abonnement: cir. 17 du 17 mars 1817. Places en service régulier assimilées au service d'occasion et voitures d'occasion: cir. 270 du 15 juillet 1879 et 27 du 19 mars 1892. Nombre de places: cir. 63 du 23 septembre 1852. Déduction pour pourboire supprimée: cir. 270 précitée. Nouveau régime: cir. 27 précitée. |
| 22 | Cessation ou changement. 10 et 25 feuillets. 4 T. | Tenu par les buralistes. | Création et règles: cir. 17 du 17 mars 1817. |
| 23 A | Apposition d'estampilles. 10, 25 et 50 feuillets. 4 T. | Tenu par les buralistes. | Création des estampilles: cir. 10 du 3 messidor an XII. Création du reg.: cir. 17 du 17 mars 1817. Chemins de fer: cir. 317 du 2 décembre 1846. Calcul du nombre de places: cir. 63 du 23 septembre 1852. Autorisation préfectorale: cir. 63 précitée; 270 du 15 juillet 1879 et 507 du 10 mars 1888. Changement de domicile: cir. 270 précitée. Nouveau type d'estampille: let. com. 6 du 6 mai 1891. Laissez-passer 23 A bis: cir. 20 du 30 janvier 1892. |
| 23 B | Relevé des déclarations. Ex. | Formé dans les postes et envoyé à destination par le s.-dir. ou dir. Revient au point de départ. | Création: cir. 224 du 11 février 1840. Formation: cir. 459 du 2 avril 1857 et 270 du 15 juillet 1879. Transmission: cir. 17 du 16 mars 1870. Nouveau régime: cir. 27 du 19 mars 1892. |
| 23 B | Reg. copie des relevés 23 B. | Tenu dans les s.-dir. et dir. | Création: cir. 459 du 2 avril 1857. |
| 24 A | Service extraordinaire. 10 et 25 feuilles. 4 T. | Tenu par les buralistes. | Création: cir. 17 du 17 mars 1817. Déduction du tiers: cir. 40 du 20 juillet 1819. Régime: cir. 153 du 9 août 1837. Dépôt chez les entrepreneurs: cir. 20 du 30 janvier 1892. Nouveau régime: cir. 27 du 19 mars 1892. |
| 24 B | Service accidentel et journalier. 10 et 25 feuilles. 6 T. | Tenu par les buralistes. | Création: cir. 224 du 11 février 1840. Régime; tarif (0 fr. 1875, décimes compris, par place et par jour): cir. 153 du 9 août 1837. |
| 60 | Relevé des droits constatés sur les voitures en service d'occasion. Ex. 12 par poste par an. Mensuel. | Formé dans les postes et remis au receveur part. séd. dans les premiers jours de chaque mois pour le mois courant. | Création et modèle: cir. 270 du 15 juillet 1879. |
| 60 A | Portatif pour les voitures en service régulier (y compris les tramways à traction mécanique dont le prix dépasse 30 c. et les chemins de fer). 8, 12, 24, 40 feuillets. Trim. | Tenu dans les postes. | Création: cir. 18 du 27 fructidor an XIII. Déduction du tiers: cir. 40 du 20 juillet 1819, et 27 du 19 mars 1892. Voyageurs en surnombre: cir. 91 du 24 novembre 1834. Assimilation au service d'occasion: cir. 270 du 15 juillet 1879 et 507 du 10 mars 1888. Chemin de fer: prescription des droits: cir. 334 du 22 avril 1882. Nouveau régime; tramways: cir. 27 précitée. Colis postaux: cir. 35 du 30 juillet 1892; 54 du 13 mai et 76 du 7 décembre 1893. Pour les abonnements, voir le n° 118 |

| | | | |
|---|---|---|---|
| 60 B | Portatif pour les voitures en service d'occasion (y compris les tramways à chevaux et ceux à traction mécanique prenant 30 c. au plus et demandant l'assimilation). 8, 12, 26, 42 feuillets. Trim. | Tenu dans les postes. | Substitutions de voiture : laissez-passer 23 A bis : cir. 10 du 23 février 1831 et 20 du 30 janvier 1893. Assimilation des voitures en service régulier : voir le 60 A. Colis postaux : cir. 35 du 30 juillet 1892. |
| 61 | Etat de produits ; service régulier et abonnements. Trim. Ex. | Formé dans les postes. | Formation et calculs : cir. 270 du 15 juillet 1879. Tarif : cir. 27 du 19 mars 1892. |
| 61 A | Etat de produits ; chemins de fer. Trim. Ex. | Formé dans les postes. | Vérification des écritures des Compagnies : cir. 91 du 24 novembre 1834 ; 175 du 10 mai 1838 ; 240 du 26 juin 1878 et 333 du 23 juillet 1881. Création : let. com. 19 du 19 avril 1873. Spécialisation des droits par exercice : cir. 183 du 11 mai 1876 ; voir le 60 A. Chemins de fer de l'Etat : cir. 253 du 27 décembre 1878. Nouveau régime : tarif : cir. 27 du 19 mars 1892. Voir le 148, série P. |
| 61 B | Etat de produits ; service d'occasion. Trim. Ex. | Formé dans les postes. | Tarif ; catégories ; modèle : cir. 270 du 15 juillet 1879 et cir. 27 du 19 mars 1892. |
| 118 | Soumissions d'abonnement. Trim. ou annuel. 4 T. Ex. | Dressé dans les postes. Un exemplaire remis à l'assujetti, l'autre conservé à la s.-dir. ou dir. | Règles : cir. 19 du 3e jour comp. an XIII ; 17 du 17 mars 1817 ; 2 du 16 avril 1823 ; 81 du 3 juin 1834 ; 968 du 9 juillet 1841 ; 410 du 21 décembre 1848 et 27 du 19 mars 1892. |
| 119 | Etat de renseignements sur les abonnements. Trim. ou annuel. Ex. | Formé en triple dans les postes ; joint en double au 118 et envoyé au s.-d. ou dir. En simple à la 1re div. | Création : cir. 12 du 30 septembre 1816 ; voir au 118. Formation : cir. 310 du 1er août 1855. |
| 121 A | Reg. d'abonnements. Tit. int. | Tenu dans les s.-d. et dir. | Création : cir. 12 du 30 septembre 1816. Abonnements rejetés : cir. 410 du 21 décembre 1848. |
| 148 série P | Eléments de l'état de produit des chemins de fer et tramways. 2 par trim. Ex. | Envoyé en double par les chefs de poste au s.-d. ou dir. Un à la 3e div. 1er bur. le 20. Le dir. en garde un. | Recommandations et création du reg. minute du 148 : let. com. 19 du 19 avril 1873. Voir le 61 A. |
| | Reg. des autorisations préfectorales. | Tenu dans les s.-d. et dir. | Création : cir. 12 du 30 septembre 1816 et 10 du 3 novembre 1837. Inscriptions : cir. 63 du 25 septembre 1852. Limite de 15 kilom. pour l'exemption : cir. 507 du 10 mars 1883. |

# TABLES

## TABLE A
### Imprimés portés à l'état n° 151 B

ABRÉVIATIONS : A, *annuel* ; T, *trimestriel* ; M, *mensuel* ; Acc., *accidentel* ; Arr., *arrivée* ; Journ., *journalier*.

| Numéros des modèles. | Chapitres | Périodicité | Date extrême d'envoi à Paris | Folios |
|---|---|---|---|---|
| **1° SERVICE GÉNÉRAL** | | | | |
| 1er blanc | 4 | | | 7 |
| 1er orange | 4 | | | 7 |
| 1er vert | 4 | | | 7 |
| 1er bis blanc | 4 | | | 7 |
| 1er bis orange | 4 | | | 7 |
| 1er bis vert | 4 | | | 7 |
| 1er ter | 4 | | | 7 |
| 1-10 A blanc | 4 | | | 7 |
| 1-10 A orange | 4 | | | 7 |
| 1-10 A vert | 4 | | | 7 |
| 1-10 B blanc | 4 | | | 7 |
| 1-10 B orange | 4 | | | 7 |
| 1-10 B vert | 4 | | | 7 |
| 1-10 B bis blanc | 4 | | | 8 |
| 1-10 B bis orange | 4 | | | 8 |
| 1-10 B bis vert | 4 | | | 8 |
| 1-10 B ter | 4 | | | 8 |
| 2 A blanc | 3.4 | | | 5.8 |
| 2 A orange | 4 | | | 8 |
| 2 A vert | 4 | | | 8 |
| 2 A bis rouge | 4 | | | 8 |
| 2 A ter | 4 | | | 8 |
| 2 AA blanc | 4 | | | 8 |
| 2 AA orange | 4 | | | 8 |
| 2 AA vert | 4 | | | 8 |
| 2 B blanc | 1.4.14 | | | 1.8.64 |
| 2 BB blanc | 4 | | | 9 |
| 2 B ter | 4 | | | 9 |
| 2 C rouge | 4 | | | 9 |
| 2 CC rouge | 4 | | | 9 |
| 2 D bleu | 4 | | | 9 |
| 2 DD bleu | 4 | | | 9 |
| 3 A | 4 | | | 9 |
| 3 B | 1.4.14.20 | | | 1.9.64.107 |
| 3 C | 4 | | | 9 |
| 4 A | 4 | | | 9 |
| 4 A bis | 4 | | | 9 |
| 4 A ter | 4 | | | 9 |
| 4 B | 1.4.14 | | | 1.9.64 |
| 4 B bis | 4 | | | 10 |
| 4 B ter | 4 | | | 10 |
| 4 B 10 | 4 | | | 10 |
| 5 | 4 | | | 10 |
| 5 bis | 4.14 | | | 10.64 |
| 5 ter | 4 | | | 10 |
| 5 C | 14 | | | 64 |
| 5 D | 4 | | | 10 |

8

| NUMÉROS des modèles. | Chapitres. | Périodicité. | Date extrême d'envoi à Paris. | Folios. |
|---|---|---|---|---|
| 6 | 4 | | | 10 |
| 6 A | 4.14.19 | | | 10.64.93 |
| 6 B | 4.15 | | | 10.64 |
| 6 C jaune | 4.14 19 | | | 10.64.93 |
| 6 D rouge | 4.4.9.17 | | | 1.10.43.79 |
| 6 E bleu | 4.10 | | | 10.44 |
| 7 A | 4.11.15 | M | | 11.51.64 |
| 7 B | 4.4.14 | M | | 1.11.64 |
| 7 C | 7 | Acc. | | 23 |
| 8 | 4 | | | 11 |
| 9 | 4.4 | | | 1.11 |
| 10 | 4.11 | | | 1.51 |
| 11 | 11 | | | 51 |
| 12 | 1.4.11.17 | | | 2.11.64.79 |
| 13 | 11 | | | 51 |
| 14 | 4.11.14 | | | 11.51.65 |
| 15 | 11 | | | 51 |
| 16 | 7 | | | 23 |
| 17 | 7 | | | 23 |
| 18 | 3.4.10.14.19 | | | 5.11.48.65.93 |
| 19 | 3 | | | 5 |
| 19 A | 3 | N.T. | | 5 |
| 20 | 4 | A | 30 janvier | 11 |
| 20 A | 4 | A | 30 janvier | 11 |
| 20 B | 10 | M | le 9 | 48 |
| 20 C | 1 | | | 2 |
| 20 D | 1 | | | 2 |
| 20 E | 1 | T | le 15 | 2 |
| 20 F | 1 | Acc. | | 2 |
| 20 G | 1 | | | 2 |
| 20 H | 4 | Acc. | | 11 |
| 21 | 21 | | | 111 |
| 22 | 21 | | | 111 |
| 23 A | 21 | | | 111 |
| 23 B | 21 | Acc. | | 111 |
| 24 A | 21 | | | 111 |
| 24 B | 21 | | | 111 |
| 25 | 5 | | | 19 |
| 26 | 15 | | | 65 |
| 26 A | 14 | | | 65 |
| 27 A | 2 | | | 3 |
| 27 B | 2 | T | | 3 |
| 27 E | 2 | T | | 3 |
| 28 | 12 | | | 55 |
| 29 | 12 | | | 55 |
| 30 A | 12 | | | 55 |
| 30 C | 12 | | | 55 |
| 30 D | 12 | | | 55 |
| 30 E | 12 | | | 55 |
| 31 | 12 | | | 55 |
| 32 | 12 | | | 55 |
| 33 | 7 | | | 23 |
| 33 C | 13 | | | 59 |
| 33 D | 13 | Acc. | | 59 |
| 35 | 17 | | | 79 |
| 36 | 17 | | | 79 |
| 37 | 17 | | | 79 |
| 38 | 17 | | | 79 |
| 38 B | 17 | | | 79 |
| 39 | 17 | M | | 79 |
| 40 | 17 | | | 79 |
| 41 | 17 | | | 79 |
| 42 | 17 | T | | 80 |
| 44 | 17 | | | 80 |
| 45 | 17 | | | 80 |
| 46 | 17 | | | 80 |
| 47 | 17 | | | 80 |
| 48 | 17 | | | 80 |
| 49 | 4.14 | | | 11, 65 |

| Numéros des modèles. | Chapitres | Périodicité. | Date extrême d'envoi à Paris. | Folios. |
|---|---|---|---|---|
| 49 A | 4 | | | 12 |
| 49 C | 4 | | | 12 |
| 50 A | 1.5.10.11.11.20 | | | 2.12.49.51.65.107 |
| 50 A bis | 4 | | | 12 |
| 50 B | 11 | | | 52 |
| 50 C | 11 | | | 52 |
| 50 D | 1.4.10.11 | | | 2.12.19.65 |
| 50 E | 4 | T | | 13 |
| 51 A | 7 | T | | 23 |
| 51 B | 5 | T | | 13 |
| 51 C | 4 | T | | 13 |
| 51 D | 1 | T | | 2 |
| 51 E | 15 | T | | 70 |
| 51 F | 4 | T | | 13 |
| 51 G | 11 | T | | 63 |
| 51 J | 11.15 | T | | 52.70 |
| 51 L | 14 | T | | 64 |
| 51 M | 11 | T | | 65 |
| 52 A | 11 | T | | 52 |
| 53 AA | 4 | T | | 13 |
| 53 C | 1.4.10.11.19.20 | | | 2.13.49.65.93.107 |
| 53 D | 1.4.10.11.19.20 | | | 2.13.49.65.93.107 |
| 53 A | 4.11 | | | 13.52 |
| 54 | 4 | | | 14 |
| 54 B | 7 | Acc. | | 23 |
| 55 | 4 | T | | 14 |
| 56 | 4 | T | | 14 |
| 57 | 3.4.10.19 | | | 5.14.49.93 |
| 58 | 3 | | | 5 |
| 59 | 3 | T | | 5 |
| 60 | 21 | M | | 111 |
| 60 A | 21 | | | 111 |
| 60 B | 21 | | | 112 |
| 61 | 21 | T | | 112 |
| 61 A | 21 | T | | 112 |
| 61 B | 21 | T | | 112 |
| 62 | 5 | T | | 19 |
| 63 | 5 | T | | 19 |
| 64 A | 4.11 | | | 14.65 |
| 64 B bleu | 1.4 | | | 2.14 |
| 65 A | 11 | | | 63 |
| 66 | 18 | Acc. | | 81 |
| 68 | 14 | | | 64 |
| 68 A | 14 | | | 64 |
| 68 B | 14 | | | 64 |
| 68 C | 14 | | | 64 |
| 69 | 18 | | | 81 |
| 70 A | 18 | | | 81 |
| 70 C | 18 | A | | 81 |
| 71 A | 17.18 | | | 80.81 |
| 72 A | 18 | T | le 19 | 81 |
| 72 B | 12 | T | le 20 | 55 |
| 76 H | 7 | | | 23 |
| 77 | 7 | | | 23 |
| 78 | 9 | | | 43 |
| 79 B | 15 | | le 15 octobre | 70 |
| 81 | 7 | T | | 23 |
| 82 | 7 | T | | 23 |
| 82 B | 4 | M | | 14 |
| 83 | 13 | | | 59 |
| 83 A | 13 | | | 59 |
| 83 B | 13 | Acc. | | 59 |
| 84 | 18 | Acc. | | 81 |
| 85 | 7 | T | | 24 |
| 85 A | 7 | A | le 9 mai | 24 |
| 85 B | 7 | A | le 9 mai | 24 |
| 85 C | 7 | A | le 9 mai | 24 |
| 86 A | 18 | Acc. | | 81 |
| 86 B | 18 | | | 81 |

| NUMÉROS des modèles. | Chapitres | Périodicité. | Date extrême d'envoi à Paris. | Folios. |
|---|---|---|---|---|
| 86 C | 18 | | | 81 |
| 86 D | 7 | Acc. | | 24 |
| 86 E | 18 | T | le 14 | 81 |
| 86 F | 7 | Acc. | | 24 |
| 86 G | 7 | Acc. | | 24 |
| 86 H | 7 | Acc. | | 24 |
| 98 | 9 | Acc. | | 43 |
| 98 B | 9 | Acc. | | 43 |
| 99 | 9 | | | 43 |
| 100 B | 7 | M | le 20 | 24 |
| 102 | 7 | | | 24 |
| 103 | 7 | | | 24 |
| 101 A | 7 | A | 1er février | 25 |
| 101 B | 7 | A | 1er mars | 25 |
| 101 C | 7 | A | | 25 |
| 103 | 18 | A | le 14 | 82 |
| 105 B | 18 | Acc. | | 82 |
| 106 A | 13 | | | 59 |
| 106 B | 13 | | | 59 |
| 106 C | 13 | | | 60 |
| 106 D | 13 | Acc. | | 60 |
| 106 E | 13 | Acc. | | 60 |
| 107 | 18 | T | | 82 |
| 109 | 7 | M | | 25 |
| 111 | 7 | T | le 20 | 25 |
| 112 | 7 | | | 23 |
| 113 A | 4 | T ou A | | 14 |
| 114 | 4 | T ou A | | 14 |
| 115 A | 4 | | | 14 |
| 115 B | 4 | T | | 14 |
| 116 | 4 | | | 15 |
| 117 A | 4 | A | | 15 |
| 117 B | 4 | Acc. | | 15 |
| 117 C | 4 | | | 15 |
| 117 D | 4 | Acc. | | 15 |
| 117 E | 18 | | | 82 |
| 117 F | 18 | | | 82 |
| 118 | 21 | T ou A | | 112 |
| 119 | 21 | T ou A | | 112 |
| 121 A | 21 | | | 112 |
| 122 | 9 | | | 43 |
| 123 A | 9 | | | 43 |
| 122 B | 9 | T | le 20 | 44 |
| 122 C | 9 | | | 44 |
| 122 D | 9 | bi-M | les 5 et 20 | 44 |
| 123 | 9 | | | 44 |
| 124 | 9 | | | 44 |
| 125 | 9 | T et A | 30 janvier | 44 |
| 126 | 9 | | | 44 |
| 126 bis | 9 | | | 45 |
| 127 | 9 | | | 45 |
| 128 | 9 | M | le 5 | 45 |
| 130 | 16 | | | 73 |
| 132 A | 16 | Acc. | diverses | 73 |
| 132 B | 16 | Acc. | diverses | 73 |
| 133 | 16 | | | 73 |
| 134 | 16 | T | le 10 | 73 |
| 135 | 16 | Acc. | | 73 |
| 136 | 16 | | | 73 |
| 136 A | 16 | Acc. | | 73 |
| 136 B | 12 | | | 55 |
| 137 A | 16 | A | 30 mai | 73 |
| 137 B | 16 | Acc. | | 74 |
| 137 C | 16 | T | 30 novembre | 74 |
| 138 | 16 | M | 10 du 2e mois | 74 |
| 139 | 16 | Acc. | | 74 |
| 140 | 16 | Acc. | | 74 |
| 140 bis | 16 | Acc. | | 74 |
| 141 | 16 | Acc. | | 73 |

| Numéros des modèles. | Chapitres. | Périodicité. | Date extrême d'envoi à Paris. | Folios. |
|---|---|---|---|---|
| 112 | 16 | Acc. | . . . . . . . . | 71 |
| 113 | 16 | Acc. | . . . . . . . . | 71 |
| 114 | 16 | Acc. | . . . . . . . . | 71 |
| 115 | 16 | Acc. | . . . . . . . . | 71 |
| 116 | 5 | . . . . . . | . . . . . . . . | 19 |
| 117 A | 7 | . . . . . . | . . . . . . . . | 23 |
| 118 | 4 | . . . . . . | . . . . . . . . | 15 |
| 119 A | 4 | A | 15 janv. | 15 |
| 119 B | 4 | A | . . . . . . . . | 15 |
| 150 | 13 | Acc. | . . . . . . . . | 60 |
| 151 A | 13 | A | 30 janv. | 60 |
| 151 A bis | 13 | A | 30 janv. | 60 |
| 151 AA | 13 | A | 30 janv. | 60 |
| 151 B | 13 | A | 10 juin | 60 |
| 151 B bis | 13 | A | . . . . . . . . | 60 |
| 151 B ter | 13 | A | . . . . . . . . | 61 |
| 151 C | 13 | A | 30 janv. | 61 |
| 151 C bis | 13 | A | 30 janv. | 61 |
| 151 CC | 13 | A | 30 janv. | 61 |
| 153 | 13 | | | 61 |
| 151 C | 7 | M | arr. le 4 | 25 |
| 151 D | 7 | T et A | 11 janv. | 25 |
| 151 E | 7 | M | le 4 | 26 |
| 155 | 7 | M | le 10 | 26 |
| 155 bis | 7 | M | le 5 | 26 |
| 156 | 7 | A | . . . . . . . . | 26 |
| 157 | 12 | T | le 15 | 55 |
| 158 | 12 | T | le 15 | 56 |
| 159 | 4 | . . . . . . | . . . . . . . . | 15 |
| 160 | 4 | . . . . . . | . . . . . . . . | 15 |
| 161 | 11 | . . . . . . | . . . . . . . . | 52 |
| 162 | 11 | . . . . . . | . . . . . . . . | 52 |
| 163 | 4 | A | 10 décembre | 15 |
| 163 A | 4 | A | 1er février | 15 |
| 163 B | 4 | A | . . . . . . . . | 15 |
| 163 C | 4 | . . . . . . | . . . . . . . . | 16 |
| 164 | 16 | Acc. | . . . . . . . . | 71 |
| 164 bis | 16 | Acc. | . . . . . . . . | 75 |
| 164 A | 16 | Acc. | . . . . . . . . | 75 |
| 164 B | 16 | Acc. | . . . . . . . . | 75 |
| 164 C | 16 | Acc. | . . . . . . . . | 75 |
| 165 | 20 | A | 10 février | 107 |
| 166 | 7 | . . . . . . | . . . . . . . . | 26 |
| 167 | 7 | . . . . . . | . . . . . . . . | 26 |
| 168 | 13 | Acc. | . . . . . . . . | 61 |
| 171 blanc | 4 | . . . . . . | . . . . . . . . | 16 |
| 172 bleu | 4 | . . . . . . | . . . . . . . . | 16 |
| 173 orange | 4 | . . . . . . | . . . . . . . . | 16 |
| 176 | 4 | . . . . . . | . . . . . . . . | 16 |
| 177 | 18 | A | 15 janvier | 82 |
| 178 | 15 | A | 30 janvier | 70 |
| 179 | 18 | A | 30 janvier | 82 |
| 180 A | 18 | A | 10 février | 82 |
| 180 AA | 7 | A | 15 janvier | 26 |
| 180 B | 4 | A | 30 janvier | 16 |
| 182 | 2 | A | 15 janvier | 3 |
| 183 | 2 | A | 15 janvier | 3 |
| 189 | 12 | . . . . . . | . . . . . . . . | 56 |
| 190 | 12 | . . . . . . | . . . . . . . . | 56 |
| 191 | 12 | M | . . . . . . . . | 56 |
| 192 | 12 | . . . . . . | . . . . . . . . | 56 |
| 193 | 12 | . . . . . . | . . . . . . . . | 56 |
| 194 | 12 | . . . . . . | . . . . . . . . | 56 |
| 195 | 12 | . . . . . . | . . . . . . . . | 56 |
| 196 | 7 | T | le 20 | 26 |
| 197 | 15 | A | le 15 | 70 |
| 198 | 15 | Acc. | . . . . . . . . | 70 |
| 199 | 15 | . . . . . . | . . . . . . . . | 70 |
| 200 | 15 | . . . . . . | . . . . . . . . | 70 |
| 233 | 12 | . . . . . . | . . . . . . . . | 56 |

| NUMÉROS des modèles. | Chapitres | Périodicité. | Date extrême d'envoi à Paris. | Folios. |
|---|---|---|---|---|
| | | *Modèles non portés à l'état n° 151 B* | | |
| DC 53 | 7 | A | 10 et 15 mai | 27 |
| DC 194 | 7 | N A | le 10 | 27 |
| DC 195 | 7 | N A | 14 mai | 27 |
| DC 198 | 7 | N A | . . . . | 27 |
| P 39 | 7 | A | 20 déc. | 27 |
| P 98 | 7 | Acc. | . . . . | 27 |
| P 118 | 21 | T | le 20 | 112 |
| P 327 | 14 | A M | 1er mars | 65 |
| CB 253 | 7 | M | . . . . | 27 |
| 77 Douane | 17 | | . . . . | 80 |
| 602 Postes | 7 | Acc. | . . . . | 28 |
| | | 2° COMPTABILITÉ PUBLIQUE | | |
| 33 A | 8 | . . . | . . . . | 33 |
| 33 B | 8 | . . . | . . . . | 33 |
| 34 | 8-15 | M | . . . . | 33, 69 |
| 34 bis | 8 | Acc. | . . . . | 33 |
| 35 | 8 | Acc. | . . . . | 33 |
| 50 | 8 | 10ac | 1.11.21 | 33 |
| 50 bis | 8 | 10ac | 1.112.1 | 33 |
| 51 | 8 | 10ac | 1.11.21 | 33 |
| 52 | 8 | 10ac | 1.11.21 | 34 |
| 74 A | 8.11 | . . . | . . . . | 34, 52 |
| 74 B | 8 | . . . | . . . . | 34 |
| 74 C | 8 | . . . | . . . . | 34 |
| 74 D | 8 | . . . | . . . . | 34 |
| 75 A à C | 8.11 | . . . | . . . . | 34, 52 |
| 76 A | 8 | . . . | . . . . | 34 |
| 76 C à G | 8 | . . . | . . . . | 35 |
| 76 I | 8 | . . . | . . . . | 35 |
| 76 L | 8 | M | arr. le 5 | 35 |
| 80 A | 8 | M | . . . . | 35 |
| 80 ter | 8 | M | . . . . | 35 |
| 80 quater | 8 | M | . . . . | 35 |
| 87 A | 8 | . . . | . . . . | 35 |
| 87 B | 8 | . . . | . . . . | 36 |
| 87 D | 8 | . . . | . . . . | 36 |
| 88 | 8 | . . . | . . . . | 36 |
| 89 A 1re p. | 8 | . . . | . . . . | 36 |
| 89 A 2e p. | 8 | . . . | . . . . | 36 |
| 89 B | 8 | . . . | . . . . | 36 |
| 89 C | 8 | . . . | . . . . | 36 |
| 90 | 8 | . . . | . . . . | 37 |
| 91 A | 8 | M | . . . . | 37 |
| 91 B | 8 | M | arr. le 5 | 37 |
| 91 C | 8 | M | le 10 | 37 |
| 92 | 8 | Acc. | . . . . | 37 |
| 92 A | 8 | Acc. | . . . . | 37 |
| 92 B | 8 | Acc. | . . . . | 37 |
| 93 A | 8 | M | . . . . | 37 |
| 93 B | 8 | M | . . . . | 38 |
| 93 C | 8 | Acc. | . . . . | 38 |
| 95 A | 8 | M | . . . . | 38 |
| 95 B | 8 | M | le 18 | 38 |
| 96 | 8.20 | M | . . . . | 38, 107 |
| 96 bis | 8 | Acc. | . . . . | 38 |
| 97 | 8 | M | . . . . | 38 |
| 93 | 8 | M | le 10 | 39 |
| 98 B | 8 | Acc. | . . . . | 39 |
| 100 A | 8 | M | le 20 | 39 |
| 101 | 8 | A | 10 février | 39 |
| 101 bis | 8 | A | 10 juin | 40 |
| 101 A | 8 | A | 10 février | 40 |
| 107 | 8 | M | . . . . | 40 |
| 108 A 1re p. 2e p. | 8 | A | 10 juin et février | 40 |
| 108 A bis | 8 | A | varie | 40 |

| Numéros des modèles | Chapitres | Périodicité | Date extrême d'envoi à Paris | Folios |
|---|---|---|---|---|
| 108 B 1re et 2e p. | 8 | A | 10 juin et février | 41 |
| 108 B bis | 8 | A | varie | 41 |
| 108 C | 8 | A | 10 février | 41 |
| 108 D 1re et 2e p. | 8 | A | 10 février | 41 |
| 108 E | 8 | A | 10 février | 41 |
| 152 B | 8 | A | varie | 41 |
| 156 | 8 | | | 41 |
| 156 bis | 8 | | | 41 |
| 169 | 8 | A | 20 janvier | 41 |
| 244 | 8 | A | 10 février | 41 |
| 244 bis | 8 | A | 10 juin | 42 |
| 248 | 8 | A | | 42 |
| 249 | 8 | M | | 42 |
| 250 | 8 | M | | 42 |
| 252 | 8 | M | | 42 |
| 253 | 8 | A | 5 janvier | 42 |

### Série C. — Douane

| | | | | |
|---|---|---|---|---|
| 34 | 8 | Acc. | | 42 |
| 36 | 8 | Acc. | | 42 |

### 3e SUCRES ET DISTILLERIES

#### Sucres

| | | | | |
|---|---|---|---|---|
| 1 | 19 | | | 85 |
| 2 | 19 | | | 85 |
| 2 A | 19 | | | 35 |
| 2 B | 19 | | | 85 |
| 3 | 19 | journalier | | 85 |
| 3 A | 19 | | | 85 |
| 4 | 19 | | | 85 |
| 4 A | 19 | | | 85 |
| 5 | 4, 19 | | | 16.85 |
| 6 | 19 | | | 85 |
| 7 | 19 | | | 85 |
| 7 A | 19 | | | 86 |
| 7 B | 19 | | | 86 |
| 8 | 19 | | | 86 |
| 9 | 19 | | | 86 |
| 9 A | 19 | | | 87 |
| 9 B bleu | 4, 19 | | | 16.87 |
| 9 C | 19 | | | 87 |
| 10 | 19 | M | le 19 | 87 |
| 11 | 19 | | | 87 |
| 11 A | 19 | | | 87 |
| 12 | 19 | | | 87 |
| 13 noir rouge, bleu, rose | 19 | M | | 87 |
| 14 noir rouge, bleu, rose | 19 | M | | 87 |
| 15 noir rouge, bleu, rose | 19 | M | | 87 |
| 16 | 19 | | | 88 |
| 17 | 19 | | | 88 |
| 19 | 19 | | | 88 |
| 19 A | 19 | | | 88 |
| 20 | 19 | | | 88 |
| 20 A | 19 | | | 88 |
| 21 | 19 | | | 88 |
| 22 | 4, 19 | T | | 16.88 |
| 22 A | 19 | T | | 88 |
| 24 | 19 | | | 88 |
| 25 | 7, 19 | T | | 28.88 |
| 26 | 19 | | | 89 |
| 26 A | 19 | | | 89 |
| 26 B | 19 | | | 89 |
| 27 | 10, 19 | | | 49.89 |
| 28 | 19 | | | 89 |
| 29 | 19 | | | 89 |

| NUMÉROS des modèles. | Chapitres. | Périodicité. | Date extrême d'envoi à Paris. | Folios. |
|---|---|---|---|---|
| 30 | 7, 19 | | | 88, 89 |
| 30 A | 7, 19 | | | 88, 89 |
| 30 B | 7, 19 | M | le 10 | 88, 89 |
| 31 | 19 | | | 89 |
| 32 | 19 | M | | 89 |
| 33 | 19 | Acc | | 89 |
| 34 | 10, 19 | | | 49, 89 |
| 35 | 10, 19 | | | 49, 90 |
| 36 | 19 | | | 90 |
| 37 | 19 | M | le 7 | 90 |
| 38 | 19 | M | le 7 | 90 |
| 39 | 19 | | | 90 |
| 41 | 19 | M | le 7 | 90 |
| 42 A | 19 | M | le 7 | 90 |
| 42 B | 19 | M | le 7 | 90 |
| 42 C | 19 | M | le 19 | 90 |
| 43 | 19 | M | | 90 |
| 45 | 10, 17, 19 | M | sels le 20 | 49, 89, 91 |
| 45 A | 10, 19 | M | le 19 | 49, 91 |
| 46 | 10, 19 | M | le 19 | 49, 91 |
| 48 | 19 | Acc. | | 91 |
| 49 | 19 | A | 25 septembre | 91 |
| 50 | 19 | | | 91 |
| 51 | 19 | | | 91 |
| 52 | 19 | | | 91 |
| 53 | 19 | | | 91 |
| 54 | 19 | M | le 7 | 91 |
| 55 A | 19 | | | 91 |
| 55 B | 19 | | | 91 |
| 55 C | 19 | | | 91 |
| 56 | 19 | | | 91 |
| 57 | 19 | | | 91 |
| 58 | 19 | | | 92 |
| 58 bis | 19 | Acc. | | 92 |
| 59 | 19 | Acc. | | 92 |
| 60 | 19 | | | 92 |
| 61 | 19 | | | 92 |
| 61 B | 19 | | | 92 |
| 62 | 19 | | | 92 |
| 62 B | 19 | | | 92 |
| 63 | 19 | Acc. | | 92 |
| 63 B | 19 | Acc. | | 92 |
| 63 C | 19 | Acc. | | 92 |
| 64 | 19 | Acc. | | 92 |
| 70 | 19 | Acc. | | 92 |
| 71 | 19 | journalier | | 93 |
| 72 | 19 | Acc. | | 93 |
| 72 B | 19 | Acc. | | 93 |
| P 133 | 19 | A | 31 mai | 93 |

*Admissions temporaires*

| | | | | |
|---|---|---|---|---|
| 1 | 19 | | | 94 |
| 2 | 19 | | | 94 |
| 3 | 19 | Acc. | | 94 |
| 4 | 19 | | | 95 |
| 5 | 19 | Acc. | | 95 |
| 6 | 19 | Acc. | | 95 |
| 6 B | 19 | Acc. | | 95 |
| 7 | 19 | | | 95 |
| 7 A | 19 | | | 95 |
| 7 B | 19 | | | 95 |
| 7 C | 19 | | | 95 |
| 7 D | 19 | | | 95 |
| 8 | 19 | | | 95 |
| 9 | 19 | Acc. | | 95 |
| 9 A | 19 | Acc. | | 96 |
| 9 B | 19 | Acc. | | 96 |
| 10 | 19 | Acc. | | 96 |
| 10 B | 19 | Acc. | | 96 |

| Numéros des modèles. | Chapitres. | Périodicité. | Date extrême d'envoi à Paris. | Folios. |
|---|---|---|---|---|
| 11 | 19 | | | 96 |
| 11 bis | 19 | | | 96 |
| 11 C | 19 | | | 96 |
| 18 | 19 | Acc. | | 96 |
| 18 A | 19 | Acc. | | 96 |
| 18 B | 19 | Acc. | | 96 |
| 46 D | 19 | | | 96 |

Distilleries

| Numéros des modèles. | Chapitres. | Périodicité. | Date extrême d'envoi à Paris. | Folios. |
|---|---|---|---|---|
| 1ᵉʳ 20 A | 10 | | | 47 |
| 2 | 10 | | | 47 |
| 3 | 10 | | | 47 |
| 3 A | 10 | | | 47 |
| 3 B | 10 | | | 47 |
| 4 | 10 | | | 47 |
| 4 A | 10 | | | 47 |
| 4 B | 10 | | | 47 |
| 5 | 10 | | | 47 |
| 5 A | 10 | | | 47 |
| 5 B | 10 | | | 48 |
| 6 | 10 | | | 48 |
| 7 | 10 | | | 48 |
| 8 | 10 | | | 48 |
| 8 bis | 10 | | | 48 |
| 9 | 10 | | | 48 |
| 10 | 10 | | | 48 |
| 11 | 10 | | | 48 |
| 12 | 10 | | | 48 |
| 13 | 10 | A | 11 novembre | 48 |
| 14 | 10 | A | 30 novembre | 48 |
| P 219 | 10 | A | 31 mai | 49 |

4º TABACS ET POUDRES

| Numéros des modèles. | Chapitres. | Périodicité. | Date extrême d'envoi à Paris. | Folios. |
|---|---|---|---|---|
| 9 | 20 | | | 99 |
| 21 A | 20 | | | 99 |
| 21 B | 20 | | | 99 |
| 24 A | 20 | | | 99 |
| 24 B | 20 | | | 99 |
| 24 AA | 20 | | | 99 |
| 24 BB | 20 | | | 100 |
| 24 C | 20 | | | 100 |
| 25 | 20 | M | le 10 | 100 |
| 25 B | 20 | M | | 100 |
| 26 | 20 | | | 100 |
| 27 | 20 | Acc. | | 100 |
| 29 | 20 | | | 100 |
| 31 A | 20 | Acc. | | 100 |
| 31 A bis | 20 | Acc. | | 101 |
| 31 A ter | 20 | Acc. | | 101 |
| 31 B | 20 | Acc. | | 101 |
| 32 B | 20 | Acc. | | 101 |
| 33 | 20 | Acc. | | 101 |
| 34 | 20 | Acc. | | 101 |
| 35 A à J | 20 | | | 101 |
| 62 | 20 | | | 101 |
| 63 A | 20 | | | 101 |
| 63 B à K | 20 | | | 102 |
| 64 A | 20 | | | 102 |
| 64 B | 20 | | | 102 |
| 64 C | 20 | | | 102 |
| 64 D | 20 | | | 102 |
| 65 A | 20 | M | le 9 | 103 |
| 65 B | 20 | M | le 9 | 103 |
| 65 C | 20 | M | | 103 |
| 66 A | 20 | | | 103 |
| 66 B | 20 | | | 103 |

| Numéros des modèles. | Chapitres. | Périodicité | Date extrême d'envoi à Paris | Folios. |
|---|---|---|---|---|
| 67 A | 20 | A | | 103 |
| 67 B | 20 | A | | 103 |
| 69 | 20 | | | 103 |
| 69 bis | 20 | | | 103 |
| 70 A | 20 | A | 25 janv. | 103 |
| 70 bis | 20 | A | | 103 |
| 71 A | 20 | Acc. | | 103 |
| 71 bis | 20 | Acc. | | 103 |
| 71 C | 14, 20 | Acc. | | 63, 104 |
| 72 A | 20 | A et Acc. | 5 et 25 janv. | 104 |
| 72 B | 20 | A et Acc. | | 104 |
| 72 C | 20 | Acc. | | 104 |
| 73 | 20 | A | 25 janv. | 104 |
| 74 | 20 | M et A | | 104 |
| 74 bis | 20 | M et A | | 104 |
| 74 A | 14 | M | | 63 |
| 74 A bis | 14 | A | | 63 |
| 75 A | 20 | | | 104 |
| 75 B | 20 | | | 105 |
| 75 C | 20 | | | 105 |
| 75 D | 20 | | | 105 |
| 75 E | 20 | | | 105 |
| 76 A | 20 | | | 105 |
| 76 B | 20 | | | 105 |
| 76 D | 20 | | | 105 |
| 77 B | 20 | A | | 105 |
| 77 C | 20 | A | 25 janv. | 105 |
| 78 | 20 | A | | 105 |
| 81 | 20 | M | | 105 |
| 82 | 20 | | | 105 |
| 83 | 20 | | | 105 |
| 83 bis | 20 | | | 106 |
| 83 ter | 20 | Acc. | | 106 |
| 84 | 13, 20 | | | 59-106 |
| 85 | 20 | | | 106 |
| 86 | 20 | | le 9 | 106 |
| 87 | 20 | | le 9 | 106 |
| 88 | 20 | T | | 106 |

5ᵉ OCTROIS

| Numéros des modèles. | Chapitres. | Périodicité | Date extrême d'envoi à Paris | Folios. |
|---|---|---|---|---|
| A 1ʳᵉ p. | 15 | | | 67 |
| A 2ᵉ p. | 4.15 | | | 16.67 |
| B | 15 | | | 67 |
| B B | 15 | | | 67 |
| C | 15 | | | 67 |
| D | 15 | | | 67 |
| D D | 15 | | | 67 |
| E | 15 | | | 67 |
| F | 15 | journalier | | 67 |
| F bis | 15 | journalier | | 67 |
| G | 15 | Acc. | | 68 |
| G bis | 15 | Acc. | | 68 |
| G ter | 15 | M | | 68 |
| G quater | 15 | M | | 68 |
| H | 15 | M | | 68 |
| I | 15 | journalier | | 63 |
| K | 15 | | | 68 |
| K bis | 15 | | | 68 |
| L | 15 | | | 68 |
| M | 15 | | | 68 |
| N | 15 | | | 68 |
| O | 15 | | | 68 |
| P | 15 | Acc. | | 69 |
| P bis | 15 | M | | 69 |
| Q | 15 | T | le 15 | 69 |
| R | 15 | M | | 69 |
| S | 15 | A | | 69 |
| T | 15 | | | 69 |

| NUMÉROS des modèles. | Chapitres | Périodicité. | Date extrème d'envoi à Paris. | Folios |
|---|---|---|---|---|
| U | 15 | Acc. | . . . . . . . . . | 69 |
| V | 15 | Acc. | . . . . . . . . . | 69 |
| X | 15 | Acc. | . . . . . . . . . | 69 |
| Y | 15 | A | le 15 | 69 |
| Z | 15 | M | . . . . . . . . . | 69 |

## TABLE B

### Modèles manuscrits annuels

| Cha-pitres. | Modèles. | Date extrème d'envoi à Paris. | Folios |
|---|---|---|---|
| 1 | Proposition d'indemnité aux employés qui ont assisté à la dénaturation des saindoux. | avant le 15 janvier | 2 |
| 2 | Etat des sommes réclamées pour la contribution foncière sur les francs-bords et dépendances. | . . . . . . . | 3 |
| 3 | Renseignements statistiques sur les brasseries. | avant le 1er mars | 5 |
| 4 | Propositions d'organisation pour la surveillance des sucrages. | avant le 1er août | 17 |
| 4 | Proposition d'allocations complémentaires pour la surveillance des sucrages. | 15 janvier | 17 |
| 4 | Rapport des directeurs sur les opérations de sucrage. | fin de campagne | 17 |
| 4 | Etat extrait des 50 D. | pour le 103 | 17 |
| 4 | Renseignements statistiques sur les approvisionnements de boissons. | id. | 17 |
| 4 | Tableau du mouvement des boissons. | id. | 17 |
| 4 | Etat des vaisseaux de grande dimension. | id. | 17 |
| 4 | Etat du transport des vendanges. | avant le 1er février | 16 |
| 4 | Proposition de règlement de manquants de boissons chez les débitants vendant par intermittence. | après la réouverture | 18 |
| 4 | Etat par aperçu du produit de la récolte. | 20 septembre | 17 |
| 4 | Etat approximatif des boissons récoltées. | après la récolte | 17 |
| 5 | Etat des fabricants de cartes. | 20 janvier | 19 |
| 5 | Etat des cartes importées et exportées. | id. | 19 |
| 6 | Etat des communes assujéties aux frais de casernement. | id. | 21 |
| 6 | Etat de situation des recouvrements ou décompte général. | 30 avril | 21 |
| 6 | Décompte général des frais de casernement. | 20 février | 21 |
| 7 | Proposition de primes d'apurement. | 30 janvier | 28 |
| 7 | Etat de situation des reprises lors du paiement des primes. | avant le 10 mai | 28 |
| 7 | Etat des acquits inscr. au 166 de l'année précéd. et non apurés au 31 mars. | 20 avril | 29 |
| 7 | Proposition d'admission en reprise indéfinie des droits de l'exercice précédent. | 10 avril | 28 |
| 7 | Bordereau des crédits sans emploi. | 10 mai | 27 |
| 7 | Proposition d'admission en dépense de frais d'inventaires, récolements, etc. | après la récolte | 29 |
| 7 | Etat des frais de tournée des directeurs et sous-directeurs. | avant le 15 janvier | 29 |
| 7 | Etat des avances à régulariser. | avec le 103 | 30 |
| 7 | Diagrammes. | avant le 1er février | 30 |
| 8 | Arrêts de la cour des comptes. | . . . . . . | 42 |
| 11 | Etat de l'indemnité d'exercices due par les industriels qui emploient des huiles végétales. | 15 février | 52 |
| 11 | Etat de l'introduction des vendanges, raisins secs, etc., dans les lieux sujets à l'entrée ou à la taxe unique. | avant le 1er février | 53 |
| 12 | Etat de la manutention des poinçons de la garantie. | 15 janvier | 56 |
| 12 | Inventaire descriptif des plaques et du matériel de la garantie. | id. | 57 |
| 12 | Inventaire et distribution des plaques, portefeuilles, etc., de la garantie dans le département. | id. | 57 |
| 12 | Etat des montres importées. | id. | 57 |
| 12 | Etat des droits sur les mouvements de montres. | fin décembre | 57 |
| 12 | Etat des droits de garantie et d'essai. | 20 février | 57 |
| 13 | Etat des logements occupés dans les bâtiments de l'Etat par des employés de la Régie. | 10 octobre | 61 |
| 13 | Etat des propriétés de l'Etat affectées au service de la Régie. | id. | 61 |
| 13 | Etat du mobilier des bureaux d'ordre. | 20 janvier | 61 |
| 13 | Demande d'ustensiles à l'Adm. pour les sucres et distilleries. | en juin | 62 |
| 14 | Allumettes : relevé des matières premières saisies et utilisables ; valeur et paiements. | 25 mai | 63 |

| Cha- pitres. | Modèles. | Date extrême d'envoi à Paris. | Folios |
|---|---|---|---|
| 14 | État des frais d'exercices dus par les industriels qui emploient des acides acétiques en franchise. | 15 février | 65 |
| 14 | Consistance des fabriques de vinaigres. | | 65 |
| 15 | Octrois : tableau de consistance au 31 mars. | 10 avril | 70 |
| 15 | Rapport des préposés en chef d'octroi. | 10 février | 70 |
| 15 | État du produit des octrois par département. | 15 janvier | 71 |
| 15 | État des octrois dont le règlement expire au 31 décembre. | 15 mai | 71 |
| 16 | Décompte par recette des remises sur obligations. | 15 avril | 75 |
| 16 | Cautionnements : état des intérêts. | 1er juillet | 75 |
| 16 | Cautionnements : état supplémentaire des intérêts. | 1er janvier | 75 |
| 16 | Honoraires des médecins qui ont visité les employés en instance de pension. | 15 janvier | 75 |
| 16 | Liste des débitants de tabac autorisés à faire gérer. | | 76 |
| 16 | État des franchises sur les chemins de fer. | 1er décembre | 76 |
| 17 | État général des salpêtriers. | 20 janvier | 80 |
| 18 | État des agents munis de vélocipèdes et rapport du directeur. | en novembre | 82 |
| 19 | Sucres ; état par fabrique de la reprise au 1er septembre. | avant le 20 septembre | 94 |
| 19 | Rapport du directeur sur les agents des sucres et distilleries détachés dans le service général. | avant le 1er novembre | 94 |
| 19 | Sucres : inventaire avant les défécations. | . . . . . | 94 |
| 19 | Sucres : inventaire après les défécations. | . . . . . | 94 |
| 19 | Sucres : inventaire en fin de campagne. | . . . . . | 94 |
| 20 | État du taux moyen de la vente des tabacs. | 10 février | 108 |
| 20 | État du mobilier des entrepôts de vente directe. | 20 janvier | 110 |
| 20 | Inventaire du matériel des entrepôts de tabacs. | 5 février | 108 |
| 20 | Inventaire du matériel des entrepôts de poudre. | id. | 108 |
| 20 | Renseignements pour la fixation de l'indemnité pour tabacs saisis et classés. | 15 janvier | 108 |
| 20 | État de la remise pour ventes directes dans les entrepôts. | joint à la comptabilité | 108 |
| 20 | État de la retenue de 5 0/0 sur partie de la remise des entreposeurs pour vente directe de tabacs de luxe. | 10 février | 109 |
| 20 | État des ventes de tabac à prix réduit dans les zones. | id. | 109 |
| 20 | Éléments relatifs à la fixation des tabacs de zone par débit. | 15 février | 109 |
| 20 | Éléments relatifs à la fixation des tabacs de zone par poste. | id. | 109 |
| 20 | Rapport sur les contingents de tabac de zone. | id. | 109 |
| 20 | États des menus frais d'entrepôt avec engagement. | joint à la comptabilité | 108 |
| 20 | État présentant pour les entrepôts de ventes directes les opérations, les remises et les frais divers. | 10 février | 109 |
| 20 | Frais d'exercice et d'escorte pour la dynamite. | 15 février | 109 |
| 20 | N° 61. État de situation des colis vides de poudre. | 5 février | 107 |
| 20 | État B : compte des bois d'emballage des tabacs. | 5 février | 107 |
| 20 | État C : Relevé des comptes ouverts pour les colis reçus et expédiés. | 5 février | 107 |
| 20 | État D : situation des emballages des tabacs et des plombs. | 5 février | 107 |
| 20 | État des tabacs et poudres exportés. | 25 janvier | 110 |

## TABLE C.

### Modèles manuscrits trimestriels.

| | | | |
|---|---|---|---|
| 1 | État de produit de la redevance sur les saindoux dénaturés. | . . . . . | 2 |
| 4 | État des décharges pour pertes de boissons accordées par le directeur. | le 15 | 17 |
| 4 | État des boissons livrées à des établissements publics. | . . . . . | 18 |
| 6 | Casernement : tableau présentant le décompte. | avec le 101 | 21 |
| 7 | État des dépenses du trimestre précédent pour loyer des bureaux des fabriques. | le 10 | 29 |
| 7 | Proposition d'indemnité aux agents ayant concouru aux services spéciaux. | le 15 | 29 |
| 7 | Proposition d'indemnité aux agents des sucres et distilleries détachés. | le 15 | 29 |
| 7 | Proposition de dépense télégrammes ; fraudes sur les alcools. | avant le 10 | 29 |
| 7 | — — — pour absence du timbre rouge sur les acquits. | le 10 | 29 |
| 7 | — — — pour transport et achat d'échantillons. | le 15 | 29 |
| 7 | Proposition de dépense pour chauffage et éclairage des bureaux des fabriques. | le 10 | 29 |
| 7 | État des indemnités kilométriques aux agents déplacés. | le 10 | 29 |
| 9 | Relevé des droits de poste du trimestre précédent. | . . . . . | 45 |
| 9 | État des visites. | avant le 8 | 45 |
| 11 | Quantités d'huiles à destination des établissements de l'État. | . . . . . | 52 |
| 11 | État des passe-debout boissons et huiles apurés par le directeur. | le 15 | 52 |
| 11 | État des sorties non justifiées boissons et huiles apurées par le directeur. | le 15 | 52 |
| 12 | Garantie : état des produits constatés. | . . . . . | 57 |

| Cha-pitres | Modèles. | Date extrème d'envoi à Paris. | Folios |
|---|---|---|---|
| 12 | Garantie : état des frais de vacations. | le 15 | 56 |
| 12 | — : état de consistance et visites. | . . . . . | 57 |
| 12 | — : état des frais de tournée des contrôleurs. | le 15 | 57 |
| 14 | Allumettes : état de produit pour l'exportation. | . . . . . | 63 |
| 15 | Octroi : état de produit des manquants constatés par la Régie. | . . . . . | 71 |
| 16 | Liste des buralistes et débitants de tabac nommés dans le trim. précédent et ayant des pensions militaires. | le 10 | 76 |
| 17 | État des frais d'exercice dans les fabriques de soude et de produits chimiques. | . . . . . | 80 |
| 18 | Déclarations de commencer et de cesser. | . . . . . | 82 |
| 20 | Proposition de dépense pour la garde des convois de poudre. | le 15 | 109 |
| 20 | État des remises aux receveurs principaux pour écritures des tabacs. | après le trimestre | 109 |

## TABLE D.

### Modèles manuscrits mensuels.

| Cha-pitres | Modèles. | Date extrème d'envoi à Paris. | Folios |
|---|---|---|---|
| 4 | Raisins secs et vins de raisins secs : renseignements sur leur imposition. | le 8 | 17 |
| 7 | État des fonds de subvention fournis aux Postes. | . . . . . | 30 |
| 7 | État des versements au Trésor. | . . . . . | 30 |
| 7 | État des crédits sur obligations ; de la remise et du partage de cette remise. | le 20 | 30 |
| 16 | État des dépenses imputables au chapitre du personnel. | le 8 | 76 |
| 16 | État des mutations parmi les agents non disponibles. | . . . . . | 76 |
| 17 | État de situation des fabriques recevant des sels en franchise. | le 5 | 80 |
| 17 | Tableau des quantités de sels fabriquées et expédiées. | le 5 | 80 |
| 17 | Relevé des sels neufs dénaturés livrés à l'agriculture. | le 5 | 80 |
| 18 | Bordereau des sommes retenues aux employés acompte sur le prix des vélocipèdes. | . . . . . | 82 |
| 20 | État des importations de tabac de santé. | . . . . . | 109 |

## TABLE E.

### Modèles manuscrits accidentels et autres périodiques.

| Cha-pitres | Modèles. | | Folios |
|---|---|---|---|
| 4 | Demandes de sucrages. | | 16 |
| 4 | État des boissons en transit depuis plus de 6 mois. Au dir. 1er janvier et 1er juillet. | | 18 |
| 4 | Proposition de résiliation d'abonnement. | | 18 |
| 4 | Proposition de décharge pour perte de boissons. | | 17 |
| 4 | Procès-verbaux : cir. 315 du 11 août 1882. | | 17 |
| 7 | Extrait des reg n°s 52 C et 52 D. | | 30 |
| 7 | Récépissés de la Banque de France. | | 30 |
| 7 | Mandat de virement sur la Banque de France. | | 30 |
| 7 | Primata et duplicata de la Banque de France. | | 30 |
| 7 | Proposition de remboursement de droits perçus ou consignés en toutes matières (y compris les acquits-à-caution). | | 28 |
| 7 | Quittances. | | 30 |
| 7 | Procès-verbal de débet. | | 30 |
| 7 | Proposition de décharge de droits constatés non perçus ; d'amendes ou sur acquits. | | 29 |
| 9 | État des frais judiciaires. | | 45 |
| 9 | Rapport sommaire. | | 45 |
| 11 | Proposition d'apurement de passe-debout à l'Adm. | | 53 |
| 11 | Proposition d'apurement de sorties à l'Adm. | | 53 |
| 13 | Bulletin d'envoi d'impressions par le matériel des finances et d'instruments par l'Administration. | | 62 |
| 13 | Bons pour livraisons d'impressions et d'instruments. | | 62 |
| 13 | État des objets remis aux Domaines. | | 61 |
| 13 | Mémoires. | | 62 |
| 13 | Demande accidentelle d'instruments. | | 62 |
| 14 | Allumettes : déclaration à souscrire par les marchands en gros. | | 63 |
| 14 | Demandes d'allumettes. | | 63 |
| 15 | Octrois : bordereau des pièces jointes aux demandes de modifications. | | 71 |
| 15 | Octrois : relevé des délibérations des conseils généraux. | | 71 |
| 15 | Octrois : liste des objets proposés non compris dans la nomenclature. | | 71 |
| 15 | Octrois : liste des objets qu'on propose d'imposer au delà du tarif. | | 71 |
| 16 | Retraites : certificat de non-débet. | | 75 |
| 16 | Cautionnement de bonne gestion. | | 75 |
| 16 | Changements dans les agents membres de la Légion d'honneur : 10 janvier, 10 juillet. | | 75 |

# TABLE F.

### Modèles manuscrits: registres et cahiers.

| Chapitres. | Modèles. | Folios |
|:---:|:---|:---:|
| 20 | Reg. des poudres et cartouches en dépôt. | 109 |
| 20 | Reg. tenu par les débitants de poudre, de dynamite, fabricants de cartouches et artificiers. | 103 |
| 20 | Carnet pour la vente du papier timbré et des timbres mobiles. | 103 |
| 20 | Reg. de démolition des colis de tabac. | 103 |
| 21 | Voitures. Reg. des autorisations préfectorales. | 112 |

## ERRATA.

| Folios. | |
|:---:|:---|
| 1 | Reg. n° 9 : après le mot *Tarif*, supprimer le nombre 314. |
| 26 | Reg. n° 166 : au lieu de cir. 77 *du 4 avril 1851*, il faut : cir. 7 *du 5 avril 1851*. |
| 26 | Modèle n° 196, 3° ligne : après *même au-dessous de 25 litres*, au lieu de *décret du 25 mars 1852*, il faut : *décret du 17 mars 1852*. |
| 30 | 6° ligne. Au lieu de *récépissés à tabacs*, il faut : *récépissés à talon* |
| 69 | Le grand règlement d'octroi est le modèle U et non V. |
| 110 | État des tabacs et poudres exportés. Annuel, dressé par les entreposeurs. Le 15 janvier par les s.-dir. au dir. Le 25 janvier à la 3° div. 3° bur. Modèle et créat. : let. com. 87 du 12 juillet 1891. |

Poitiers. — Typographie Oudin et Cie.

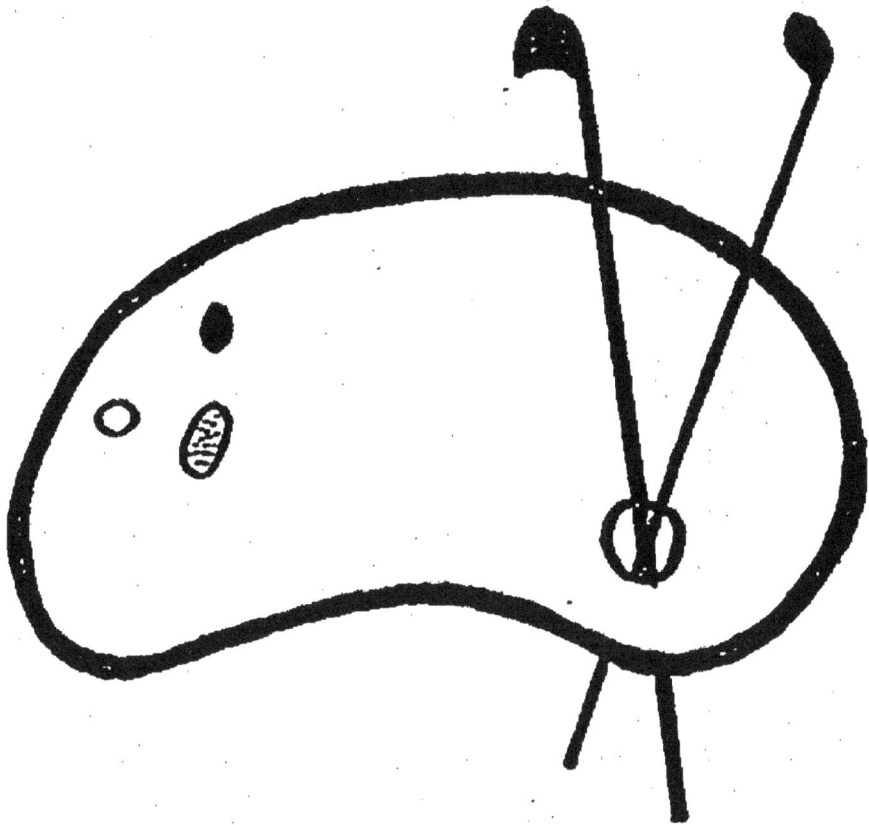

ORIGINAL EN COULEUR
NF Z 43-120-8

www.ingramcontent.com/pod-product-compliance
Lightning Source LLC
Chambersburg PA
CBHW062009200326
41519CB00017B/4732